Mona Oellers
**Voll aggro!**

Mona Oellers
mit Henriette Dyckerhoff

# Voll aggro!

Warum Kinder immer aggressiver werden
und was wir dagegen tun können

Piper München Zürich

Aus persönlichkeitsrechtlichen Gründen wurden Namen,
Orte und Personen verändert.

*Mehr über unsere Autoren und Bücher:*
*www.piper.de*

MIX
Papier aus verantwor-
tungsvollen Quellen
FSC® C014496

ISBN 978-3-492-05651-9
© Piper Verlag GmbH, München 2014
Gesetzt aus der Antiqua
Satz: Kösel Media GmbH, Krugzell
Druck und Bindung: GGP Media GmbH, Pößneck
Printed in Germany

Hoffnung ist nicht die Überzeugung, dass etwas gut ausgeht, sondern die Gewissheit, dass etwas Sinn hat, egal wie es ausgeht.

*Václav Havel*

# Inhalt

**Vorwort**   9

**Die spielen doch bloß – Gewalt, die von Kindern ausgeht**   15
    Aggro schon im Kindergarten   20
    Wieso schlagen die Kinder so über die Stränge?   24
    Was können wir tun?   38

**Quälen mit Methode – Mobbing**   65
    Wie Mobbing entsteht   68
    Wenn Lehrer gemobbt werden   85
    Risiko Anderssein – warum es ohne Mitläufer
    kein Mobbing geben würde   92
    Hauptsache, die Noten sind gut – wohin es führt,
    wenn Leistung höher bewertet wird als soziale
    Kompetenz   95
    Folgen für Opfer und Täter   97
    Was wir gegen Mobbing tun können   98

**Vom Schulhof ins Netz – Cybermobbing**   111
    Virtuelles Tun und echtes Leiden   123
    Die unkontrollierbare Dynamik des
    Cybermobbings   128
    Eltern und Lehrern fehlt das Wissen   131
    Bei Facebook sind alle   134
    Was wir gegen Cybermobbing tun können   139

**Amok als letzter Ausweg – School Shootings** 151
   Fälle in Deutschland 155
   Reale Bedrohung und Angst 158
   Leaking – erste Anzeichen 164
   Der Einfluss der Medien 169
   Ballerspiele und Zugang zu Waffen – die Suche nach den Ursachen 173
   Was passiert im Ernstfall? 185
   Was können wir tun, um School Shootings vorzubeugen? 187

**Gewalt als Ventil – mit der Faust gegen den Frust** 191
   Gewalt ohne Grenzen 195
   Gewalt kommt in jeder gesellschaftlichen Schicht vor 205
   Sinnvolle Sanktionen für jugendliche Straftäter 209

**Weder dissen noch chillen – wie wir unsere Kinder stark machen** 221
   Was Schulen tun können 222
   Der Grundstein wird in der Familie gelegt 234

**Anhang**
   Dank 241
   Anmerkungen 243
   Empfehlenswerte Bücher 247
   Wo Sie Hilfe finden 250

# Vorwort

Zum Thema Gewalt bin ich rein zufällig gekommen. Das war vor etwa 15 Jahren. Damals arbeitete ich in einem Freizeitzentrum für Kinder- und Jugendliche. Ich war Berufseinsteigerin und meistens die einzige Erwachsene dort, entsprechend oft kam ich an meine Grenzen.

Dann bekam ich die Gelegenheit eine Ausbildung zur Anti-Aggressivitäts-Trainerin zu besuchen. »Prima, da gehe ich hin«, dachte ich. »Aggressionen kenne ich. Es kann schon mal vorkommen, dass ich bei der Arbeit wütend werde, zum Beispiel wenn ein Jugendlicher, der ein Hausverbot hat, sich weigert, wieder zu gehen.«

In dem Kurs merkte ich dann aber, dass ich das missverstanden hatte. Es ging in erster Linie gar nicht um *meine* Aggression, sondern um die der Personen, mit denen ich arbeitete. Ich wurde hier dazu ausgebildet, Menschen mit ihrem Fehlverhalten zu konfrontieren und zu einem sozial verträglichen Umgang miteinander zu verhelfen. Das war für meine Arbeit noch viel besser.

Je mehr ich mich mit dem Thema Aggression und alternativen Verhaltensweisen zur Gewalt befasste, desto begeisterter war ich. Plötzlich hatte ich viel mehr Möglichkeiten, den Jugendlichen und Kindern bei Grenzverletzungen zu begegnen. Das war großartig! Ich suchte immer neue Herausforderungen, arbeitete mit jugendlichen Gewalttätern und trainierte ihre Bewährungshelfer. Ich war voller Enthusiasmus und hoffte, diese Menschen dazu bringen zu können, ihre Taten zu bereuen und in Zukunft ein straffreies Leben zu führen. Aber das gelang mir natürlich nicht immer.

»Aha«, dachte ich, »man muss also früher ansetzen. Ein Training dieser Art ist effektiver, wenn jemand noch keine längere kriminelle Karriere hinter sich hat.« Daraufhin entwickelte ich *cooldown*, ein Konzept, in dem ich Elemente des Anti-Gewalt-Trainings mit Ritualen und Symbolen kombiniere, die den Transfer in den Alltag erleichtern. So begann ich mit Schulen zu arbeiten, mit Lehrern, Eltern und Schülern, die auf die eine oder andere Weise Probleme mit Aggression hatten, später auch mit Kindergartenkindern und Erziehern. Wenn ein Kind oder ein Jugendlicher sich auffällig verhielt, ohne dass er bereits mehrfach straffällig geworden war, konnte ich noch viel bewegen. Ich zeigte also Kindern, die mit ihren Wutausbrüchen ihre Lehrer, Eltern und Erzieher zur Verzweiflung brachten, wie sie ihre Wut loswerden konnten, ohne sie unterdrücken zu müssen und vor allem, ohne dabei jemanden zu verletzen oder einzuschränken. Und ich zeigte Eltern, Pädagogen und Erziehern, wie sie ihrerseits mit diesen Kindern umgehen konnten. Bis heute mache ich diese Arbeit – und das sehr gerne. Aber seit ein paar Jahren bemerke ich eine Veränderung. Die Jugendlichen und auch die Kinder, mit denen ich arbeite, sind weniger kooperativ, sie brauchen immer länger, bis sie einsehen, was sie anderen antun, wenn sie bedrohen, erniedrigen und verletzen. Ich begann mich zu fragen, woran das liegt und, was man dagegen tun könnte. Als dann die Literaturagentin Marion Appelt auf mich zukam und mich bat, meine Einschätzung zum Thema »aggressive Jugendliche« aufzuschreiben, sagte ich ohne Zögern zu. So entstand dieses Buch.

Die meisten Erziehenden, die zu mir kommen, berichten von einem Gefühl der Ohnmacht gegenüber den Kindern und Jugendlichen. Oft haben sie das Gefühl, von ihren Schützlingen schlichtweg ignoriert zu werden. Ein Vater sagt beispielsweise zu seiner Tochter: »Räum bitte dein Zimmer auf«, und das Kind sagt: »Nö!« Er bittet sie, sich zu waschen, sie behauptet: »Mach ich später«, und es geschieht – nichts. Er schickt sie am Abend ins Bett, aber sie bleibt stur vor dem Fernseher sitzen. Nach gefühlten zehn Aufforderungen verliert der Vater die Geduld, schreit seine Tochter an und erteilt ihr Fernsehverbot für die nächsten drei Wochen. Am nächsten Abend sitzt das Mädchen wieder vor der Glotze und der Vater ist verzweifelt. Noch schlimmer ist es, wenn andere Personen Zeugen dieser Ohnmacht werden, zum Beispiel in der Schule. Eine Lehrerin bittet während des Unterrichts einen Schüler, der aufgestanden ist, sich wieder hinzusetzen. Der sagt: »Ich muss mal zur Toilette, das können Sie mir nicht verbieten.« Alle sehen die Lehrerin an und warten, was sie tun wird. Die Frau hat das Gefühl, dass sie sich jetzt unbedingt durchsetzen muss, weil sie sonst ihre Autorität verliert. Sie redet auf den Schüler ein und droht ihm schließlich, ihn zum Direktor zu schicken – ohne Erfolg, der Junge verlässt den Klassenraum. Früher hätte es vielleicht den einen oder anderen Pädagogen gegeben, der den Schüler in einer solchen Situation beherzt am Arm gepackt und eigenhändig auf seinen Platz gesetzt hätte. Heute kann ich nur jedem Lehrer davon abraten das zu tun, denn es kann gut sein, dass solch eine Aktion eine Anzeige wegen Körperverletzung nach sich zieht. Abgesehen davon kann das körperliche Eingreifen eines Erziehenden seine Ohnmacht noch verstärken, wenn der Schüler grundsätzlich keinen Respekt vor ihm hat. Und den Respekt vermisse ich inzwischen bei immer mehr Kindern und Jugendlichen. Gegenüber den Erwachsenen und untereinander. Sie beschimpfen einander als wären sie Straßengangster, klauen und beschädigen Dinge, quälen und diskriminieren sich gegenseitig. Die Hemmschwelle zu verbalen und psychischen Übergriffen ist erschreckend niedrig und sie sinkt weiter.

Wenn ich mit diesen Kindern arbeite, merke ich häufig, dass sie gar kein Unrechtsbewusstsein haben. Den Satz »Wieso, das machen doch alle«, höre ich unglaublich oft. Diese Kinder können gar nicht nachvollziehen, weshalb sie nicht schlagen, erniedrigen und quälen sollen. Sie wissen zwar, dass die Erwachsenen das nicht gut finden, aber sie haben oft kein Unrechtsbewusstsein. Sie verfahren nach dem Spaßprinzip. Solange sie niemand stoppt, tun sie einfach, was ihnen gefällt, ohne Rücksicht auf die anderen. Und sehr oft werden sie nicht gestoppt. Viele Erziehende haben aus dem oben beschriebenen Ohnmachtsgefühl heraus bereits das Handtuch geworfen. Sie haben kein Vertrauen in die eigene Erziehungsmethode und zweifeln an sich und den Kindern. Sie reagieren halbherzig oder gar nicht auf die Respektlosigkeiten der Kinder. Dabei brauchen diese dringend klare Grenzen.

Mit diesem Buch möchte ich sensibilisieren und wachsam machen, und ich möchte Möglichkeiten zeigen, wie man diese Entwicklung ins Positive umdrehen kann. Es ist gar nicht so schwer, dem aggressiven Verhalten von Kindern und Jugendlichen etwas entgegenzusetzen und ihnen Respekt und Mitgefühl zu vermitteln. Alles was man braucht ist Zeit, Mut und ein wenig Vertrauen in sich selbst. Dabei möchte ich *jeden* ansprechen, der irgendwie mit Kindern und Jugendlichen in Kontakt ist, damit meine ich nicht nur Eltern, Pädagogen und Erzieher, sondern auch Menschen, die einem Kind beispielsweise nur zufällig in der Bahn gegenübersitzen.

Eine besondere Botschaft möchte ich hier trotzdem an alle Erzieher und Pädagogen richten, die dieses Buch in die Hand nehmen: Falls Sie das Gefühl bekommen sollten, ich würde auf Ihrer Berufsgruppe herumhacken, dann möchte ich Sie ganz herzlich um Verzeihung bitten und Ihnen versichern, dass das keineswegs meine Absicht ist. Zu meiner Verteidigung möchte ich sagen: Ich werde ja nie zu den Fällen gerufen, in denen es gut läuft. Wenn ich gerufen werde, brennt die Hütte. Meistens geht es dann mindestens einem Menschen schon sehr schlecht. Und von diesen Fällen handelt dieses Buch. Nichtsdestoweniger lerne ich regelmäßig in meinen Ausbildungsgruppen oder in Schulungen unzählige Pädagogen kennen und schätzen, die sich durch Engagement, Sensibilität und Flexibilität auszeichnen. Vielleicht darf ich auch einmal ein Buch über diese Pädagogen schreiben. Dann werde ich das mit Begeisterung tun. Ich habe eine Vorstellung davon, wie schwierig und zeitintensiv es inzwischen ist, in Ihren Berufen gute Arbeit zu leisten, und ich habe schon viele kennengelernt, die weit über ihre Grenzen hinausgegangen sind, und dies oftmals nicht zu ihrem Vorteil.

Wenn ich hier meine Sicht auf die Dinge aufschreibe, möchte ich nicht behaupten, dass ich unbedingt recht habe. Im Gegenteil, ich wäre froh, wenn ich mich irren würde. Denn dann wäre die Lage dieser Gesellschaft viel weniger dramatisch, als ich annehme. Es geht mir auch nicht darum, negative Entwicklungen der Gesellschaft zu bejammern oder Kinder und Jugendliche zu verdammen. Natürlich sind längst nicht alle respektlos und ohne Mitgefühl. Ich arbeite sehr gerne mit Kindern und kenne viele, die sozial kompetent und sehr einfühlsam sind. Mein Anliegen ist es, diese Eigenschaften zu stärken und einer destruktiven Entwicklung etwas entgegenzusetzen.

Ich würde mich freuen, wenn Ihnen dieses Buch Mut

macht, sich selbst zu vertrauen und zu Ihrem eigenen, persönlichen Umgang mit Kindern zu finden, einem Erziehungsstil, der zu Ihnen passt, unabhängig von erfolgversprechenden Trends. Vielleicht wird dieses Buch Sie auch zum Nachdenken über die Zeit und über die Welt, in der wir leben, anregen. Dazu lade ich Sie herzlich ein!

*Mona Oellers*
Frühjahr 2014

# Die spielen doch bloß – Gewalt, die von Kindern ausgeht

*Von dir Schlampe, lass ich mir gar nichts sagen.*
Milan, 2. Klasse, zur Schuldirektorin

Neulich hatte ich an einer Grundschule zu tun. Ich war gerade dabei, das Auto abzuschließen, als ich ein metallisches Geräusch hörte und dann gleich noch eins. Irgendwo kicherte jemand, dann liefen ein Junge und ein Mädchen kreischend vor Vergnügen davon und verschwanden im Pausengetümmel des Schulhofs. Die Kinder hatten offenbar Steine gegen mein Auto geworfen. Einer hatte mein Auto an der Stoßstange erwischt, aber der andere Stein hatte eine kleine Macke im Lack zurückgelassen. Als ich die Pausenaufsicht darauf ansprach, nickte sie resigniert. »Ja, ich kann mir schon denken, wer das war«, sagte sie.

Das war am Morgen.

Mittags kam eine Mutter zu mir, weil ihr 6-jähriger Sohn die ganze Familie terrorisierte. Er quälte seinen kleinen Bruder bis aufs Blut, warf bei den Mahlzeiten mit dem Essen um sich und reagierte auf die Ermahnungen der Eltern mit Sätzen wie: »Du kannst mir mal die Eier lecken!«

Nachmittags wollte ich eigentlich im Eiscafé die ersten Sonnenstrahlen genießen, doch als ich gerade den ersten Löffel Spaghettieis zum Mund führte, hörte ich, wie jemand am Nachbartisch rief: »Bä! Was ist das denn? Das ist ja voll eklig.« Ein etwa 8-jähriger Junge schob seinen noch fast vollen Eisbecher von sich. Mit ihm am Tisch saßen eine Frau und ein älterer Mann. Im Laufe des Gesprächs identifizierte ich die beiden als Mutter und Opa des Jungen. Was ich dann hörte war Folgendes:

Opa: »Du wolltest unbedingt diesen Star-Wars-Becher und jetzt isst du ihn auch auf.«
Junge: »Nä!«
Opa: »Paul, ich möchte, dass du das jetzt aufisst.«
Junge: »Iss du ihn doch.«
Mutter: »Paul!«
Junge: »Ja was denn? Das ist voll eklig.«
Opa: »Hör jetzt auf damit. Iss es einfach.«
Junge: »Du hast mir gar nichts zu sagen.«
Opa: »Schluss jetzt. Du isst das.«
Junge: »Jetzt halt endlich die Klappe, du Hurensohn.«

Schlagartig verstummten die Gespräche an den Tischen um uns herum.

»Jetzt reicht's!« Pauls Mutter war rot angelaufen. Sie spürte sicher, dass einige neugierige Blicke auf ihr ruhten. »Ich möchte, dass du dich bei Opa entschuldigst. Sofort!«

Paul pustete nur verächtlich die Luft aus.

»Du entschuldigst dich jetzt sofort bei Opa.« Die Stimme der Mutter vibrierte vor Wut.

»Du kannst mich mal.« Der Junge verschränkte die Arme und starrte trotzig auf seine Füße.

Der Opa sagte nichts. Sein Gesicht war unbeweglich, die Lippen schmal. Die Mutter blickte ihn besorgt an. Für eine Sekunde hatte ich den Eindruck, als könnte ich die Hitzewelle spüren, die durch ihren Körper ging. Diese Frau stand sicher massiv unter Stress.

»Pass mal auf, Freund. Du entschuldigst dich jetzt sofort und du isst das Eis auf. Sonst kassier ich gleich dein Handy ein.«

»Mach doch. Du findest das eh nicht.«

»Und die Spielkonsole ist auch weg.«

»Na und?«

»Fernsehen gibt's auch nicht mehr.«

»Mir doch egal.«

»Ich möchte, dass du dich bei Opa entschuldigst!«

»Nö.«

Kurze Zeit später verließen alle drei das Café. Paul hatte weder sein Eis gegessen noch sich entschuldigt.

Nach dem Besuch im Eiscafé ging ich nach Hause. Dabei kam ich an einer Bushaltestelle vorbei. Dort standen ein paar 9-jährige Jungen und warteten. Außerdem stand dort noch ein etwa 13-jähriges Mädchen. »Guck mal, das ist voll die Bitch!«, rief einer der Jungen, sodass das Mädchen es hören konnte. Es drehte sich zu dem Jungen um und sagte: »Halts Maul, sonst reiß ich dir die Eier ab.«

So sieht ein ganz normaler Tag bei mir aus. Nicht selten werde ich von früh bis spät mit Kindern konfrontiert, die mutwillig Dinge beschädigen (wie zum Beispiel mein Auto), die gegenüber anderen Kindern und gegenüber Erwachsenen keinen Funken Respekt aufbringen und Schimpfworte verwenden, die einem die Schamesröte ins Gesicht treiben.

Es ist natürlich kein Zufall, dass mir auch privat Situationen auffallen, in denen Aggressionen destruktiv ausgelebt werden. Als Anti-Aggressions-Trainerin habe ich täglich mit Aggression und Gewalt zu tun. Ich trainiere Kinder, Jugendliche und auch Erwachsene, wenn es darum geht, mit der eigenen Wut so umzugehen, dass die Mitmenschen keinen Schaden nehmen. Und ich arbeite mit ihnen daran, sich (soweit es geht) deeskalierend zu verhalten, wenn andere aggressiv sind.

Dreizehn Jahre mache ich das inzwischen schon, aber seit einiger Zeit erlebe ich die Kinder und Jugendlichen aggressiver. Situationen wie die oben beschriebenen, gab es früher auch schon, aber lange nicht so viele. Immer öfter werde ich von Eltern, Schulen und sogar Kindergärten gebeten, mit den Kindern oder auch mit den Erziehenden zu arbeiten, weil sie die Kinder mit den üblichen Erziehungsmaßnahmen nicht mehr erreichen können. Ein Kind verweigert sich und wird aus nichtigem Anlass aggressiv. Es beleidigt, verletzt und beschädigt und tut so, als sei das ganz normal. Außerdem sieht es keine Veranlassung, sein Verhalten zu ändern. Ein Junge wie Paul (der aus dem Eiscafé), hat sicher gemerkt, dass seine Mutter und sein Opa es nicht gut finden, wenn er den Opa »Hurensohn« nennt. Aber er hat auch gesehen, dass den beiden die Mittel fehlen, ihn daran zu hindern. Er sieht ihre Scham, wenn er in der Öffentlichkeit beleidigend wird, und er spürt, dass er die Macht hat, diese beiden Erwachsenen hilflos dastehen zu lassen.

Durch die Szene im Eiscafé hat Paul zwei Dinge gelernt:
1. Ich bekomme Aufmerksamkeit, wenn ich beleidigend bin.
2. Ich habe eine gewisse Macht über Menschen, wenn ich sie in der Öffentlichkeit beleidige.

Fast alle Kinder, von denen ich hier berichtet habe, sind im Grundschulalter, also zwischen sechs und zehn Jahre alt. Was glauben Sie, wie die sich mit 15 oder 16 verhalten werden, wenn Grenzüberschreitungen dieser Art bereits jetzt zu ihrem Alltag gehören? Wenn niemand ihnen frühzeitig Einhalt gebietet, wird Respektlosigkeit ihr Verhalten bestimmen. Sie werden Beleidigung und Verweigerung in ihr Verhaltensrepertoire aufnehmen, sie werden andere Menschen tyrannisieren und ihnen ihren Willen aufzwingen und sie werden andere erniedrigen, um ihr eigenes Selbstbewusstsein zu stärken. Und dabei werden sie nicht einmal das Gefühl haben, etwas Falsches zu tun. Aber nicht nur Kinder empfinden Respektlosigkeiten und die damit verbundenen Grenzverletzungen zunehmend als normal, auch die sie umgebende Gesellschaft ist dickfelliger geworden, wenn es um verbale Übergriffe geht. Was in meiner Jugend noch absolut nicht geduldet wurde, ist heute längst Konsens. Erinnern Sie sich an das Lied »Jeanny« von Falco? Darin wird eine wahnhafte Liebe besungen. Der Text enthält Passagen, die gewaltverherrlichend wirken können. Er kann so verstanden werden, dass eine Vergewaltigung verharmlosend beschrieben wird. Die Gewalt wird dabei nicht konkret benannt, sondern steht als Möglichkeit zwischen den Zeilen. Dieses Lied wurde damals, Mitte der 1980er-Jahre, von vielen Radiosendern nicht gespielt und das Video wurde im Fernsehen nur ausschnittsweise gezeigt. Prominente wie Thomas Gottschalk empörten sich öffentlich, bezogen also Stellung. Heute interessiert das niemanden mehr. Texte, in denen ganz offen von Gewalt geradezu geschwärmt wird, sind überall konsumierbar. Keiner regt sich mehr auf, wenn eine Vergewaltigung in einem Lied thematisiert wird. Der Sänger Bushido, in dessen Texten ständig »gefickt« und »abgeknallt« wird, erhält sogar einen Preis für seine Leistungen im Bereich Integration. Immerhin wurde darüber debattiert, ob dieser Preis gerechtfertigt ist. Aber wohin soll das führen? Wie sollen Kinder und Jugendliche verstehen, dass es nicht richtig ist, jemanden sinnlos zu verletzen, zu beschimpfen und zu bedrohen, wenn es keine Konsequenzen zu haben scheint.

## Aggro schon im Kindergarten

Wenn ich von Kindern spreche, die aggressiver werden, meine ich nicht nur die, die schon zur Schule gehen. Auch jüngere Kinder verhalten sich immer häufiger rücksichtslos und rabiat. Und ich meine damit nicht nur, dass sie einander die Schaufel im Sandkasten wegnehmen, sich schupsen, hauen, bespucken und beißen. Das gab es zu jeder Zeit und ist Teil der kindlichen Entwicklung. Ich spreche von Demütigung und Gewalt.

Letztes Jahr erlebte ich eine Szene in einem Kindergarten, die mich im Nachhinein noch sehr beschäftigt hat. Es ist mir wichtig zu sagen, dass es sich um einen durchschnittlichen Kindergarten handelt, weder ist er eine Eliteeinrichtung noch liegt er in einem sozialen Brennpunkt. Ich war wegen eines theaterpädagogischen Projekts dort, an dem ich mitwirkte. Als ich hinkam, war gerade Mittagszeit, schwerer Essensgeruch hing in der Luft. Aus den Gruppenräumen drang dumpfes Gemurmel. Irgendwo weinte ein Kind ganz herzzerreißend. Ich war gerade auf dem Weg in einen größeren Bewegungsraum, wo Kinder aus verschiedenen Gruppen an meinem Kurs teilnehmen sollten. Eigentlich wollte ich auf direktem Wege dorthin, aber das Weinen des Kindes irritierte mich. Es klang irgendwie verzweifelt und weil daneben keine beruhigende Erwachsenenstimme zu hören war, beschloss ich nachzusehen, was da los war. Ich folgte dem Schluchzen und landete vor einer verschlossenen Tür. Als ich vorsichtig versuchte, sie zu öffnen, spürte ich einen Widerstand. Jemand hielt die Tür von innen zu. Kichern mischte sich mit den Schluchzern.

»Geht weg!«, kreischte eine helle Stimme von innen.
Wieder kichern.

Mit einem Ruck öffnete ich die Tür und stand in einem kleinen Badezimmer. Ein Junge saß mit nacktem Hintern auf den Fliesen und sah mich aus tränenverschmiertem Gesicht an. Außer ihm waren noch zwei andere Jungen und ein Mädchen in dem Raum. Einer der Jungen ließ schnell etwas auf den Boden fallen, als ich hereinkam. Die drei rückten zusammen und grinsten mich frech an. Irgendetwas war hier vorgefallen, was für den Jungen auf dem Boden sehr unangenehm war. Die stehenden Kinder hatten offenbar die Tür zugehalten, um zu verhindern, dass ich hier hereinkam.

»Was macht ihr denn hier?« Ich gab mir Mühe, neugierig zu klingen, nicht vorwurfsvoll.

Wieder kicherten die stehenden Kinder, während das sitzende leise schluchzend zu Boden sah.

»Ich möchte wissen, was ihr hier macht«, wiederholte ich freundlich, aber bestimmt.

Schweigen.

Ich schloss die Tür und wartete. Das Lachen der drei verstummte.

»Was ist hier los?« Diesmal wandte ich mich direkt an einen der Jungen, der verlegen an seinem Spiderman-T-Shirt herumzupfte.

»Der Jakob hat in die Hose gemacht«, antwortete er anklagend.

»... Und die lassen mich nicht raus ...«, schluchzte es von den Fliesen.

»Ihr geht jetzt mal in eure Gruppe«, sagte ich zu den Kindern, die noch immer dicht nebeneinander an der Tür standen.

Als sie gegangen waren, wandte ich mich zu dem Jungen, der auf dem Boden saß. Erst jetzt fiel mir auf, dass neben ihm ein kleiner Haufen mit Klamotten lag, das war es wohl, was die anderen gerade fallen gelassen hatten.

»Soll ich dir helfen?«, fragte ich den Jungen.

Er wischte seine Nase an dem Ärmel seines Pullovers ab und schüttelte den Kopf. Tapfer nahm er eine Unterhose von dem Haufen und begann sich anzuziehen.

»Ich bin Mona«, stellte ich mich vor. »Wie heißt du denn?«

»Jakob.«

»Was ist denn passiert, Jakob?«

»Boris und Carlo und Merle haben mich nicht in Ruhe gelassen«, sagte er schließlich, während er sich damit abmühte, seine Jeans überzuziehen.

»Warum hattest du denn keine Hose an?«

»Da war Pippi drin. Ich sollte mich umziehen.«

»Und was haben die anderen hier gemacht?«

»Die sind einfach mitgekommen. Ich wollte das nicht, aber die haben einfach meine Sachen weggenommen und gelacht. Und der Boris hat mich am Penis gezogen.« Als Jakob davon erzählte, zitterte er, Tränen stiegen wieder in seine Augen.

»Niemand darf so etwas tun!«, bestätigte ich.

Jakob zog die Nase hoch. »Die haben gesagt, dass ich ein Baby bin, weil ich noch in die Hose mache. Dabei hat Boris selber schon mal in die Hose gemacht.«

»Das ist wirklich nicht in Ordnung.« Ich spürte förmlich, wie wichtig es für Jakob war, zu hören, dass er keine Schuld daran trug, dass die anderen so gemein zu ihm gewesen waren. Mein Mitgefühl schien ihn zu entspannen.

Ich wartete bis Jakob sich ganz angezogen und seine nassen Klamotten in eine kleine Plastiktüte gestopft hatte. Dann gingen wir zusammen in seine Gruppe. Mit Jakob an der Hand sprach ich eine Erzieherin an und erzählte ihr den Vorfall. Die junge Frau schien ganz allein mit den geschätzten 25 Kindern zu sein. Sie wurde ernst, als sie hörte, was passiert war, dann rief sie: »Boris! Carlo! Merle! Kommt mal bitte her zu mir.«

Sie musste ein paar Mal rufen bis die drei kamen.

Dann hörte ich, wie sie die Kinder zur Rede stellte. Sie ging in die Hocke, um ihnen ins Gesicht sehen zu können. Doch sie wichen ihrem Blick aus. Merle sah immerhin betreten aus. Boris und Carlo grinsten wieder. Erst als die Erzieherin den drei erklärte, dass sie wegen ihres Vergehens eine Weile auf der »Strafbank« sitzen müssten und nicht spielen dürften, verschwand das Grinsen. Ich hörte Boris maulen: »Manno. Das ist gemein. Das kriegt der Hosenpisser zurück.«

»Ich möchte, dass so etwas nicht noch einmal vorkommt«, sagte die Erzieherin, während sie die drei zur Bank begleitete. Jakob hatte sich inzwischen von meiner Hand losgemacht und spielte schon wieder. Die Jungen auf der Bank schmollten.

»Warte nur Jakob«, hörte ich einen hinter meinem Rücken sagen.

Dass kleine Kinder sich gegenseitig ärgern, ist ja nichts Neues, aber das hier geht eindeutig zu weit. In diesem Fall ging es noch nicht einmal darum, dass die Kinder etwas von Jakob haben wollten, es ging ihnen ganz offensichtlich nur darum, die eigene Macht zu spüren, indem sie ihn kleinmachten. Leider passieren Gewalttaten dieser Art immer häufiger in Kindergärten. Eltern erzählen mir, dass ihre Kinder dort tyrannisiert und verprügelt werden. Mit harmlosen Rangeleien hat das oft nichts mehr zu tun. Ich selber habe gesehen, wie ein paar Jungen mit Springseilen zwei Mädchen auspeitschen wollten. Es war reiner Zufall, dass ich das mitbekam und verhindern konnte. Ich kenne Kinder, die regelmäßig mit Bisswunden und großen Blutergüssen aus dem Kindergarten kommen. Wer in seinem

Bekanntenkreis herumfragt, wird mindestens ein Elternteil finden, das berichtet, sein Kind sei schon mal von einem anderen gewürgt worden. Die Erzieher sind meist völlig überfordert und sehen oft nur sehr wenige Möglichkeiten, darauf zu reagieren. Sie strafen beispielsweise immer mit dem Sitzen auf der Strafbank, ganz gleich, was das betreffende Kind getan hat. Häufig erklären sie den kleinen Tätern nicht einmal richtig, warum ein bestimmtes Verhalten nicht erlaubt ist. Und oft genug bekommen sie die Taten aber auch überhaupt nicht mit.

Situationen wie die mit Jakob, Boris, Carlo und Merle lassen mich nicht mehr los. Sie mögen harmlos klingen, wenn man sie erzählt. »Kinder sind eben manchmal grausam«, mag man sagen. Ich stimme dem nur bedingt zu. Kinder wollen wissen, was passiert, wenn sie dieses oder jenes tun. Aber wenn sie mit ihrem Verhalten eine Grenze überschreiten, müssen sie dies auch erfahren. Und zwar so, dass ihnen unmittelbar klar wird, was sie mit ihrem Verhalten angerichtet haben.

Auch hier stelle ich mir vor, Boris, Carlo, Merle und Jakob wären 10 oder 15 Jahre älter. Dann würde man diese Situation im Waschraum schon als viel drastischer und grausamer interpretieren. Der Handlungsbedarf wäre viel deutlicher.

## Wieso schlagen die Kinder so über die Stränge?

Warum verhalten sich Kinder so, als würden sie kein Mitgefühl kennen?

Ich denke, die Ursachen sind vielschichtig. Sicher sind individuelle Verhaltensmuster und psychische Dispositionen dafür verantwortlich, dass Kinder sich aggressiv verhalten. Aber erst durch das Umfeld verfestigen sich derartige Verhaltensweisen. Wesentliche Faktoren sind dabei nach meiner Erfahrung, dass den Kindern zu wenig klare Grenzen gesetzt werden, Eltern häufig unsicher sind und Kindern oft tragfähige Beziehungen fehlen. In den folgenden Abschnitten zeige ich, warum ich diese Faktoren für so bedeutungsvoll halte, um das Verhalten unserer Kinder zu verstehen.

### Klare Positionen fehlen

Vor Kurzem erzählte mir eine Referendarin von ihrem ersten Klassenausflug. Es sollte mit einer zweiten Klasse in den Freizeitpark gehen. Die Klassenlehrerin und sie waren allein mit 28 Schülern. Auf der Hinfahrt in der Bahn bekam die junge Frau mit, wie zwei der Schüler sich über einen übergewichtigen Mann lustig machten und ihn schließlich offen beleidigten. Sie nannten ihn »Fettsack« und »Fressmaschine«. Der Mann ignorierte das geflissentlich und die Lehrerin sprach währenddessen intensiv mit einer Schülerin. Sie schien das Ganze nicht zu bemerken. Unterdessen hatten andere Schüler ebenfalls begonnen, den Mann zu beleidigen. Das Ganze bekam eine Art Sogwirkung. Selbst die, die sonst eher zurückhaltend waren, ließen sich durch die Gruppendynamik dazu verleiten, Dinge zu rufen wie: »Boah, ist der fett«. Der Übergewichtige ertrug das Ganze weiterhin schweigend und auch die Klassenlehrerin beendete das Gespräch mit der Schülerin nicht. Die Referendarin wollte nichts unternehmen, was nicht mit der Klassenlehrerin abgesprochen war, gleichzeitig nahm sie wahr, wie das Geschehen langsam aus dem Ruder lief. Sie hatte keine Ahnung, wie sie sich verhalten sollte. Die Situation überforderte sie massiv. Ein anderer Fahrgast sprach sie schließlich an, ob sie den Kindern nicht Einhalt gebieten wolle.

Ich habe die Erfahrung gemacht, dass immer weniger Menschen bereit sind, den Mund aufzumachen, wenn sie an dem Verhalten eines Kindes Anstoß nehmen. Als Eltern werden Sie Ihrem Kind vielleicht sagen, wenn es eine Grenze überschritten hat. Aber was ist, wenn die zuständigen Erziehenden, wie in dem Beispiel mit der Klassenfahrt, nicht eingreifen oder nicht eindringlich genug? Darf ich mich dann als Außenstehender selbst an das Kind wenden? Ich sage: »Unbedingt!« Wie sollte das Kind sonst erfahren, dass es negativ auffällt? Natürlich ist es die Pflicht der Lehrerin, das Kind, das in ihrer Obhut ist, zu erziehen. Sofort hätte sie den Beschimpfungen Einhalt gebieten müssen. Aber prinzipiell sollte jeder, der sich durch das Verhalten eines Kindes gestört fühlt, ihm das sagen können. (Selbstverständlich sollte er das Kind auch loben, wenn er sich über sein Verhalten freut.) Gut wäre es auch gewesen, wenn der übergewichtige Mann selbst eine klare und unmissverständliche Grenze gesetzt hätte, zum Beispiel durch einen Satz wie: »Stopp, das werde ich nicht dulden!« Die Kinder hätten dann gesehen, dass er das nicht ohne Weiteres mit sich machen lässt.

Welches Signal wird gesendet, wenn Beleidigungen ignoriert werden? Wenn der Beleidigte sich selbst nicht wehrt, die Erziehungsverantwortlichen schweigen und diejenigen, die offen Anstoß an dem Verhalten der Zweitklässler nehmen, diese nicht direkt ansprechen, sondern den Lehrern diese Aufgabe zuschieben, machen Kinder die Erfahrung, dass Beleidigungen in der Öffentlichkeit geduldet werden. Es scheint also okay zu sein, so zu handeln.

Was ist los mit unserer Gesellschaft? Was hält uns ab, die Kinder direkt anzusprechen, wenn ihr Verhalten unser soziales Miteinander gefährdet? Wenn wir wirklich glauben würden, dass uns die Sache nichts angeht, warum sind wir dann empört? Selbstverständlich muss ein Kind erfahren, dass es mit seinem Verhalten jemanden verletzt. Wenn es dem Betroffenen, aus welchen Gründen auch immer, nicht gelingt, den Beschimpfungen Einhalt zu gebieten, ist es umso wichtiger, Zivilcourage zu zeigen und sich einzumischen. Vielleicht ist es dann sogar für einen Außenstehenden einfacher, passende Worte zu finden.

Es gibt natürlich Grenzen. Wenn Sie selbst Kinder haben, werden Sie vielleicht Situationen vor Augen haben, in denen Sie einen wohlgemeinten Erziehungsratschlag zurückgewiesen haben. Ich erinnere mich an eine Zugfahrt mit meiner Tochter, als sie noch sehr klein war. Wir näherten uns dem Zielbahnhof und sie weigerte sich, aufzustehen. Sie wollte einfach sitzenbleiben und weiterfahren. Während ich noch versuchte, sie zum Mitkommen zu bewegen, trat plötzlich eine ältere Dame zu uns und sagte zu meiner Kleinen: »Wenn du jetzt nicht mitkommst, dann steigt deine Mama ohne dich aus!« Woraufhin ich die Dame ansah und sagte: »Das stimmt nicht. Ich werde meine Tochter nicht alleine hier lassen.«

Die Frau hat es sicher nicht böse gemeint, aber in diesem Fall hat sie sich massiv in die Auseinandersetzung mit meiner Tochter eingemischt und eine Botschaft gesendet, die ich meinem Kind nicht mitteilen möchte: Ich lasse dich alleine, wenn du nicht tust, was ich will. Zu dieser Form von Einmischung möchte ich natürlich auf keinen Fall aufrufen. Aber wenn Kinder etwas tun, das Sie und andere beeinträchtigt, dann gibt es keinen Grund, den Mund zu halten, und sich nicht direkt an die Kinder selbst zu wenden.

**Unsicherheit bei Eltern und Kindern**
Eltern möchten das Beste für ihre Kinder. Aber bei vielen ist aus diesem Wunsch eine Angst geworden. Denn es ist längst nicht mehr eindeutig, was denn nun gut ist und was nicht. Aus Angst, nicht das Beste für ihr Kind zu tun, machen viele Eltern deshalb nichts oder verändern ständig ihre Stoßrichtung. Beim Kind kommt dabei vor allem eins an: Unsicherheit.

Stellen Sie sich folgende Szene vor: Eine Mutter möchte ihr 2-jähriges Kind ins Bett bringen und sagt: »Meinst du nicht auch, dass es besser wäre, wenn du jetzt schlafen gehst? Dann bist du morgen ganz toll ausgeschlafen.«

Das Kleine ist schon ganz quengelig vor Müdigkeit, aber schlafen möchte es nicht.

»Wo möchtest du dich denn jetzt hinlegen zum Schlafen?«, fragt die Mutter.

Das Kind zeigt auf den Boden, dann auf das Sofa, dann auf den Schrank.

»Wer soll sich denn jetzt neben dich legen?«, fragt die Mutter weiter.

»Du nicht!«, brüllt das Kind.

Das Kind ist von den Auswahlmöglichkeiten, die ihm geboten werden, schlicht überfordert. Es wird so sicherlich noch eine Weile dauern, bis das Kind tatsächlich schläft. Im Alter von zwei Jahren kann ein Kind noch nicht überblicken, dass es schlafen muss, um ausgeschlafen und fit zu sein. Hätte die Mutter gesagt: »So jetzt geht's ins Bett«, hätte sie das Kind zügig (vielleicht nach einem bestimmten Ritual) ins Bett gelegt und den Raum abgedunkelt, wäre sie sicher erfolgreicher gewesen.

Sie hätte vorgegeben, was geschieht, aus der Auffassung heraus, dass es gut für das Kind ist. In der Pubertät wird das Kind beginnen, die Ansagen seiner Eltern zu hinterfragen, vorher aber wird das Gefühl, die Eltern werden schon recht haben, ihm Halt, Sicherheit und Orientierung geben. Eltern sind für Kinder wie Leitplanken auf dem Weg ins Leben und in unsere Gesellschaft.

Natürlich benötigen Kinder Freiheiten, aber ebenso Orientierung. Immer häufiger erlebe ich Eltern, die scheinbar nicht in der Lage sind, ihren Kindern einfache Grundwerte für das soziale Miteinander zu vermitteln. Sie sehen auf dem Spielplatz, wie ihr Kind ein kleineres schlägt, ohne etwas dazu zu sagen, sie räumen ihnen zu Hause alles hinterher, ohne das Kind selbst einmal zum Aufräumen anzuhalten und sie sind nicht bereit mit Lehrern und Erziehern zu kooperieren.

Eine Mutter, die viel arbeitet und ihr Kind in der Woche nur kurze Zeit am Morgen und am Abend sieht, sagte mir, sie wolle die wenige Zeit, die sie mit ihrem Kind zusammen ist, nicht damit verbringen, Verbote auszusprechen. Ihr war nicht klar, dass sie ihrem Kind damit keinen Gefallen tut. Im Gegenteil: Es wird nicht verstehen, was die Mutter überhaupt von ihm will, wenn sie beginnt, bestimmte Verhaltensweisen einzufordern. Das wird aber unweigerlich nötig sein. Im schlimmsten Fall wird sich das Kind angewöhnen, sich nur noch so zu verhalten, wie es ihm gefällt, ohne Rücksicht auf andere.

Ein Vater erklärte mir, er würde seinem Kind gerne die Möglichkeit geben, selbst herauszufinden, was gut für es ist und was nicht. Das ist vom Prinzip her löblich und sicher gut gemeint, aber es funktioniert nur, wenn das Kind die entsprechende Erfahrung auch schon umsetzen kann. Viele Kinder sind zum Beispiel noch nicht in der Lage, die eigenen Bauchschmerzen mit dem übermäßigen Verzehr von Süßigkeiten in Verbindung zu bringen. Bei der nächsten Gelegenheit stopfen sie sich wieder mit Schokolade voll.

Außerdem gibt es Bereiche, in denen es grob fahrlässig

ist, ein Kind nicht zu stoppen, zum Beispiel wenn das Kind sich selbst und andere Kinder gefährdet. Wenn Eltern hier nichts sagen, wird das Kind lernen: Ich kann mich benehmen wie ich will und muss auf niemanden Rücksicht nehmen. Ob das die Art von Erfahrung ist, die dieser Vater seinem Kind gönnen wollte, wage ich zu bezweifeln. Ich kenne einen Fall, in dem Eltern ihr Kind jahrelang gewähren ließen, in der Hoffnung, es werde selbst herausfinden, was gut für es ist. Doch das Verhalten des Kindes wurde immer untragbarer. Schließlich gaben die Eltern das Kind im Alter von neun Jahren in ein Internat. Sie waren am Ende ihrer Kräfte und wussten nicht mehr weiter. Dabei hatten sie tatsächlich nur das Allerbeste für das Kind gewollt.

Früher mussten die Eltern weniger Entscheidungen treffen, wenn es um die Erziehung ihres Kindes ging. Was ein Kind brauchte, lag für viele auf der Hand. Es gab eine einigermaßen einheitliche Meinung darüber, was Kinder lernen müssen, zum Beispiel: Höflichkeit, Zurückhaltung, respektvolles Verhalten den Erwachsenen gegenüber. Aber es hat sich viel verändert. Zum Glück! Heute glaubt längst keiner mehr, dass ein wildes, ungekämmtes Kind mit dreckiger Hose von den Eltern vernachlässigt wird. Man würde eher sagen, die haben einfach einen anderen Erziehungsansatz als zum Beispiel Eltern, die ihr Kind nur in frisch gewaschener, modischer Kleidung vor die Tür lassen. Aber diese Freiheit in der Erziehung schafft auch Unsicherheit. Es gibt Tausende von Ratgebern zum Thema Kindererziehung und es werden immer mehr. Ein allgemeingültiges Regelwerk für die Erziehung gibt es nicht. Während die einen regelrecht übereifrig erziehen und wie ein Helikopter um das Kind kreisen, lehnen sich andere zurück und überlassen es den Kindern, angemessenes Verhalten und Werte zu finden. Doch letztendlich überfordern beide damit ihr Kind.

Kinder und Jugendliche brauchen klare Ansagen! Sie müssen angehalten werden, nicht auf die befahrene Straße zu laufen, ihre Hausaufgaben zu machen und andere nicht zu verletzen. Diese Regeln und Grenzen vermitteln ihnen eine innere Sicherheit, die ihnen auch später im Leben Halt geben wird. Sie werden nicht alle Werte, die ihre Eltern ihnen vermitteln, als Erwachsene übernehmen, aber so haben sie etwas, an dem sie sich abarbeiten können.

Interessanterweise haben viele jugendliche Gewalttäter, mit denen ich zu tun habe, eine Kindheit erlebt, in der es für sie keine moralische Orientierung gab. Die Unsicherheit ist ihnen geblieben. Was natürlich im Umkehrschluss nicht bedeutet, dass alle Kinder, die keine Grenzen erfahren, automatisch später Gewalt ausüben werden. Aber es zeigt, dass Kinder Liebe und Grenzen brauchen, um sich zu orientieren und stark zu werden.

**Tragfähige Beziehungen fehlen**

Viele Erziehende beklagen, dass sie an die Kinder nicht mehr richtig rankommen. Sie nennen das dann »Erziehungsresistenz«, was nichts anderes heißt, als dass ein Kind nicht gehorcht. Einige wissen sich dann nicht mehr anders zu helfen, als autoritäre Mittel anzuwenden, nämlich Strafen und Verbote. Aber selbst das hilft meist nur kurz, wenn überhaupt. Denken Sie an Paul aus dem Eiscafé, der sich von den Sanktionsdrohungen seiner Mutter kein bisschen beeindrucken ließ. Und selbst, wenn Kinder sich für einen Moment danach richten, finden sie immer wieder Mittel und Wege, um sich heimlich über ein Verbot hinwegzusetzen.

Der Schweizer Kinderarzt Remo Largo erklärt in seinem Buch *Kinderjahre*, dass es zwei Gründe für ein Kind gibt zu gehorchen, entweder, weil es Angst vor Sanktionen hat oder weil es sich an jemandem orientiert, dem es vertraut. Eine vertrauensvolle Beziehung zwischen dem Erziehenden und dem Kind ist also eine Grundlage dafür, dass das Kind tut, was der Erwachsene von ihm möchte. Largo schreibt sogar, dass es in Kindern die biologische Veranlagung dafür gibt, zu gehorchen. Ein Kind sucht nach einer Bezugsperson und ist dann bereit, ihr zu folgen. Weiter schreibt Largo, dass auf autoritäre Erziehungsmaßnahmen, wie zum Beispiel das Androhen von Sanktionen, nahezu ganz verzichtet werden kann, wenn die Beziehung zwischen Kind und Erziehendem nur vertraut und liebevoll genug ist.[1] Meine Erfahrung bestätigt das. Wenn ich mit einem Kind arbeite, baue ich im ersten Schritt eine Beziehung zu ihm auf. Problematisch wird es, wenn meine Arbeit endet und keine andere Bezugsperson vorhanden ist, dann fällt das Kind sehr schnell wieder in seine alten, aggressiven Verhaltensmuster zurück und verweigert sich auch weiterhin den Erziehenden.

Kleine Kinder tun, was von ihnen verlangt wird, weil sie von der Person, die das Verbot oder Gebot ausspricht, emotional abhängig sind, nicht weil sie selber einsehen, dass es so tatsächlich besser ist. Remo Largo sieht ein gewisses moralisches Verständnis bei Kindern ab dem Alter von vier Jahren. Ab diesem Zeitpunkt, entwickeln Kinder erste Vorstellungen von Gut und Böse, indem sie Rückmeldung von den Erziehenden erhalten. Ab dem Alter von etwa zehn Jahren haben sie diese Vorstellung bereits verinnerlicht und etwas ausdifferenziert, sie sind dann in der Lage, einfache Verhaltensregeln innerhalb einer Gemeinschaft zu verstehen. In der Pubertät erweitern sie ihren Fokus dann zu einer Moral, die für alle Menschen Gültigkeit hat. Ihr Verhalten orientiert sich dabei dennoch zumeist an den Moralvorstellungen der Gesellschaft, in der sie leben.[2] Nicht nur im Kindergarten, auch in der Schulzeit müssen also die Erziehenden noch deutliche Orientierung geben, wenn es darum geht, angebrachtes von schädigendem Verhalten zu unterscheiden. Doch ohne eine tragfähige Beziehung wird es sehr schwer, einem Kind diesen Unterschied nahezubringen. Tragfähig ist eine Beziehung dann, wenn das Kind sicher weiß, dass auch eine Auseinandersetzung die gegenseitige Zuneigung nicht gefährden kann.

Aber das Aufbauen einer solchen Beziehung zu einem Kind benötigt Zeit. Und mein Eindruck ist, dass immer weniger Eltern, Erzieher und Lehrer diese Zeit für die ihnen anvertrauten Kinder haben. Immer mehr Eltern drängen aus vielerlei Gründen rasch nach der Geburt ihrer Kinder wieder in den Beruf zurück. Das Kind wird fremdbetreut, während die Eltern arbeiten. In der Zeit, die den Eltern mit den Kindern bleibt, sind sie häufig von der Arbeit erschöpft, gleichzeitig sind die Erwartungen an die gemeinsame Zeit immens, was auf beiden Seiten leicht zu Enttäuschung und Überforderung führen kann.

Zahlen des Statistischen Bundesamts belegen, dass der Bedarf an Kinderbetreuung für unter 3-Jährige in den vergangenen Jahren rapide gestiegen ist. 2006 wurden noch 13,7 Prozent in Tageseinrichtungen oder Tagespflege betreut, 2011 waren es bereits 25,4 Prozent, also beinahe doppelt so viele.[3] Im März 2013 waren es schließlich 29,3 Prozent, was insofern interessant ist, als es seit dem 1. August 2013 einen gesetzlichen Anspruch auf einen Krippenplatz für unter 3-Jährige gibt.[4] Um diesem Ziel zumindest nahezukommen, werden momentan innerhalb kurzer Zeit sehr viele Einrichtungen geschaffen und neue Krippengruppen eröffnet. Auf Qualität wird dabei nach meiner Erfahrung nicht in dem Maß geachtet, wie es wünschenswert wäre. Die Mitarbeiter sind nicht immer ausreichend ausgebildet, der Personalschlüssel liegt zum Teil bei sechs Kleinkindern pro Erzieher. Sie arbeiten schlecht bezahlt, oft in provisorischen Räumlichkeiten, weil noch gar nicht genug Platz für die neuen Gruppen da ist. Unter diesen Umständen haben sie wenig Möglichkeiten, sich jedem einzelnen Kind ausreichend zu widmen, geschweige denn eine innige und vertrauensvolle Beziehung aufzubauen. Die Eltern sind oft heilfroh, wenn sie einen Krippenplatz gefunden haben und möchten manchmal gar nicht sehen, dass die Erzieherinnen überfordert sind und bei aller Liebe Schwierigkeiten haben, sich gleichzeitig um sechs Kleinkinder und Babys zu kümmern, die gewickelt und gefüttert, schlafen gelegt und beschäftigt werden müssen. In diesem Alter haben die Kleinen ständig kleine körperliche Schwierigkeiten, die Beachtung finden müssen: ein Kind zahnt, das andere hat einen wunden Po, eines ist nicht ausgeschlafen und so weiter. Wenn wir realistisch sind, sitzen die sechs Kinder nicht ruhig und angepasst in Reih und Glied – Gott sei Dank nicht.

So kann es passieren, dass Krippen nicht viel mehr leisten können, als die Kinder körperlich zu versorgen. Ein liebevoller Umgang, das Kuscheln und gemeinsame Spielen, individuelle Ansprache ohne Zeitdruck kommen deutlich zu kurz. Gerade in dieser frühen Phase kindlicher Prägung ist es aber wichtig, dass Kinder viel liebevolle Zuwendung erfahren, dass sie sich angenommen fühlen, so wie sie sind. Nur so kann eine vertrauensvolle, tragfähige Beziehung zwischen Kind und Erziehenden entstehen.

Vor Kurzem stand in der Zeitung, dass in Belgien Arbeitslose in den Krippen eingesetzt werden sollen, um den Erzieherinnen das Wickeln abzunehmen. Der Gedanke dahinter war: das überforderte Fachpersonal zu entlasten. Wickeln kann schließlich jeder, dazu braucht man keine spezielle Ausbildung. Eine absurde Idee und noch absurder erschien mir, dass es nach diesem Bericht keine Schwemme an Leserbriefen gab. Denn der Kontakt mit einem Kleinkind während des Wickelns ist äußerst intim und eine wunderbare Gelegenheit, das Kind ganz individuell zu erleben. Deshalb ist es wichtig, dass das eine Person macht, die es kennt, der es vertraut und mit der es gerne diese Art von Zweisamkeit teilt. Menschen, die dem Kind fremd sind und womöglich im Akkord wickeln, würden es stark verunsichern.

Ohne die Grundlage einer stabilen Beziehung haben die Erzieherinnen oft kein anderes Mittel, als Sanktionen anzudrohen. Ein Satz wie »Wenn du Emma noch mal an den Haaren ziehst, musst du auf die Strafbank und darfst eine Zeit lang nicht spielen!«, erzeugt Druck. Das so angesprochene Kind wird glauben, dass die Welt eben so funktioniert und es wird den Druck an ein schwächeres Kind, ein Tier oder direkt an die Eltern weitergeben. Oder es lernt zu funktionieren und seine eigenen Bedürfnisse hintanzustellen. Dann wäre es allerdings ehrlicher, an dieser Stelle von Kinderdressur zu sprechen, denn Verhaltensveränderungen basieren in diesem Fall nicht auf Einsicht, sondern auf Angst vor Strafe. Für diese Kinder wird womöglich Schimpfen und Sanktionen die einzige Form von Aufmerksamkeit sein, die sie bekommen. Und es kann passieren, dass sie sich extra so verhalten, damit sie möglichst viel davon bekommen.

Zu dieser Entwicklung muss es natürlich nicht zwangsweise kommen. Für manche Kleinkinder sind Krippen ein Segen, wenn die Eltern zum Beispiel grundsätzlich mit der Erziehung der Kinder überfordert sind. Ich weiß auch, dass es für viele gar nicht möglich ist, lange Elternzeiten zu nehmen. Oft müssen junge Eltern schnell wieder arbeiten, um das Einkommen zu sichern. Ich möchte an dieser Stelle aber Mut machen, in Ruhe abzuwägen, was für Sie und Ihr Kind derzeit Priorität hat. Möglich, dass Sie ganz klar empfinden, dass ein oder zwei Jahre gemeinsamer Zeit mit dem Kind genau das Richtige für Sie ist.

Ich arbeite mit Institutionen, deren Krippen 24 Stunden am Tag geöffnet sind. Man kann das Kind im Alter von zwei Wochen dort abgeben. Es gibt Kinder, die weitaus mehr Lebenszeit in der Krippe verbringen als zu Hause. Das bedeutet, dass sie wenig Zeit mit den Eltern haben, also auch wenig Zeit, ihre Beziehung zu vertiefen. Auf der anderen Seite verbringen sie viel Zeit mit Erzieherinnen und Erziehern, die womöglich wechseln und oft überfordert und am Ende ihrer Kräfte sind. Es kann also sein, dass das Kind zu keinem der Erziehenden eine tragfähige Beziehung aufbaut, weil es schlicht nicht weiß, an wen es sich halten soll.

Natürlich entwickeln sich Babys und Kleinkinder durch die Fremderziehung anders als durch die Erziehung der Eltern. Wir sprechen von der Phase, in der sich Urvertrauen bildet, das Fundament für das Selbstbewusstsein geschaffen wird. Die Person, die am meisten mit einem Kind zusammen ist, hat einen enormen Einfluss auf seine Prägungen, im Positiven wie natürlich auch im Negativen. Ich möchte hier aber nicht nur die Risiken der frühen Fremdbetreuung von Kindern erwähnen. Kinder erlernen viele wichtige und wertvolle Elemente wie zum Beispiel Sozialkompetenz besonders gut in Gruppen, aber ich möchte Sie ermutigen, sich die Einrichtung und das Personal gewissenhaft und mit Zeit anzusehen und nach persönlichen Prioritäten zu überprüfen. Stellen Sie Fragen zum Konzept. Welche Ausbildungen und wie viel Erfahrung hat das Personal? Wie werden Konflikte mit Kindern bearbeitet? Wie lange arbeitet das Team schon zusammen, wirkt es harmonisch und belastbar oder empfinden Sie Machtkämpfe und Querelen. Dies überträgt sich deutlich auf die Stimmung im Alltag der Kinder. Fragen Sie ruhig nach, ob Sie hospitieren dürfen. Ein gut funktionierendes Team hat nichts zu verbergen.

Wenn Ihnen etwas fragwürdig vorkommt, sprechen Sie die Erzieher darauf an, und vertrauen Sie Ihrem Gefühl! Wenn Sie den Eindruck haben, dass Ihr Kind nicht gut aufgehoben ist, dann ziehen Sie notfalls die Konsequenzen und nehmen das Kind aus der Einrichtung. Natürlich ist das nicht immer leicht zu bewerkstelligen. Die meisten Kindertagesstätten und Kindergärten haben lange Wartelisten. Aber vielleicht finden Sie ja mit Tageseltern oder mit einer »LeihOma« eine gute Alternative oder Übergangslösung.

Selbstverständlich gibt es auch sehr gute Kindertagesstätten mit offenen, kompetenten Mitarbeitern, die ständig bemüht sind, ihre Arbeit zu verbessern. Sorge bereiten mir die anderen Institutionen. Bei einem Ausbau von Krippen im Schweinsgalopp kann nicht die gewünschte Qualität herauskommen. Ich erlebe immer wieder, dass das Konzept einer Einrichtung noch nicht durchdacht ist, wenn der Betrieb aufgenommen wird. Es fehlt einfach die Zeit dazu. Krippen sind momentan keinem Wettbewerb ausgesetzt. Sie müssen sich nicht fragen, ob sie attraktiv genug für Eltern und Kinder sind. Krippenplätze werden händeringend gesucht und auf jeden Platz gibt es immer gleich mehrere Bewerber. Ich würde mir wünschen, dass die Qualität und das Konzept von Kindertagesstätten regelmäßig von unabhängigen Instituten geprüft werden. Weiterbildungen für Erzieherinnen sollten obligatorisch sein und die Entlohnung sollte sich deutlich verbessern. Das derzeitige Gehalt einer Erzieherin kann einem die Schamesröte ins Gesicht treiben. Denn es deutet an, was Kinder und ihre Betreuung in dieser Gesellschaft wert sind.

## Was können wir tun?

Erwachsene wissen oft nicht, wie sie reagieren sollen, wenn Kinder sich verweigern, beschimpfen und demütigen. Eltern, aber auch Erzieher und Lehrer, können ein Lied davon singen. Dabei gibt es durchaus Möglichkeiten, sich aus solch einer verzwickten Situation mit einem Kind zu befreien. Sie benötigen Entschlossenheit, aber vor allem Zeit, um dem Nachwuchs ein sozial verträgliches Verhalten nahezubringen. Klare Ansagen, Muße im Umgang miteinander und Empathie sind dabei unerlässlich.

### Erste Reaktion: positionieren

Kinder überschreiten Grenzen, weil sie wissen wollen, was dann passiert. Deshalb ist es wichtig, direkt zu reagieren. Das Kind muss deutlich erkennen, welches Verhalten Sie angemessen finden und welches nicht. Sagen Sie also: »Stopp!«, und benennen Sie die Handlung, die Sie ablehnen.

Neulich bekam ich mit, wie eine Gruppe Jungen sich gegenseitig beschimpfte: »Schwanzlutscher«, »Hurensohn«, »Ficker«, »schwule Sau«, das ganze Repertoire. Die Kinder waren höchstens neun, eher jünger. Ich ging hin und sagte: »Hört mal Jungs, wisst ihr eigentlich wie ihr rüberkommt? Zum Coolsein gehört ein bisschen mehr als ›Ficker‹, ›schwule Sau‹ und ›Hurensohn‹. Wollt ihr wirklich so billig wirken?«

Ich gebe zu, dass es für mich als Anti-Aggressions-Trainerin einfacher ist, auf pöbelnde Kinder zuzugehen als für andere Menschen. Denn so eine Ansprache erfordert eine gewisse Erfahrung, Mut und Übung. Niemand ist froh, wenn an seinem Verhalten Anstoß genommen wird, weder Kinder noch Erwachsene. Erwarten Sie also nicht, dass die Angesprochenen ihr Verhalten sofort ändern. Vielleicht bekommen Sie sogar einen blöden Spruch zurück. Aber mir ist es das wert, denn ich weiß, dass eine eindeutige und freundliche Ansprache im Unterbewusstsein der Jungen arbeiten wird. Alles, was wir tun können, ist einen Denkanstoß zu geben.

Die sich beschimpfenden Kinder haben übrigens auch nicht übermäßig erfreut reagiert, als ich sie auf ihren Umgang miteinander ansprach.

»Ich find mich voll cool«, sagte einer ziemlich forsch.

Ich erwiderte nur: »Na, dann ...«, und ging weiter.

Das mag sich nicht danach anhören, dass meine Intervention erfolgreich war. Trotzdem bin ich froh, dass ich Stellung bezogen habe. Die Kinder haben von mir das Signal bekommen, dass ich ihr Verhalten nicht cool finde und somit auch nicht in Ordnung und sie haben gemerkt, dass sie damit rechnen müssen, anzuecken und sich zu erklären, wenn sie so mit anderen Menschen umgehen.

Ich unterscheide zwischen Menschen, die hingucken und solchen, die weggucken, wenn etwas Unangenehmes geschieht. Die Hingucker sehen nicht nur hin, sondern äußern auch, dass sie ein Ereignis oder ein bestimmtes Verhalten nicht gut finden, während die Weggucker dies nicht tun. Wer auf etwas aufmerksam macht, zeigt Interesse am Geschehen und möchte gerne eine Veränderung bewirken. Aber das gelingt nicht immer. Oft kommt es vor, dass die Ideen oder Hinweise abgelehnt werden, zumindest im ersten Moment. Allen Hinguckern möchte ich deshalb empfehlen, nicht auf ihren Einwänden und Vorschlägen zu beharren, denn das provoziert eher Widerspruch, als die Betreffenden von ihrem Fehlverhalten zu überzeugen.

Hätte ich mich mit den Jungen nach der frechen Antwort auf eine Diskussion eingelassen, dann wäre das für beide Seiten wahrscheinlich ziemlich unerfreulich gewesen. Letztendlich hätten weder die Jungen noch ich vom jeweiligen Standpunkt abrücken wollen. Zu einem befriedigenden Konsens wären wir in keinem Fall gekommen. Die Jungen hätte mir wahrscheinlich nicht mal mehr zugehört und ich hätte wertvolle Energie vergeudet. Mein Ziel ist ja nicht, unbedingt recht zu bekommen. Ich möchte negatives Verhalten benennen und darauf aufmerksam machen. Indem ich mich nach meinem Statement zurückziehe, gebe ich dem Angesprochenen die Möglichkeit, in sich zu gehen und die Rückmeldung zu überprüfen. In diesem Alter beginnen Kinder, sich stärker mit ihrer Außenwirkung zu befassen, da mag es für sie interessant sein zu erfahren, wie das eigene Verhalten ankommt.

Wenn nicht dringend eine klare, unmissverständliche Botschaft nötig ist, sind positive Aussagen sehr wirkungsvoll. Suchen Sie gemeinsam nach Handlungsalternativen und machen Sie Vorschläge. Sätze, in denen Sie nur sagen, was das Kind nicht tun soll, ohne Erklärung und ohne andere Handlungsmöglichkeiten aufzuzeigen, wirken eher kontraproduktiv. Wenn Sie den fußballspielenden Kindern vor Ihrem Wohnzimmerfenster sagen: »Könnt ihr das mit dem Fußballspielen hier mal lassen. Gleich ist die Scheibe kaputt. Die könnt ihr dann von eurem Taschengeld bezahlen«, haben Sie den Kindern eher gedroht, als erklärt, was die Folge ihres Verhaltens sein kann. Wenn es die Situation hergibt, positionieren Sie sich, indem Sie genau sagen, was Sie sich von dem Kind wünschen und warum Sie das möchten. Zum Beispiel: »Spielt bitte mit dem Fußball hinten auf der Wiese. Wenn ihr hier auf die Fensterscheiben zielt, wird noch eine zu Bruch gehen. Das kostet unnötig Geld.«

Solche positiven Äußerungen mit Handlungsalternative lassen sich erfahrungsgemäß nicht immer anbringen. Wenn jemand aktuell bedroht, verletzt oder gedemütigt wird, dann gilt an erster Stelle, dem Verhalten der Aggressoren Einhalt zu gebieten – und das in aller Deutlichkeit.

Deutlich Position beziehen, ist nicht nur in Situationen gefragt, in denen einmalig eine Grenze überschritten wird, sondern auch dann, wenn eine Situation eingefahren ist, weil sie sich regelmäßig wiederholt.

Eine Mutter kam zu mir, weil ihr 9-jähriger Sohn Dennis sich ihr gegenüber in Konflikten extrem respektlos benahm. Sie wusste keinen Rat mehr. Die Situationen begannen meist mit einem gereizten Wortwechsel, dann kam es zum Streit, in dem Dennis sie wüst beschimpfte und ihr sogar Schläge androhte. »Boah, halt doch mal die Fresse oder ich hau dir aufs Maul!«, sagte er dann. Der Anlass war oft nichtig, aber der Ablauf war immer gleich. Einmal zum Beispiel bat die Mutter Dennis, die Schultasche in sein Zimmer zu räumen.

»Warum sollte ich?«, erwiderte der.

»Weil ich es will!«

»Mach du doch, wenn's dich stört.«

Die Mutter begann daraufhin Dennis vorzuhalten, dass es immer dasselbe mit ihm sei. Dass sie immer hinter ihm herräumen würde. Er könne das selbst, schließlich sei er doch kein Baby mehr. So war es immer. Dennis musste die Leier seiner Mutter schon auswendig kennen. Er wartete bis sie fertig war und sagte dann: »Du nervst so megamäßig, lass mich doch einfach mal in Ruhe.« Er wandte sich ab und die Tasche blieb liegen.

Vielleicht kennen auch Sie Situationen mit Ihrem Schützling, in denen Sie das Gefühl haben, nicht von der Stelle zu kommen. Situationen wie das abendliche Zubettbringen bringen sind typisch dafür. Das Kind will noch nicht schlafen und macht Theater, Sie sind müde und wollen endlich Ruhe, irgendwann flippen Sie aus. Am Ende weint das Kind und auch Sie sind mit den Nerven völlig am Ende. Oder ein Schüler stört massiv den Unterricht. Als Lehrer wissen Sie sich nicht anders zu helfen, als ihn dann vor die Tür zu schicken, beinahe jede Schulstunde landet der Schüler dort. Situationen, die sich ständig wiederholen, ohne dass man weiß, wie man sie beenden kann, nenne ich »Kreisverkehr«. Wenn man dort hineingerät, dreht man sich im Kreis. Alle Beteiligten fallen in ein bestimmtes Verhaltensmuster, ob sie wollen oder nicht. Sie fühlen sich dem hilflos ausgeliefert und wissen schon von Anfang an, dass diese Situation für sie nicht so enden wird, wie sie es sich wünschen. Aber es gibt Möglichkeiten, aus dem Kreisverkehr auszubrechen. Beginnen Sie damit, indem Sie auch hier deutlich »Stopp« sagen. Positionieren Sie sich und verlassen Sie die Situation oder, wenn das nicht möglich ist, treten Sie ein Stück zur Seite. Es muss nur ein kleiner Schritt sein, den andere nicht einmal bemerken, aber Sie signalisieren damit Ihrem Unterbewusstsein: Ich verlasse den Kreisverkehr und mache jetzt etwas anders als sonst. Dieser Schritt, verbunden mit einem tiefen Durchatmen, wird Ihnen helfen, Ihr gewohntes Verhalten zu unterbrechen. Wenn Sie diese Möglichkeit nutzen können, verschaffen Sie auch dem Ihnen anvertrauten Kind neue Handlungsmöglichkeiten.

In Stresssituationen fällt uns dieser kleine Trick meist nicht ein. Daher ist es wichtig, sich in einem entspannten Moment eine Art inneres Drehbuch zu erstellen, auf das Sie bei Stress zurückgreifen können. Ein außenstehender Gesprächspartner kann hier eine große Hilfe sein.

Das Erkennen eines Kreisverkehrs ist der erste und wichtigste Schritt, um uneffektive und energieraubende

**Schnelle Hilfe durch ein inneres Drehbuch**

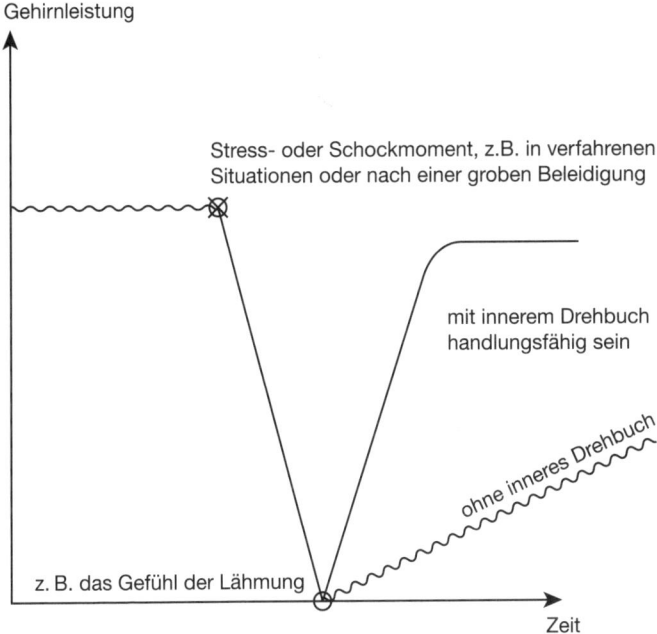

*Ein inneres Drehbuch verhindert nicht das Empfinden von extremem Stress, aber es macht Sie schneller wieder handlungsfähig.*

Abläufe zu unterbrechen. Damit weiß man noch nicht unbedingt, wie der Lösungsweg aussieht. Aber es gibt (um im Bild zu bleiben) Parkplätze, Umleitungen und natürlich auch Sackgassen, aber diese haben bekanntlich einen Wendehammer.

Mit etwas Abstand zur Situation werden Sie wahrscheinlich begreifen, dass Ihr Kind um diese Uhrzeit einfach nur müde ist und Sie nicht absichtlich ärgert. Vielleicht hilft es dann, das Kind einfach etwas früher zu Bett zu bringen.

Der Schüler, der den Unterricht stört, braucht vielleicht eine extra Portion Aufmerksamkeit und sollte diese dann eher nicht im Zusammenhang mit seinem störenden Verhalten bekommen. Vielleicht ist ein Einzelplatz ganz vorne beim Pult für ihn genau das Richtige. Dort könnte ihm der Lehrer von Zeit zu Zeit signalisieren, dass er wahrgenommen wird, auch wenn er nicht stört. Es könnte auch sein, dass dem Schüler ein bisschen Bewegung hilft, sich besser zu konzentrieren. Dann könnte der Lehrer ihn beispielsweise ab und zu ins Sekretariat schicken, um Kreide zu holen.

Dennis' Mutter unterbrach ihren Kreisverkehr, indem sie erst mal ins Bad ging und sich die Hände wusch, wenn Dennis sich wieder verweigerte. Das machte sie etwas ruhiger und danach konnte sie oft ein normales Gespräch mit ihm anfangen, bevor sie ihn dann bat, die Tasche aus dem Weg zu räumen. In den meisten Fällen tat er das dann auch.

**Strafen und loben**

Ein gängiges Mittel, um ein Kind dazu zu bewegen, dass es tut, was es tun soll, sind Sanktionen. Aber auch die führen nicht immer zum Ziel.

Neulich war ich einkaufen und beobachtete, wie ein kleines Mädchen von höchstens fünf Jahren die Mobiltelefone ausprobierte, die zum Verkauf ausgestellt waren. Der Vater war in ein Gespräch mit dem Verkäufer vertieft. Er rief ein paarmal in die Richtung des Mädchens, es solle doch die Finger von den Telefonen lassen. Als dann eines der Geräte herunterfiel, schlug der Vater dem Mädchen mit Wucht auf die Finger. Das Mädchen zuckte zwar zusammen, aber es weinte nicht. Es machte den Eindruck, als wäre es daran gewöhnt, Schläge zu beziehen. Der Vater hatte sich gerade wieder dem Verkäufer zugewandt, da griff das Kind sich das nächste Gerät aus dem Regal. Nach einer Weile wurde der Vater darauf aufmerksam, wieder klatschte seine Hand auf die des Kindes. Die Szene wiederholte sich noch ein drittes Mal. Da wollte ich mich nicht mehr zurückhalten.

»Wenn sich Ihr Kind durch Schläge davon abhalten lassen würde, mit den Geräten zu spielen, hätte es sicherlich schon längst damit aufgehört!«, sagte ich.

Ich brauche wohl nicht zu erwähnen, dass der Vater des Mädchens über meinen Kommentar nicht besonders erfreut war. Aber ich finde ihn mehr als berechtigt. Nicht nur, dass ich Schläge prinzipiell ablehne. In diesem Fall waren die Schläge als Sanktion offensichtlich völlig wirkungslos. Sie hielten das Mädchen nicht davon ab, mit den Telefonen herumzuspielen.

Ich strafe ungern, aber wenn ich es tue, dann konsequent und nach meinem Empfinden angemessen. Die Strafe muss etwas sein, was dem Kind etwas abverlangt, aber sie muss auch in einem realisierbaren Rahmen bleiben. Auch für mich. Wenn ich schon zwei Mal hintereinander Fernsehverbot ausgesprochen habe, dann käme mir ein drittes Mal inflationär vor. Hier würde es sich anbieten, den Spieß umzudrehen, indem man sagt: »Ich denke der Fernseher bleibt jetzt erst mal aus, bis du mir zeigst, dass du auch anders kannst. Und ich bin mir sicher, du kannst anders, du bist ja ein schlaues Kind.« Hier könnte man das Kind an eine Situation erinnern, in der es etwas Kluges gesagt hat.

Alternativ könnte man dem Kind als Strafe für unangemessenes Verhalten eine dem Alter angemessene Aufgabe übertragen, zum Beispiel die Küche wischen oder Wäsche aufhängen. Vorausgesetzt natürlich, dass Ihr Kind diese Aufgabe nicht ohnehin schon übernimmt.

Im günstigsten Fall stehen die Sanktionen mit der Tat

des Kindes im Zusammenhang. So lernt das Kind unmittelbar, Verantwortung für sein Verhalten zu übernehmen. Es lernt, dass es den verursachten Dreck selbst beseitigen muss.

Meine Tochter hatte vor Kurzem vier Übernachtungsgäste, die alle ungefähr acht Jahre alt waren. Beim abendlichen Zähneputzen fand einer der Gäste, nennen wir ihn mal Finn, es sehr lustig, mit dem Seifenspender meine Badezimmerwände und Handtücher vollzuspritzen. Als ich dazukam und sah, was der Junge da in meinem Bad anstellte, blieb ich ruhig stehen, bis Finn mich bemerkte. Er hörte sofort auf und stellte den Seifenspender mit einer theatralischen Geste zurück. Ich schickte die anderen Kinder raus und schloss die Tür. Finn kicherte erst noch, dann wurde er ruhig.

Ich setzte mich auf den Wannenrand und sah ihn direkt an: »Ich möchte, dass du gut mit meinen Sachen umgehst.«

Finn blickte auf seine Zehenspitzen.

»Du bist heute mein Gast und ich habe mich auf dich gefreut.« Ich sah ihn noch immer an und schwieg einen Moment.

»Bist du gerne zu uns gekommen?«, fragte ich ihn.

Finn nickte kurz. Sein Gesicht war rot geworden.

»Ich bin ganz überrascht, dich heute so zu erleben. So kenne ich dich gar nicht.«

Finn sagte nichts. Er vermied es, mich anzusehen und rieb seine Hände an der Hose.

»Pass auf, Finn«, sagte ich, ohne den Blick von ihm zu nehmen. »Ich hole dir jetzt einen Eimer und einen Lappen und dann wischt du bitte mein Badezimmer. Die Handtücher bringst du in den Waschkeller.«

Er wischte alles gründlich auf. Für mich war die Sache

danach erledigt, aber in Finn hatte es offenbar noch gearbeitet. Zwei Stunden später standen wir alle am Lagerfeuer, da sagte er zu mir, sodass die anderen es nicht hören konnten: »Ich weiß auch nicht, weshalb ich das gemacht habe. Ich finde das auch total doof.«

Ich musste lächeln. »Das Gefühl kenne ich. Manchmal frage ich mich auch hinterher, weshalb ich etwas getan oder gesagt habe. Du hast es wieder in Ordnung gebracht und damit ist die Sache vergessen.« Finn schien mit meiner Antwort zufrieden. Er ging wieder zu den anderen und spielte noch eine Weile ausgelassen, bevor es ins Bett ging.

Hätte ich Finn gedroht, ihn gleich nach Hause zu schicken, dann wäre ich gezwungen gewesen, das auch wirklich durchzuziehen. Ich hätte seine Eltern anrufen müssen, die hätten ihn noch holen müssen, meine Tochter wäre sehr traurig gewesen, und ich auch.

Auch für die anderen Kinder wäre es ein unschöner Verlauf des Abends gewesen. Letztendlich hätte ich zugelassen, dass sein Verhalten den ganzen Abend stört. Finns Verhalten zu ignorieren, um den Abend nicht zu verderben, wäre auch das falsche Signal gewesen. Stattdessen habe ich mir Zeit genommen und ihn in aller Ruhe und ohne weitere Zuhörer mit seiner Tat konfrontiert. Finn hatte die Möglichkeit, die Sache selbst wieder in Ordnung zu bringen. Und ich bin sicher, dass er verstanden hat, weshalb ich nicht möchte, dass er mit Seife im Badezimmer rumspritzt. Er hat es selbst aufgewischt und weiß jetzt, wie viel Arbeit er verursacht hat.

Wenn Ihnen eine passende Strafe nicht gleich einfällt, geben Sie sich Zeit. Lassen Sie sich nicht dazu hinreißen, wütend Sanktionen zu verhängen, die Sie später nicht einhalten können. Denken Sie an die Mutter von Paul aus dem Eiscafé. Sie wollte ihm das Handy wegnehmen, die

Spielkonsole einkassieren und das Fernsehen verbieten. Die angedrohten Sanktionen waren zu viel, Paul hatte berechtigte Zweifel daran, dass sie wirklich alle durchsetzen würde. Offenbar stand sie unter großem Druck und wollte schnell bewirken, dass ihr Sohn sein Verhalten ändert. Paul hat in dieser Situation dichtgemacht und die Mutter ist nicht mehr an ihn rangekommen.

Nichts spricht dagegen zu sagen: »Darüber werde ich gleich noch mal mit dir reden. Ich werde mir bis dahin überlegen, wie ich mit dieser Respektlosigkeit umgehe.« Das Kind hat dann bereits das Signal, dass es mit seinem Verhalten Anstoß erregt hat. Es wird sich fragen: Was wird Mama oder Papa sagen? Welche Strafe erwartet mich? Und Sie haben Zeit gewonnen. Wenn Sie wütend waren, kann sich Ihre Wut etwas legen und Sie können in Ruhe überlegen, was eine angemessene Sanktion wäre. Sie haben so auch die Möglichkeit, noch einmal Ihren Partner oder einen Freund um Rat zu fragen.

Sanktionen signalisieren dem Kind: Du hast etwas falsch gemacht. Deshalb achte ich darauf, dem Kind auch zu zeigen, wenn es etwas gut gemacht hat. Ein Lob an der richtigen Stelle kann Wunder bewirken. Es stärkt das Selbstbewusstsein des Kindes und es fördert eine positive Beziehung zwischen Erziehendem und Kind. Außerdem schafft ein Lob Motivation, denn das Kind fühlt sich in dem Moment gut und möchte mehr davon. Es spricht auch nichts dagegen, ein Kind zu belohnen, wenn es etwas besonders gut gemacht hat. Man könnte zum Beispiel sagen: »Du hast dir heute so schnell den Schlafanzug angezogen und Zähne geputzt, da kann ich dir noch eine Geschichte extra vorlesen« oder »Du warst gerade so geduldig, als ich lange telefoniert habe, dafür machen wir jetzt etwas, was dir Spaß macht«.

Das motiviert und weckt den Ehrgeiz.

Aber das Lob sollte an der richtigen Stelle angebracht und nicht wie mit der Gießkanne über dem Kind ausgeschüttet werden. Ein Kind, das sich lediglich angemessen verhält, muss in der Regel nicht gelobt werden. Auch das würde ein falsches Signal setzen. Wenn ein gesunder 6-Jähriger beispielsweise ein Butterbrot isst, muss er dafür nicht gelobt werden. Denn das ist normal, Kinder in dem Alter können ohne große Mühe Brote essen. Wenn solche Tätigkeiten gelobt werden, bekommt das Kind einen schrägen Eindruck davon, was man von ihm erwarten kann und was nicht.

Indem wir Kinder ausreichend loben, erfahren sie, dass besonders gutes Verhalten Aufmerksamkeit auf sich zieht und sie bekommen ein Gefühl dafür, was gut und was schlecht ist. Das Kind entwickelt Selbstbewusstsein und seine Wahrnehmung wird auf Positives gelenkt. Dies kann zu einer lebenslangen Grundeinstellung werden, die dem Kind durch manche Krise helfen kann.

**Mehr Zeit**

Aufmerksamkeit ist letztendlich nichts anderes als Zeit, die einem Kind gewidmet wird. Und genau die brauchen Kinder, um sich gesund entwickeln zu können. Kleine Kinder benötigen besonders viel Zeit, vor allem wenn sie selbst noch nicht in der Lage sind, sich zu versorgen. Aber auch ein Kind, das sich bereits selbstständig an- und ausziehen kann, das ohne Hilfe essen kann und zur Toilette geht, braucht die Nähe und die liebevolle Aufmerksamkeit vertrauter Personen. Das Kind möchte, dass sich diese Personen für es interessieren, ihm zuhören und es trösten, wenn es Schmerzen oder Kummer hat. Das bedeutet, dass die Erziehenden gefordert sind, sich über die Versorgung der Grundbedürfnisse hinaus, mit dem Kind zu befassen.

Mit dem Zutrauen, dass es eine oder gar mehrere Personen gibt, die immer für es da sind, wächst die Zufriedenheit und das Selbstwertgefühl eines Kindes. Es weiß dann, dass es wert ist, beachtet zu werden, auch wenn es gar nichts Ausgefallenes tut.

Ein Kind, das viel Zeit allein verbringen muss, ohne die Möglichkeit, eine vertraute Person direkt ansprechen zu können, ist dagegen oft unsicher und weiß nicht, wie es auf andere wirkt. Wenn es nach der Schule alleine isst, Hausaufgaben macht und dann vielleicht noch fernsieht, hat es am Abend, wenn die Eltern da sind, meist nicht mehr viel von der Schule zu berichten. Die Gefühle, die es am Vormittag hatte, sind dann oft schon von neuen Eindrücken überdeckt. Fragt man als Elternteil das Kind direkt nach der Schule, wie der Tag war, erfährt man dagegen oft einiges über das Erleben des Kindes.

In vielen Fällen reagieren Erwachsene erst dann auf ein Kind, wenn es nicht so funktioniert, wie gewünscht. Ruhige, angepasste Kinder erfahren sehr viel weniger Aufmerksamkeit, als diejenigen die widersprechen, beleidigen und Grenzen verletzen. Damit sie mit ihrem respektlosen Verhalten nicht länger gegen das Übersehenwerden ankämpfen müssen, ist es wichtig, sich auch dann mit den Kindern zu befassen, wenn sie genau das tun, was von ihnen erwartet wird.

In einer Förderschule mit dem Schwerpunkt emotionale und soziale Entwicklung, arbeitete ich mit einer Gruppe von acht Schülern in der zweiten Klasse. Der 9-jährige Mirko kam in den Unterrichtsraum, sah mich und sagte: »Was will die Alte denn?« Als ich ihn nach seinem Namen fragte, meinte er nur: »Du kannst mich Scheiße nennen.«

So ein Verhalten kannte ich bis dahin höchstens von Pubertierenden. Ich ging darauf nur so viel ein, wie unbedingt nötig war und antwortete kurz: »Bist du sicher, dass ich dich über ein halbes Jahr Scheiße nennen soll? Fänd ich für mich weniger schön, aber ich kann mich da ganz nach dir richten«, und wandte mich wieder ab.

Mirko verweigerte sämtliche Übungen und erst nach dem dritten Treffen ließ er sich auf eine kreative Übung ein. Er malte ein Bild. Ich sah mir sein Bild genau an und erzählte ihm, was mir daran gefiel. Mirko wusste gar nicht, wie ihm geschah. Sein Gesicht wurde erst rot, dann blass. So viel positive Zuwendung war er gar nicht gewohnt.

Ich will mit dieser Geschichte zeigen, dass es bei manchen Kindern völlig kontraproduktiv ist, auf die Unverschämtheiten, Beschimpfungen und Demütigungen ausführlich und drastisch zu reagieren. Denn damit geht ja die Rechnung des Kindes auf: Es bekommt Aufmerksamkeit. Eine knappe, unmissverständliche Reaktion reicht in diesen Fällen vollkommen aus. Die kleinsten positiven Ansätze sollten allerdings deutlich hervorgehoben und gelobt werden.

Mirko wurde ein sehr viel angenehmerer Schüler. Er konnte es sogar zulassen, freundlich zu sein. Am Ende des Trainings war er noch immer einer der Wortführer in der Gruppe, doch nun im Positiven! Er arbeitete mir zu. Mirko hatte eine neue Rolle kennengelernt. Ich weiß, dass vielen Erziehern und Pädagogen die Zeit fehlt, derart auf die ihnen anvertrauten Kinder einzugehen. Aber es können so die Folgeschäden durch negative Prägungen verhindert werden. Und es macht auch Freude – und zwar allen Beteiligten.

Zeit ist ein kostbares Gut. Es ist nicht immer einfach, sich zu einem Kind zu setzen, um mit ihm zu spielen oder einfach nur bei ihm zu sein, wenn eigentlich gestaubsaugt oder gewaschen werden müsste oder ein wichtiges Telefonat ansteht, aber es lohnt sich. Sie stärken damit nicht nur das Selbstvertrauen Ihres Kindes, sondern erfahren ganz nebenbei auch noch einiges über Ihr Kind, was Ihnen sonst vielleicht gar nicht aufgefallen wäre.

Ich erinnere mich an ein Elternpaar, das zu mir kam, weil ihr 6-jähriger Sohn Nils völlig in sich zurückgezogen wirkte. Der Erstklässler erzählte nichts aus der Schule und war auch sonst wortkarg und abweisend. Es stellte sich heraus, dass Nils die Nachmittage oft in seinem Zimmer verbrachte, während die Eltern noch den Haushalt erledigten oder Freunde empfingen. Ich empfahl den Eltern, die Woche so zu gestalten, dass Nils eine bestimmte Zeit am Tag regelmäßig mit mindestens einem Elternteil verbringt. Kleine gemeinsame Unternehmungen oder Tätigkeiten sollten in den Tagesablauf integriert werden. Nils ging daraufhin zweimal in der Woche mit seiner Mama zum Einkaufen, einmal bastelten sie zusammen, mit dem Papa ging er schwimmen und er half ihm bei der Gartenarbeit.

Nach zwei Wochen berichtete der Vater, dass Nils ihm anvertraut habe, es gebe einen Jungen in seiner Klasse, der ihn ständig ärgere und bedrohe. Offenbar machte das Nils so zu schaffen, dass er gar keine Lust mehr hatte, in die Schule zu gehen. Daraufhin redeten die Eltern mit der Klassenlehrerin, die versprach, darauf zu achten.

Ich bin mir sicher, dass Nils sich den Eltern erst sehr viel später oder gar nicht anvertraut hätte, wenn der Ablauf in der Familie gleich geblieben wäre. Nils hat durch die regelmäßig gemeinsam verbrachte Zeit gespürt, dass seine Eltern für ihn da sind und ihm helfen können, wenn er mit etwas nicht zurechtkommt. Durch dieses Gefühl der Sicherheit, konnte er sich langsam gegenüber den Eltern öffnen.

Auch Erzieher und Lehrer benötigen ausreichend Zeit für ihre Schützlinge. Um mit einem Kind effektiv arbeiten zu können, müssen sie in einer Gruppe von mehreren Kindern zu jedem Einzelnen eine Beziehung aufbauen. Jedem Einzelnen müssen sie signalisieren: Ich bin für dich da. Du kannst mich ansprechen, wenn du etwas auf dem Herzen hast. Dass das in einem viel begrenzteren Rahmen möglich ist als bei Eltern, liegt auf der Hand. Ausreichend Zeit ist meiner Meinung nach aber auch außerhalb des Elternhauses unbedingt notwendig, um eine gute, liebevolle Erziehung zu gewährleisten. Ich habe bereits erwähnt, dass Zeit in vielen Krippen und auch in Kindergärten Mangelware ist. An Schulen sieht es nicht besser aus.

Letztes Jahr erlebte ich an einer Grundschule, wie wenig Lehrer vom Treiben ihrer Schüler mitbekommen können. Auch hier möchte ich erwähnen, dass es eine durchschnittliche Schule war, keine Brennpunktschule und keine mit elitärem Anspruch. Ich war dort ihm Rahmen eines theaterpädagogischen Projekts. In der Pause stand ich auf dem Hof und unterhielt mich mit der Lehrerin, die Aufsicht hatte. Mir fiel auf, dass ein Mädchen nicht von ihrer Seite wich. Sie war höchstens acht, hatte nussbraunes gelocktes Haar und ein verlegenes Lächeln. Die Lehrerin ermunterte sie einige Male, doch mit den anderen zu spielen, aber die Kleine, nennen wir sie Mia, blieb beharrlich bei uns stehen. Am nächsten Tag hatte eine andere Lehrerin Pausenaufsicht und Mia war wieder da und ließ sich nicht wegschicken. Es war also eher unwahrscheinlich, dass sie auf eine bestimmte Lehrerin fixiert war. Sie suchte einfach die Nähe zu einer Aufsichtsperson. Als die Aufsicht sich um zwei streitende Schüler kümmern musste, blieb Mia bei mir und ich fragte sie, warum sie nicht mit den anderen Kindern spielte.

Mia zögerte. »Das darf ich nicht sagen«, sagte sie schließlich.

»Weißt du, dass es gute und schlechte Geheimnisse gibt?«, fragte ich sie.

Sie zuckte unsicher mit den Schultern.

»Mein Beruf ist es, Menschen zuzuhören, wenn sie Kummer haben. Aber ich darf das nachher auch keinem erzählen. Jedenfalls nicht so, dass die anderen wissen, wer mir das erzählt hat.«

Mia sah mich ernst an, wie um zu prüfen, ob sie mir vertrauen konnte. »Die wollen, dass ich meine Hose ausziehe und das will ich nicht«, sagte sie schließlich.

»Wer möchte denn, dass du die Hose ausziehst«, fragte ich erstaunt.

»Na der Lutz, die Lara und Marissa.«

Ich kannte die drei aus dem Kurs, den ich hier leitete.

»Wofür soll das gut sein, dass du deine Hose ausziehst?«, wandte ich mich wieder an Mia.

Die machte ein nachdenkliches Gesicht. »Weiß nicht«, sagte sie schließlich. »Die sagen, dass ich das machen soll, sonst lassen sie mich nicht raus.«

»Wo denn raus?«

»Na aus der Umkleide. Die halten die Tür zu, wenn nur noch ich drin bin und sagen, dass ich erst raus darf, wenn ich auch die Unterhose ausgezogen habe.«

»Und machst du das denn?«

»Ja, sonst komme ich nicht raus. Ich sollte es dann noch mal machen, aber da war ich schlau. Ich habe gesagt, ich mache es auf dem Pausenhof vor allen noch mal und dann bin ich schnell zur Aufsicht.«

»War denn kein Erwachsener da, der das gesehen hat?«

»Ne, das war ja in der Pause. Da soll ja keiner drinnen sein. Da ist immer nur draußen eine Lehrerin.«

Ich blickte Mia prüfend in ihr offenes Kindergesicht.

Aus ihrem Mund klang das alles relativ harmlos, aber ich fand es himmelschreiend. Vor Mia blieb ich ruhig, schließlich wollte ich sie nicht weiter verunsichern. Lediglich der Kommentar »Das finde ich voll bescheuert«, sollte ihr zeigen, wie ich die Sache sah.

Später bat ich die Lehrerin zu einem Gespräch unter vier Augen.

»Sind Sie ganz sicher?« Die junge Frau sah mich zweifelnd an.

»Warum sollte das Kind sich das ausdenken?«

»Aber in den Pausen ist doch keiner drinnen. Die Kollegen und ich achten darauf.«

»Offenbar nicht gut genug«, konterte ich. Mich machte die zögerliche Art dieser Pädagogin wütend. War denn das Kind, das in der Pause nicht ohne Begleitung der Lehrerin sein wollte, nicht Beweis genug? Die Kleine hätte schon eine sehr raffinierte Lügnerin sein müssen, wenn sie sich das ausdachte. Ich konnte mir nicht vorstellen, dass die Lehrerin ihr das ernsthaft unterstellte.

»Was werden Sie unternehmen?«

Die Lehrerin sah mich an, als wüsste sie nicht, wovon ich rede.

Dieser Pädagogin hätte einfach auffallen müssen, dass etwas nicht stimmt, wenn ein Kind, das sonst nie auffällig die Nähe der Erwachsenen gesucht hat, plötzlich wie eine Klette am Lehrpersonal hängt. Sie hätte sehr gut selbst auf die Idee kommen können, Mia zu fragen, was los ist. Andererseits kann ich der Lehrerin – ebenso wie ihren Kollegen – keinen Vorwurf machen, denn ich habe miterlebt, unter welchen Bedingungen sie arbeiten muss. Sie hat eine Klasse mit 31 Schülern zu unterrichten und im Grunde keine Zeit, um zu bemerken, dass Mia Angst vor ihren Mitschülern hatte. Vermutlich ist sie froh, wenn sie einigermaßen mit dem Unterrichtsstoff durchkommt und die Klassenarbeiten in einem angemessenen Zeitraum korrigieren kann. In den Pausen muss sie dann 243 Grundschulkinder beaufsichtigen. Sie ist, kurz gesagt, vollkommen überlastet.

Ich verstehe die Situation der Lehrerin, aber ich will diesen Zustand nicht akzeptieren. Zeit ist meiner Ansicht nach die wichtigste Ressource, die wir unseren Kindern geben können. Eltern können sich diese Zeit nehmen. Erzieher und Pädagogen haben eingeschränkte Möglichkeiten, wenn die Arbeitsverhältnisse sie überlasten und überfordern.

In Nordrhein-Westfalen zum Beispiel ist derzeit jede achte Schule ohne Schulleitung. Vor allem sind Grund- und Hauptschulen betroffen. An Grundschulen blieben 350 Rektorenstellen unbesetzt, an Hauptschulen waren es nur 160, dafür betrug die Fehlquote in dieser Schulform 30 Prozent. Ein Grund für die vielen unbesetzten Stellen ist sicher die im Verhältnis zum Arbeitsaufwand unattraktive Bezahlung. Ein Rektor einer Grundschule erhält etwa 500 Euro mehr als ein normaler Lehrer, ein Konrektor erhält sogar nur 157 Euro zusätzlich. Dafür muss auf diesen Posten sehr viel mehr Verantwortung übernommen und zusätzliche Verwaltungsaufgaben erfüllt werden. Oft müssen Schulleiter anderer Schulen oder erfahrene Lehrer aus dem Kollegium diese Aufgaben übernehmen, wenn die Stelle des Rektors nicht besetzt ist.[5]

Schulen wie die, an der ich Mia getroffen habe, brauchen daher nicht nur dringend mehr pädagogisches Personal und ansprechbare Lehrer, die den Kindern die Aufmerksamkeit geben können, die sie brauchen, sondern auch ausreichend Mittel, um einen Schulleitungsposten für einen engagierten Pädagogen attraktiv zu machen.

Auch in Kindertagesstätten darf auf keinen Fall an qualifiziertem, liebevollem Personal gespart werden. Eine Erzieherin muss sich jedem einzelnen Kind widmen können, auch denen, die gerade keinen Krawall verursacht haben und weder gefüttert noch gewickelt werden müssen, sondern einfach so.

Städte, Kommunen und freie Träger müssen mehr in die Qualität der Kindertagesstätten und Schulen investieren. Wenn die Kinder personell ausreichend und qualitativ hochwertig betreut werden, ist das ein guter Grundstein für die Ausbildung eines gesunden, selbstbewussten Charakters. Die Investition in die Betreuung der Kinder ist eine direkte Investition in unsere Gesellschaft.

Durch meine Zusammenarbeit mit der Polizei im Bereich Prävention, weiß ich, dass auffällig viele junge Menschen Geborgenheit, Verlässlichkeit und Zusammenhalt in kriminellen Banden suchen. Kinder sollten dies eigentlich in der Familie und dem direkten Umfeld erfahren. Doch wenn sie sie nicht bekommen, werden sie woanders danach suchen und für jeden empfänglich sein, der ihnen dies bietet.

### Mitgefühl fördern

Es ist nichts Neues, dass Kinder im Umgang miteinander wenig zimperlich sind. Geprügelt und beschimpft wurde schon immer. Denken Sie nur an Ihre eigene Kindheit, sicher fällt Ihnen die eine oder andere Szene ein, in der entweder andere Kinder gemein zu Ihnen oder Sie gemein zu anderen Kindern waren. Die zunehmende Aggressivität der Kinder kommt meiner Ansicht unter anderem daher, dass die Kinder oft gar kein Gefühl dafür haben, was sie anderen antun, wenn sie sich aggressiv verhalten.

Viele Kinder haben zwar gelernt »Entschuldigung« zu

sagen, aber sie leiern das Wort nur runter, wenn sie etwas angestellt haben, ohne einzusehen, was sie falsch gemacht haben. Sie wissen, was die Erwachsenen von ihnen erwarten und wie sie möglichst schnell aus der Situation wieder entlassen werden. Aber ein echtes Verständnis dafür, was genau sie bei anderen mit ihrem Verhalten bewirkt haben, bekommen sie so nicht.

Die Voraussetzung für sozial verträgliches Verhalten ist Mitgefühl für andere. Laut Remo Largo lernt ein Kind mit etwa vier Jahren, seine eigenen Gefühle von denen anderer zu unterscheiden. Es beginnt dann, sich in andere hineinzuversetzen. Es ist also schon relativ früh in der Lage zu verstehen, was es mit aggressiven Taten gegen andere anrichten kann. Doch diese Fähigkeit zur Empathie muss gefördert werden. Eltern können ihrem Kind vorleben, wie man jemanden trösten kann, der traurig oder verletzt ist, indem sie selbst liebevoll und tröstend reagieren, wenn das Kind Kummer oder Schmerzen hat. Sätze wie: »Nun reiß dich mal zusammen«, sind dabei eher hinderlich.

Kinder beobachten unentwegt. Sie nehmen wahr, wie sich die Eltern verhalten, wenn ein Obdachloser sie anspricht. Sie sehen auch, ob die Eltern ihre Hilfe anbieten, wenn ein Mensch, ob mit Handicap oder aufgrund seines Alters, Schwierigkeiten beim Ein- oder Aussteigen in einen Bus hat. Sie werden sich daran erinnern, wenn zu Hause schon einmal ein Schuhkarton mit kleinen Geschenken für Menschen aus einem anderen Land gepackt wurde. Und sie werden es als selbstverständlich empfinden, dass die ältere, alleinstehende Dame in der Nachbarschaft manchmal ein Stück vom Sonntagskuchen abbekommt, wenn das im Elternhaus die Regel ist. Die Möglichkeiten, einem Kind richtungsweisend Sozialverhalten und Mitgefühl vorzuleben sind äußerst vielseitig.

Neulich arbeitete ich mit einem 7-jährigen Mädchen, das Schwierigkeiten in der Schule hatte. Ich befragte die Kleine, wie denn der Tag für sie gewesen sei.

»Nicht so gut«, sagte sie. »Heute hat die Lena mich geschlagen, bis ich geweint habe, aber da hat sie immer noch nicht aufgehört.«

»Und hast du deiner Lehrerin das nicht erzählt?«

»Doch. Ich bin weinend zu ihr gegangen und habe gesagt: ›Die Lena hat mich geschlagen.‹ Und die Lehrerin hat gesagt: ›Das heißt gehauen. Und jetzt setz dich.‹«

Traurig, denn das Mädchen bleibt mit seiner Verletzung und mit dem Bedürfnis nach Gerechtigkeit alleine. Die Botschaft, die bei ihr angekommen ist, heißt: Die Lehrerin toleriert Gewalt. Ich darf geschlagen werden.

Sie erinnern sich sicher an die Kindergartenkinder Boris, Carlo und Merle. Die drei mussten auf der Strafbank sitzen, weil sie Jakob ausgelacht und bedrängt hatten. Ich bezweifle, dass sie dadurch begriffen haben, was sie mit ihrem Verhalten auslösen, welchen Schaden sie anrichten, wenn sie Jakob im Bad einsperren und demütigen. Meiner Meinung wäre es wirkungsvoller gewesen, mit jedem Kind einzeln in das Bad zu gehen. Dort hätte ich es aufgefordert, sich auf den Boden zu setzen, während ich stehen geblieben wäre. Dann hätte ich es ruhig und sachlich gebeten zu erzählen, wie es sich anfühlt, so alleine auf dem Boden zu sitzen, während ich neben ihm stehe und viel größer bin. Die Kinder hätten gespürt, wie sich Jakob gefühlt haben muss, und ich bin sicher, sie hätten begriffen, dass ihr Verhalten nicht richtig war. Hier hätte es keine weitere Strafe oder laute Worte gebraucht, das kurze Erleben und Nachempfinden der Situation hätte völlig genügt.

Neben dem Vorleben von Rücksichtnahme, Empathie und gegenseitiger Wertschätzung, können Kinder animiert werden, selbst aktiv zu werden. Indem beispielsweise Erzieher im Kindergarten oder in der Krippe, wenn ein Kind weint, die anderen Kinder fragen, was man tun könnte, damit es wieder fröhlich wird. Mitfühlendes Verhalten kann besonders hervorgehoben und gelobt werden. Fragen wie »Was wünschst du dir, wenn du traurig bist?«, »Was tröstet dich am meisten?«, schaffen ein Bewusstsein für die eigenen Bedürfnisse und fördern die Empathie.

Aber natürlich lässt sich Mitgefühl nicht erzwingen. Druck ist dabei meiner Ansicht nach eher hinderlich und kann die Entwicklung von echter Empathie hemmen.

Um Empathie zu erlernen, braucht man einen guten Zugang zu den eigenen Gefühlen. Wenn ich in einem Kurs Kinder oder Jugendliche frage, wie sie sich fühlen, kommen überwiegend sehr knappe Antworten. Die meisten sagen dann: »Ganz okay«, »Geht so«, »Keine Ahnung«. Viele Kinder können gar nicht benennen, was sie gerade empfinden, sie nehmen nicht bewusst wahr, ob sie gerade glücklich oder tieftraurig sind. Übrigens nehmen auch viele Erwachsene ihre Gefühle nicht bewusst wahr. Fragen Sie sich einfach mal, wann Sie zuletzt bewusst den morgendlichen Kaffee genossen haben oder ein warmes Bad nach einem anstrengenden Tag? Wissen Sie noch, wann Sie sich das letzte Mal richtig glücklich gefühlt haben?

Die Fähigkeit, die eigenen Gefühle bewusst wahrzunehmen, ist das Fundament für das Erlernen von Empathie. Denn: Wie kann ich mitfühlen, wenn es jemandem schlecht geht, wenn ich diese Emotion nicht einmal bei mir selbst wahrnehme?

Kinder lernen am besten, ihre Gefühle bewusst zu erleben, wenn in der Familie offen über Gefühle gesprochen wird, auch über Emotionen wie Wut und Eifersucht, die meistens als »schlecht« empfunden werden. Teilen Sie dem Kind Ihre eigenen Gefühle mit, wenn Sie etwas freut oder erheitert, aber auch, wenn Sie etwas traurig und wütend macht. Ermuntern Sie das Kind, über seine Gefühle zu sprechen und überlegen Sie gemeinsam, wie man mit Emotionen wie Wut oder Eifersucht umgehen kann. Wenn ein Kind erlebt, dass es darüber sprechen kann, ohne verurteilt zu werden, wird es leichter begreifen, was eigentlich mit ihm los ist, wenn es mal den Drang hat, herumzuschreien oder jemanden zu schlagen. Ermutigen Sie Ihr Kind, sich mitzuteilen, wenn es zum Beispiel der Freundin am liebsten die Augen auskratzen würde, weil sie die ganze Woche mit einem anderen Mädchen gespielt hat. Ermutigen und befähigen Sie Ihr Kind, seine Gefühle auszudrücken. So kann es der Freundin mitteilen, wie es sich gefühlt hat, ohne aggressiv oder gar körperlich zu werden.

Einem Kind, das ein anderes gebissen hat, könnte man zum Beispiel sagen (nachdem Sie auf das Kind zugegangen sind, Blickkontakt aufgenommen haben und ihm mit den Worten: »Stopp! Hör sofort auf damit«, unmissverständlich klargemacht haben, dass Sie dieses Verhalten nicht billigen): »Du warst wütend auf Martha, weil sie dir deine Schaufel weggenommen hat? Dieses Gefühl kenne ich. Aber ich verbiete dir, dass du beißt. Guck mal, Martha weint.«

Aggressives Verhalten wird meist durch Wut ausgelöst. Das ist ein wichtiges, manchmal sogar lebensrettendes Gefühl und es gehört einfach zum Leben dazu. Entscheidend ist der Umgang damit: Was kann ich tun, wenn ich das Gefühl habe, die Wut überrollt mich und beginnt, mein Verhalten zu bestimmen? Wut lässt sich nicht abschütteln, verleugnen und einsperren. Wut will und muss anerkannt und bearbeitet werden, damit sie nicht destruktiv wird. Ich suche mit den Kindern, mit denen ich arbeite, nach einem Weg, die Wut so zu kanalisieren, dass sie nicht zerstört und verletzt. Eine gute Möglichkeit ist zum Beispiel der Wuteimer, in den man seine Wut hineinschreien kann. Danach wird die Wut dann in einem symbolischen Akt aus dem Eimer ausgespült. Ein Wutballon kann auch dabei helfen, die Wut auszuleben, ohne zu verletzen. Das wütende Kind wird dabei aufgefordert, das blöde Gefühl im Bauch in einen Ballon zu pusten, der dann zum Platzen gebracht wird, am besten draußen oder in einem Raum, der gut gelüftet werden kann. Es kann auch helfen, ein altes Telefonbuch oder einen Katalog zu zerreißen. Dabei können Wütende sich gut abreagieren. Laute Musik und eine Zeitvorgabe von zum Beispiel drei Minuten können den Effekt verstärken. Anstrengung und Bewegung sind immer gute Möglichkeiten, Wut loszuwerden. Meiner Tochter empfehle ich, ihre Wut »auszuschaukeln«, wenn sie in Rage ist. Hüpfen auf einem Trampolin oder einfach ein kurzer Sprint durch den Garten oder den Park haben den gleichen Effekt. Wenn das nicht möglich ist, kann auch ein Glas kaltes Wasser helfen. Es kühlt und spült die Wut weg. Auch bewusstes Atmen kann bei akuten Wutanfällen helfen. Kindern kann man erklären, dass sie die Wut aus sich herauspusten sollen, wie ein Drache das Feuer.

Man muss nicht warten, bis ein Kind einen richtigen Wutanfall bekommt. Wenn man merkt, dass ein Kind kurz davor ist, auszurasten, weil es zum Beispiel aufmüpfig und widerspenstig reagiert, kann man schon frühzeitig einen Kontextwechsel herbeiführen. Mit meiner Tochter mache ich zum Beispiel eine Kissenschlacht, wenn ich merke, dass die Stimmung kippt. Dabei kann sie sich austoben und ist danach viel ausgeglichener als vorher.

Grausamkeiten von Kindern werden oft nicht ernst

genug genommen. Erst wenn aus Kindern Jugendliche werden, die andere fertigmachen und verletzen, wird vielen deutlich, dass mit diesen jungen Menschen etwas nicht stimmt, und dass dringend etwas geschehen muss. Doch dann ist es viel schwerer, noch eine Verhaltensänderung zu erreichen. Wenn Kinder erst gelernt haben, dass sie mit Erniedrigungen und Demütigungen weiterkommen, werden sie auch als Jugendliche, ohne mit der Wimper zu zucken, ihren Vorteil daraus ziehen. Umso wichtiger ist es, schon bei kleinen Kindern Mitgefühl zu fördern, ihnen das Gefühl zu geben, dass sie wichtig sind, und klare Grenzen zu setzen.

# Quälen mit Methode – Mobbing

*Ich hasse dich, alle aus unserer Klasse hassen dich!*
Lukas, 8 Jahre


Seit einigen Jahren arbeite ich immer öfter mit Jugendlichen, die nicht zur Schule gehen wollen, weil es ihnen dort nicht gut geht. Ich erfahre dann, dass das Kind beschimpft, gedemütigt, ausgeschlossen und verhöhnt wird, und das manchmal schon über Jahre. Mobbing ist für das Opfer schmerzhaft und kann Leib und Leben der betroffenen Personen beschädigen.

Das ist erst einmal nichts Neues. Das Phänomen Mobbing ist in den Medien präsent. Talkrunden und Reportagen beschäftigen sich mit dem Thema, es gibt zahlreiche Opferberichte und sogar Bekenntnisse von Tätern. Trotzdem wissen die wenigsten, was eigentlich genau unter Mobbing zu verstehen ist. Die Entwicklungspsychologin Mechthild Schäfer hat zusammen mit Stefan Korn und Marija Kulis die Arbeitsgruppe »Soziale Aggression und Mobbing in der Schule« gegründet. Sie definieren Mobbing als »Aggressives Verhalten von Mitschülern, das eine Schülerin bzw. einen Schüler absichtlich körperlich und/oder psychisch schädigt«[1]. Ein handfester Streit zwischen zwei Schülern muss aber noch lange kein Fall von Mobbing sein, auch dann nicht, wenn sich die Streitenden dabei bis aufs Blut quälen. Schäfer und ihr Team betonen, dass es ein Machtgefälle geben muss, das es dem Opfer unmöglich macht, sich erfolgreich zur Wehr zu setzen, wenn also ein sehr starkes Kind ein schwaches angreift oder wenn mehrere einen Einzelnen attackieren. Erfolgen die Attacken regelmäßig über einen längeren Zeitraum und steckt die Absicht dahinter, dem Opfer zu schaden und es auszugrenzen, dann liegt ein Fall von Mobbing vor.

Hier fasse ich die Kriterien, die Mobbing ausmachen, einmal zusammen:

- Mobbing ist aggressives Verhalten gegen einen anderen.
- Es herrschen ungleiche Machtverhältnisse. Der oder die Täter sind mächtiger als das Opfer.
- Die negativen Handlungen erfolgen regelmäßig über einen langen Zeitraum.
- Das Ziel der Täter ist, das Opfer auszugrenzen und es physisch und psychisch zu schädigen.

Ich verwende große Sorgfalt darauf, den Begriff Mobbing zu erklären, weil er nach meinem Empfinden vorschnell und inflationär verwendet wird. Es passiert immer wieder, dass Menschen zu mir kommen, weil sie schlecht behandelt wurden und dann von Mobbing sprechen. Wie zum Beispiel Frau Weber, die sich über eine Attacke ihres Chefs beschwerte. Dieser hatte ihre Arbeit vor der ganzen Belegschaft schlecht gemacht und sie »unfähig« genannt. Die Frau war noch immer sehr aufgebracht, als sie davon erzählte. Ich konnte sie gut verstehen. Aber da dies die einzige Situation dieser Art war, handelte es sich nicht um Mobbing, auch wenn dies das Verhalten des Chefs natürlich um keinen Deut besser macht.

Der Begriff »Mobbing« leitet sich von dem englischen Begriff »mob« ab, zu deutsch »Pöbel«. Im angloamerikanischen Raum würde man übrigens »bullying« sagen, was übersetzt so viel wie »einschüchtern« bedeutet. Seit einigen Jahren wird »bullying« auch im Deutschen verwendet. Es bezeichnet eine Unterform von Mobbing, in der die Täter körperliche Gewalt gegen ihr Opfer ausüben, es schlagen, treten, herumschubsen. Es fällt mir jedoch schwer, diesen Unterschied zu machen, weil Beschimpfungen, Verleumdungen und Hetze für mich Formen von (psychischer) Gewalt sind, die ebenso gefährlich sein können wie körperliche Angriffe. Deshalb verwende ich »Mobbing« sowohl für körperliche als auch für psychische Attacken.

Die Wissenschaft setzt sich seit den 1980er-Jahren mit dem Thema Mobbing auseinander. Dabei ging es zunächst um Schikanen am Arbeitsplatz. Dass schon viel früher in der Schule gemobbt wurde, wird deutlich, wenn man Robert Musils Roman *Die Verwirrungen des Zöglings Törleß* liest. Der Junge Basini wird darin von seinen Mitschülern erpresst, misshandelt und sexuell missbraucht. Das Buch erschien bereits 1906.

Die Mobbing-Expertin Mechthild Schäfer erklärt, dass hierarchische Strukturen ein guter Nährboden für Mobbing sind, vor allem dann, wenn man sich nicht ohne Weiteres daraus entfernen kann. Schauplätze des Mobbings sind meist Orte, an denen innerhalb dieser Strukturen wenig oder keine Kontrolle des Sozialverhaltens besteht und entsprechend keine Sanktionen auf verfehltes Sozialverhalten folgen. Bei den Kindern, mit denen ich zu tun habe, sind diese Orte zum Beispiel der Schulhof, der Klassenraum, wenn kein Lehrer dort ist, der Heimweg oder der Umkleideraum beim Sportunterricht.

Wer sich an seine Schulzeit erinnert, dem wird vielleicht auch ein Außenseiter einfallen, der regelmäßig von den anderen »fertiggemacht« wurde. Aber inzwischen ist das kein Einzelfall mehr. Wenn ich heute mit Schülern spreche, dann haben alle auf die eine oder andere Art schon mal mit Ausgrenzung und Gewalt zu tun gehabt. Die meisten wissen, wie es sich anfühlt, wenn alle gegen einen sind. Und auch hier erlebe ich bei denen, die so etwas mitbekommen, immer weniger die Bereitschaft, sich zu positionieren. Stattdessen wird weggesehen oder gar zugesehen und mitgemacht. Ich erlebe eine große Angst davor, anders zu sein, ausgelacht und ausgegrenzt zu werden und wenig Mitgefühl für die Opfer.

## Wie Mobbing entsteht

Die meisten Mobbing-Fälle spielen sich in den weiterführenden Schulen ab. Es ist auffällig, dass ab dem Eintritt in die Pubertät fundamental wichtig wird, wer »dazu« gehört. Remo Largo erklärt das so: Ausgrenzung wird von Jugendlichen als besonders schmerzhaft empfunden, weil sie sich emotional von ihren Eltern lösen und Bestätigung und Rückhalt bei Gleichaltrigen suchen.[2]

Freundschaften spielen in dieser Lebensphase eine übergeordnete Rolle. Aber auch schon vor dem Eintritt in die Pubertät ist dies ein bedeutsames Thema. In einer Studie zum Thema Kinder und Medien (KIM Studie 2012) gaben 95 Prozent der befragten 6- bis 12-Jährigen an, dass der Umgang mit Freunden für sie von besonderem Interesse sei. Es war ihnen deutlich wichtiger als Fernsehen.[3] Auch bei den 12- bis 19-Jährigen spielte das Thema »mit Freunden treffen« die größte Rolle. Etwa 80 Prozent gaben an, dass das ihre bevorzugte Freizeitbeschäftigung sei.[4] Da der Freundeskreis oder die Clique immer wichtiger werden, gewinnt auch die Selbstbehauptung in der Gruppe und die Abgrenzung von anderen an Bedeutung. Die Kinder und Jugendlichen probieren verschiedene Verhaltensweisen aus. Sie finden zum Beispiel heraus, dass sie Beachtung finden, wenn sie Witze auf Kosten anderer machen oder dass ihre eigenen Fehler nicht beachtet werden, wenn sie deutlich auf die eines anderen hinweisen. Wie weit die Gehässigkeiten gehen, hängt von der sozialen Kompetenz der Jugendlichen ab und davon, wie viel Aggression hinter den Aktionen steckt. Mein Eindruck ist, dass die soziale Kompetenz der Kinder und Jugendlichen sinkt, während das Aggressionspotenzial beängstigend steigt. Die Hemmschwelle, einen anderen fertigzumachen, jemanden kleinzumachen, damit man sich selbst besser fühlen kann, ist gesunken und sinkt weiterhin.

Um einen kleinen Eindruck davon zu verschaffen, was ich meine, möchte ich hier die Geschichte von Max erzählen: Max Hartmann war 14, als ich ihn kennenlernte. Seine Mutter machte sich ernsthafte Sorgen um ihn, nicht weil er besonders aggressiv war, sondern verschlossen und abweisend, häufig lustlos und deprimiert.

»Max war eigentlich immer ein guter Schüler, aber jetzt haben seine Zensuren plötzlich nachgelassen«, sagte sie am Telefon. »Er will gar nicht mehr in die Schule und verweigert sich völlig. Ich hab den Eindruck, ihm macht gar nichts mehr Spaß. Früher hat er immer mit mir geredet, aber seit ungefähr vier Monaten spricht er so gut wie gar nicht mehr mit mir. Und wenn, dann bleibt er einsilbig und ich habe das Gefühl, die Worte aus ihm herauspressen zu müssen. Das kann doch nicht nur von der Pubertät kommen. Können Sie nicht mal herkommen und mit Max sprechen?«

Als ich wenige Tage später im Haus der Hartmanns stand, traf ich einen blassen Jungen mit müden Augen. Sein Händedruck war schlaff. Er sah krank aus, fand ich. Während meiner Arbeit mit Max erfuhr ich Folgendes:

Eigentlich war Max ein fröhliches Kind, das gerne Comics las, Klavier spielte und sich mit seinen Freunden traf. Aber in der sechsten Klasse wurde etwas anders, im Grunde schon beim Schulwechsel aufs Gymnasium. Seine Mutter glaubt, dass Max von den vielen älteren Schülern und dem unübersichtlichen Gebäudekomplex eingeschüchtert war. Auch die Lehrer mussten ihm anders vorgekommen sein, die meisten verschwanden nach dem Unterricht schnell und machten immer den Eindruck, als hätten sie es sehr eilig. In der Grundschule hatte Max das Gefühl gehabt, man könne die Lehrer jederzeit ansprechen. Seine Mitschüler fanden sich offensichtlich schneller in der neuen Umgebung zurecht, aber Max fiel das schwer. Ständig hatte er das Gefühl, nicht richtig dazuzugehören.

Am Anfang des sechsten Schuljahres fing dann David aus seiner Klasse an, abfällig über Max' Unterwäsche zu sprechen, als er sich nach dem Sportunterricht umzog. Vorne auf seinem Unterhemd war ein kleiner Eisbär abgebildet.

»Das ist ja süß«, sagte David. »Hat das deine Mami für dich ausgesucht?«

Die anderen lachten.

Max war verunsichert. So wie David das gesagt hatte, klang es nicht nett und auch das Lachen der anderen fühlte sich nicht gut an. Zu Hause sagte er seiner Mutter, dass er andere Unterwäsche möchte. Die mit dem Eisbär wollte er auf keinen Fall mehr anziehen. Aber David war mit der anderen Unterwäsche auch nicht zufrieden. Sie war weiß mit einem Fußball darauf.

»Uh, jetzt kommst du aber männlich rüber, so mit Fußball auf dem Unterhemd«, höhnte David.

Wieder lachten die anderen Jungen.

»Ey, was hast du eigentlich für eine Frisur. Bist du schwul oder so?«, bemerkte David als Nächstes. Max hatte damals Locken, die ihm beinahe auf die Schultern reichten. Er war der einzige Junge mit langen Haaren in seiner Klasse.

Christian und Fabian, Davids Freunde, stiegen prompt darauf ein.

»Komm mir nicht zu nah, ich bin nicht schwul«, kicherte Fabian.

»Boah, Max, guck doch nicht so schwul«, sagte Christian jetzt bei jeder Gelegenheit.

Max wusste nicht, was er davon halten sollte. Er mochte es nicht, dass sie das zu ihm sagten. Ihm war klar, dass »schwul« in diesem Kontext nicht nur »homosexuell« bedeutete, sondern einfach ein abwertender Begriff für alles Mögliche war. Das alles begann ihm auf die Nerven zu gehen. Als er mit seiner Mutter darüber redete, sagte die: »Ach, hör einfach nicht hin, dann werden die schon aufhören.«

Leider hörten sie nicht auf. Im Gegenteil, sie machten immer weiter. Sie lästerten über seine Brille, seine Jacke und seine Art zu gehen. Immer wieder sagten sie, er solle nicht so schwul gucken. Er hörte die anderen über ihn lachen und fühlte sich blöd dabei. Als Max sich in der Pause zu seinen Mitschülern stellen wollte, sagte David nur: »Hau ab, du bist peinlich.«

Max blickte in die Runde, kein anderer sagte was. Er beschloss, das zu ignorieren und blieb.

»Ey, ich hab gesagt, geh weg!«, schrie ihn David an.

Max fuhr zusammen, aber er war entschlossen, sich nicht wegschicken zu lassen, nur weil der blöde David das bestimmte. Die anderen hatten ja sicher nichts dagegen, dass er da war. Also blieb er bei den Jungen stehen. Da wurde er plötzlich von der Seite angerempelt, Christian schob ihn mit seinem Körper weg von den anderen. »Ey!«, rief Max. »Was soll das?« Er hatte sich fest vorgenommen, sich mehr durchzusetzen und drängte wieder in den Kreis.

Da rammte ihm Fabian mit voller Wucht einen Ellbogen in den Bauch. Während Max nach Luft rang, rückte die ganze Gruppe aus etwa sechs Jungen geschlossen von ihm weg.

Max war draußen. Zuerst wollte er das nicht wahrhaben. Vielleicht war das nur an diesem einen Tag so, aber sie ließen ihn nicht mehr in ihren Kreis, nicht mehr in der Pause und nicht bei der Gruppenarbeit.

Und die anderen Mitschüler waren auch nicht besser. Liz wollte auf einmal nicht mehr auf einem Stuhl sitzen, auf dem Max vorher gesessen hatte.

»Das ist doch voll eklig«, sagte sie.

Der einzige Junge, der sich nicht weigerte, neben Max zu sitzen, war Philipp, der auch ausgegrenzt wurde. David nannte ihn »Clearasilversuchsgelände«, wegen seiner Pickel.

Zu Hause stand Max vor dem Spiegel und fragte sich, ob irgendetwas an ihm nicht richtig sei. Er wurde zusehends nervöser und unsicherer.

Seine Mutter sagte: »Nimm dir das nicht so zu Herzen. Gegen Dummheit ist kein Kraut gewachsen. Du packst das schon.«

Das mit dem Rucksack bemerkte Max erst zu Hause. Jemand hatte mit Edding »Schwuchtel« draufgeschmiert. Er vermutete, dass es David war oder Chris oder Fabi, aber er konnte es nicht beweisen. Seine Mutter versuchte es wegzuschrubben, als das nicht funktionierte, bekam Max einen neuen Rucksack. Und dann suchte sie das Gespräch mit der Klassenlehrerin. Die sagte: »Der Max macht es den anderen Schülern auch nicht leicht mit seiner äußerst sensiblen Art. Er ist schon nah am Wasser gebaut.«

Max hatte keine Ahnung, was er tun sollte, um es den anderen etwas leichter zu machen, aber er war bereit, alles zu tun, wenn es nur besser würde. Ein Lichtblick war der

Chemielehrer. Der erwischte David einmal, als er »Max, du Schwulette« an die Tafel schrieb und stellte ihn zur Rede. »Was kann ich denn dafür, wenn der schwul ist?«, fragte David ihn entrüstet.

Eine Woche später fasste jemand Max von hinten an den Kopf und rubbelte seine Haare. Es war David.

»Na, Süßer!?«, sagte er.

Fabi und Chris lachten. Ein paar andere Schüler stimmten ein. Dann gingen sie weiter. Als Max irritiert an seinen Kopf griff, merkte er, dass sie ihm Kaugummi ins Haar geschmiert hatten. Seine Mutter schnitt es ihm zu Hause heraus. Max sagte, er wisse nicht, wie das passiert sei.

Max vermied es jetzt, David und seinen Freunden den Rücken zuzukehren. In den Pausen war er oft mit Philipp zusammen. Wenn David und die anderen an ihnen vorbeigingen, riefen sie: »Das ist ja süß. Die beiden Schwuchteln. Küsst euch doch mal«, oder etwas in der Art. Danach wussten Max und Philipp eine Weile nicht, was sie miteinander reden sollten. Einmal sperrten ihre Peiniger sie zusammen auf dem Jungenklo ein. Sie brauchen 20 Minuten, um sich zu befreien. Mit roten Köpfen erschienen sie verspätet im Unterricht und murmeln eine Entschuldigung. Sie sagten nicht, dass sie eingesperrt worden waren, weil es ihnen peinlich war. Die Lehrerin trug die Verspätung ins Klassenbuch ein. Das Kichern von David, Chris und Fabian überhörte sie.

Max fühlte sich schon abends elend, wenn er am nächsten Tag Schule hatte. Er schlief schlecht und hatte beim Frühstück keinen Appetit. An einem Tag waren nach dem Sportunterricht seine Anziehsachen weg. Er wusste genau, dass er sie auf die Bank gelegt und die Schuhe darunter gestellt hatte. Irgendetwas an dem Verhalten seiner Mitschüler kam ihm verdächtig vor. Er suchte noch immer seine Klamotten, während einer nach dem anderen den

Raum verließ. Als der Gong die nächste Stunde ankündigte, lief er schließlich in Sportkleidung über den Schulhof in das Gebäude, in dem sein Klassenraum war. Es war Winter und kalter Regen durchnässte Max' Shirt. Frierend betrat er den Klassenraum, fünf Minuten zu spät. Die Lehrerin musterte ihn von oben bis unten.
»Was soll das?«, fragte sie.
Max sagte nichts.
Er setzte sich stumm auf seinen Platz und bemühte sich, das Kichern der anderen zu überhören. Er wollte nie wieder mit jemandem sprechen. Nie wieder würde er jemandem antworten. Es war genug. Seine Sachen fand er auf dem Pausenhof wieder, sie lagen im Mülleimer. Wütend und stumm stapfte Max mit seiner schmutzigen Kleidung nach Hause. Dort ging er auf direktem Weg in sein Zimmer und schloss die Tür. Als seine Mutter wissen wollte, was los ist, schrie er sie an: »Lass mich in Ruhe! Du hast keine Ahnung!«
Max fühlte sich völlig am Ende. Er hätte alles getan, um die Zeit zurückzustellen oder, um einfach von den anderen gemocht zu werden.
Ein paar Tage später passierte Philipp dasselbe. Auch seine Sachen waren nach dem Sportunterricht unauffindbar und lagen im Mülleimer auf dem Schulhof. Für Philipp war das sicher furchtbar, aber Max schöpfte durch diesen Vorfall wieder etwas Hoffnung. Er war nicht der Einzige, dem das passiert war. Das war für ihn wichtig. Gemeinsam beschlossen die beiden Jungen, der Klassenlehrerin, nennen wir sie mal Frau Stein, einen Brief zu schreiben, weil sie dachten, dass sie das gar nicht mitbekam, wie sie immer geärgert und attackiert wurden. Vor den anderen trauten sich Max und Philipp nie, ihr das zu sagen. Also schrieben sie auf, was David und Fabian und Chris ihnen angetan haben. Dass ständig eine Beleidigung

gegen einen der beiden an der Tafel stand, dass sie geschubst, bespuckt und angeschrien wurden, schrieben sie gar nicht auf, nur das Allerschlimmste wollten sie melden. Sie fanden die Adresse der Lehrerin heraus und schickten den Brief ab. Danach fühlten sie sich etwas besser, denn jetzt hatten sie etwas getan, jetzt konnte es ja nur besser für sie werden.

Es dauerte ein paar Tage, bis die Lehrerin zu erkennen gab, dass sie den Brief bekommen hatte. Bevor sie mit dem Unterricht begann, holte sie ihn aus ihrer Tasche und faltete ihn sorgfältig auseinander. Max fühlte, wie seine Hände feucht wurden, sein Herz schlug so laut, dass er fürchtete, alle würden es hören. Gespannt blickte er auf Frau Stein. »Diesen Brief habe ich von zweien eurer Mitschüler bekommen«, sagte sie bedeutungsvoll. »Ich möchte ihn jetzt gerne mal vorlesen.« Und dann las sie vor. Und in Max' Hals machte sich ein beklemmendes Gefühl breit. Das war irgendwie nicht so, wie er geglaubt hatte, dass Frau Stein ihm und Philipp helfen würde. Er hatte sich eher vorgestellt, dass sie erst einmal alleine mit ihnen reden würden, und dass sie sich dann etwas überlegen würde, um ihm und Philipp zu helfen. Er hatte das Gefühl, dass hier alles aus dem Ruder lief.

Frau Stein sah ihn an, als sie fertig mit lesen war, dann Philipp. Und alle folgten ihrem Blick. Sie standen jetzt da wie die letzten beiden feigen Petzen. Max schluckte, er traute sich nicht, Blickkontakt mit Philipp aufzunehmen.

»Ich will nicht hoffen, dass das stimmt«, sagte die Lehrerin streng und blickte einmal in die Runde. »Gut, dann holt bitte eure Hausaufgaben raus.«

Damit war die Sache für sie beendet.

Vom Unterricht bekam Max an diesem Tag nichts mehr mit. Überall hörte er es kichern und er spürte die Blicke der anderen.

»Och, Manno, wenn du das noch mal machst, schreib ich der Frau Stein einen Brief!«, hörte er David rufen.

Die anderen brachen in Gelächter aus.

Max' Bauch tat weh. Noch nie hatte er das Ende des Unterrichts so sehr herbeigesehnt. Als er nach der Schule zu seinem Rad ging, um nach Hause zu fahren, war in beiden Reifen keine Luft mehr.

Während Max das Rad nach Hause schob, hatte er das Gefühl, dass jetzt alles vorbei ist. Er wollte nie wieder herkommen müssen. Er hasste diese Schule, diese Klasse, Frau Stein und die anderen Lehrer.

Nachdem mir Max seine Geschichte erzählt hatte, musste ich erst einmal durchatmen. Max Mitschüler hatten ihm ganz schön übel mitgespielt. Und die Lehrerin hatte ihn bloßgestellt, anstatt ihm zu helfen. Sie hatte kein Recht, den Brief vor der ganzen Klasse vorzulesen, denn er war ja an sie gerichtet. Sie hatte die Jungen nicht einmal gefragt, ob sie das darf. Und dann ließ sie die beiden einfach alleine mit der Reaktion der Klasse. Das ist ein starkes Stück.

»Ich würde gerne mal mit deiner Lehrerin reden«, sagte ich zu Max.

»Bitte nicht!« Erschrocken sah er mich an.

Er hatte keine guten Erfahrungen mit dieser Frau gemacht. Sicher fürchtete er, dass es dadurch noch schlimmer würde. Ich erklärte ihm genau, was ich mit ihr besprechen wollte und warum ich glaubte, dass das gut wäre und schließlich war Max doch einverstanden.

Es war später Nachmittag, als ich Frau Steins Nummer wählte. Ich wollte mit ihr zusammen überlegen, wie wir Max helfen könnten. Meine Bedenken bezüglich ihres bisherigen Umgangs mit Max wollte ich für mich behalten. Es ging hier nicht um Schuldzuweisung, sondern darum, dass es Max schnell besser ging.

»Ja?«, meldete sich eine Stimme.

»Hallo, mein Name ist Mona Oellers, spreche ich mit Frau Stein?«

»Ja? Was wollen Sie denn?« Ihre Stimme klang misstrauisch.

»Gut, dass ich Sie erreiche. Ich bin Anti-Aggressions-Trainerin und arbeite mit Max aus Ihrer Klasse.«

Das Geräusch, das aus dem Hörer kam, klang deutlich wie ein genervtes Stöhnen. Ich ignorierte es einfach und fuhr unbeirrt freundlich fort: »Wissen Sie, ich mache mir große Sorgen um Max. Mein Eindruck ist, dass er sehr unglücklich ist und ich würde gerne mit Ihnen überlegen, ob wir gemeinsam, Sie und ich, etwas tun können, damit es ihm besser geht.«

Am anderen Ende der Leitung blieb es still.

»Was meinen Sie, sollen wir uns nicht mal treffen, um über Max zu sprechen?«, fragte ich weiter.

»Hören Sie, dem Max geht es immer irgendwie schlecht. Ich finde es ganz prima, dass Sie versuchen, etwas daran zu ändern, aber lassen Sie mich damit bitte in Ruhe. Machen Sie einfach Ihre Arbeit und ich werde Ihnen da nicht reinreden. Aber dann lassen Sie mich auch bitte meine Arbeit machen, denn die ist kaum zu bewältigen.«

Klack!

Frau Stein hatte aufgelegt.

Etwas ratlos hielt ich noch eine Weile den Telefonhörer in der Hand. Ich konnte es einfach nicht fassen. Diese Frau verweigerte sich schlicht dem Gespräch.

Frau Hartmann war ebenso fassungslos wie ich, als ich ihr von meinem Gespräch mit der Lehrerin erzählte.

»Was sollen wir denn jetzt machen?«, fragte sie.

»Ich würde zur Schulleitung gehen und dort das Verhalten der Lehrerin ansprechen. Wenn Frau Stein sich dem Gespräch entzieht, ist das die einzige Möglichkeit.«

Frau Hartmann sah mich zweifelnd an. Ich spürte, dass dieser Schritt ihr nicht behagte. Notwendig wäre er trotzdem, wenn sich etwas ändern sollte.

»Das muss ich noch mit meinem Mann besprechen«, sagte sie ausweichend.

»Wenn du jetzt einen Wunsch frei hättest, was würdest du dir wünschen?«, fragte ich Max beim nächsten Treffen.

Max betrachtete seine Hände, dann sagte er: »Ich wäre gerne tot!«

Er sagte das ganz ruhig und ich zweifelte nicht daran, dass er das in diesem Moment auch meinte.

»Wofür wäre das gut?«

Max schluckte. »Ich kann doch gar nichts machen. Keiner mag mich. Ich sehe blöd aus und ich mache nichts richtig. Am besten wäre, ich wäre gar nicht mehr da, das würde hier niemanden stören.« Die letzten Worte klangen kehlig. Max saß noch immer unbeweglich vor mir, aber seine Wangen waren jetzt rot. Mit der einen Hand rieb er sich die Augen. Den Kopf hielt er weiter gesenkt und eine Träne fiel auf die Tischplatte. Er wischte sie mit dem Ärmel weg und zog die Nase hoch. Ich erlebe selten, dass jemand so still und beherrscht weint. Ich blieb neben ihm sitzen und wartete, bis er sich beruhigt hatte.

Max kam in therapeutische Behandlung. Ich habe den Hartmanns dazu geraten. Ab und zu ruft mich seine Mutter an und erzählt, wie es ihm geht. Aber die Anrufe werden seltener und ich halte das für ein gutes Zeichen. Max ist jetzt auf einer anderen Schule. Offenbar konnte er dort noch mal neu anfangen. Seine neuen Mitschüler haben ihn in die Klassengemeinschaft aufgenommen. Die Klassenlehrerin hat ein aufmerksames Auge auf Max und ist den Eltern gegenüber aufgeschlossen. Einmal wöchentlich gibt es eine Stunde, in der über das soziale Zusammensein in der Klasse gesprochen wird. Es gibt ein Streitschlichtungsprogramm und zwei Schulsozialarbeiter. Nach den Erfahrungen, die er gemacht hat, fällt es Max schwer, sich auf andere Schüler einzulassen. Die Angst vor Zurückweisung ist noch immer groß bei ihm. Insgesamt geht es ihm aber jetzt viel besser. Er ist kein Außenseiter mehr, mit dem keiner etwas zu tun haben möchte und er hat jetzt eine Freundin. Der Schulwechsel scheint ihm gutgetan zu haben. Und trotzdem bestürzt mich diese Geschichte, weil David, Fabian und Christian einfach weitermachen können wie bisher. Niemand hat ihnen deutlich gemacht, wie sehr ihr Verhalten Max geschadet hat, und dass sie ihm damit die Lust am Leben genommen haben. Letztendlich haben sie gelernt, sich stark zu fühlen, indem sie einen anderen Menschen erniedrigt haben. Sie und alle anderen aus der Klasse, die tatenlos zugesehen haben, wie Max drangsaliert wurde, haben keine Veranlassung, ihr Verhalten zu ändern.

Diese Geschichte ist leider kein Einzelfall. Etwa ein Drittel (31,2 Prozent) aller Schüler an weiterführenden Schulen geben an, in der letzten Zeit »fertiggemacht und schikaniert« worden zu sein. Das ergab eine Umfrage der Universität Lüneburg aus dem Jahr 2009.[5] Als Täter bekannten sich 37 Prozent. Das heißt, jedes dritte Kind hat irgendwann Angst, in die Schule zu gehen, fühlt sich einsam, ausgegrenzt, überflüssig und wertlos, weil andere es fertigmachen. Dabei kommt es nicht unbedingt auf die Schulform an, erklärt Mechthild Schäfer. An Hauptschulen wird ebenso gemobbt wie an Gymnasien – allerdings auf unterschiedliche Weise. Während die Opfer an Hauptschulen eher körperlich angegangen werden, werden sie an Gymnasien häufiger psychisch fertiggemacht. Was die Zahl der Betroffenen angeht, würde ich sogar so weit gehen zu behaupten, dass inzwischen jeder in der Schule schon mal erlebt hat, wie es sich anfühlt, auf der einen oder anderen Seite zu stehen, denn viele Taten bleiben unentdeckt. Oft leiden die Opfer lange Zeit stumm, während die Täter sich keiner Schuld bewusst sind. Sie werden nicht zur Rede gestellt. Lehrer und Eltern bagatellisieren Mobbing nach wie vor. Sie schützen so die Täter und geben dem Opfer das Gefühl, dass das, was ihm angetan wird, schon seine Richtigkeit habe.

### Die Dynamik des Mobbings

Max war ein fröhlicher, aufgeschlossener Junge, bevor er gemobbt wurde. Nichts an ihm hat ihn für die Opferrolle prädestiniert. Prinzipiell hätte es jeden in der Klasse treffen können, auch David. Wenn das soziale Klima einer Gruppe schlecht ist, findet sich früher oder später immer einer, der fertiggemacht und ausgegrenzt wird. Das kann der breitschultrige Junge ebenso sein, wie das schüchterne Mädchen. Es ist absolut willkürlich.

Max' Fall zeigt, wie subtil und scheinbar harmlos Mobbing anfangen kann. Hier beginnt es damit, dass David über Max' Unterwäsche herzieht. Da könnte man es noch für einen Scherz halten, der zufällig auf Max' Kosten gemacht wurde. Zu dem Zeitpunkt ist noch gar nicht klar, dass Max diese Art »Scherze« von nun an regelmäßig erdulden muss. Dass sich diese dann zu immer aggressiveren Attacken steigern, liegt nicht nur an David, sondern zum größten Teil an denen, die darüber lachen und zusehen, wie Max eine Gemeinheit nach der anderen über sich ergehen lassen muss, ohne dass sie sich dagegen positionieren. Die erste Grenze überschreitet David, als er Max abwertend als »schwul« bezeichnet. Da aber niemand etwas dagegen sagt, tritt ein Gewöhnungseffekt ein und die Attacken von David und seinen Kumpanen steigern sich schrittweise. David merkt, dass die anderen lachen, wenn er Max ärgert, und das spornt ihn an. Indem er zeigt, dass Max ein Looser ist, zeigt er zugleich, dass er keiner ist. David, Chris und Fabian lassen ihren ganzen Frust an Max ab. Und sie tun so, als sei Max selbst schuld daran. »Ich kann ja nichts dafür, dass der Max schwul ist«, sagt David, als er durch den Chemielehrer zur Rede gestellt wird. Das ist typisch für Mobbing: Die Täter suchen die Schuld für ihre Taten beim Opfer. Und die Täter sind meist Weltmeister darin, die Gewalt, die sie ausüben, zu rechtfertigen.

Max hat die Unterwäsche, wegen der er zu Beginn gehänselt wurde, danach nicht mehr getragen. Er hat versucht, es den Tätern recht zu machen. Er wollte unbedingt dazugehören. Es muss sehr an seinem Selbstwertgefühl genagt haben, als er merkte, dass das nicht funktionierte. Seine Peiniger hatten gar kein Interesse daran, ihn in die Gruppe aufzunehmen. Und da er jeden Tag hörte, dass etwas mit ihm nicht richtig sei, übernahm er diese Ansicht. Sein Selbstbewusstsein litt massiv. Wenn er nur anders sein könnte, dachte er, dann würden sie sicher damit aufhören. Das ist typisch für Mobbing-Opfer: Sie sehen das Problem bei sich selbst, obwohl sie ja diejenigen sind, die attackiert werden. Durch den emotionalen Stress ist das Opfer oft wie gelähmt. Diese Handlungsunfähigkeit sehen sie dann als Beweis ihrer eigenen Unzulänglichkeit. Sie stecken in einem Teufelskreis. Ist dieses Stadium einmal erreicht, haben die Täter leichtes Spiel. Sie haben das Opfer völlig in der Hand. Sie fühlen sich mächtig und können diese Macht ausspielen. In der Regel steigert sich die Aggressivität der Angriffe dann.

**Die Hilflosigkeit der Opfer**

Wer Mobbing als Opfer erlebt, fühlt eine hilflose Wut. Diese Wut kennt zwei Richtungen. Max hat sie gegen sich selbst gerichtet, er hat sich gehasst, weil er nicht so sein konnte, dass die anderen ihn akzeptierten. Er wollte sterben, um das nicht länger ertragen zu müssen. Aber die Wut kann sich auch gegen die Täter richten und auch das ist kein guter Weg.

Der 12-jährige Nico zum Beispiel bekam große Schwierigkeiten, als sich seine angestaute Wut ihren Weg bahnte. In diesem Fall rief mich die Polizei an und fragte, ob ich mit dem Jungen arbeiten könne. Er galt in der Schule als schwierig und hatte während des Sportunterrichts einen anderen Jungen verletzt. Was ich dann im Gespräch mit Nico herausfand, war Folgendes:

Nico ging in die sechste Klasse und hatte in diesem Alter bereits über ein Jahr Gehässigkeiten seiner Klassenkameraden zu ertragen. Seine Mitschüler versteckten seine Jacke auf der Mädchentoilette und nannten ihn »Spanner«, als er sie sich wiederholen wollte. Ständig stand nach der Pause an der Tafel: »Nico stinkt!« und beim Sport bemitleideten sich die Schüler gegenseitig, wenn Nico in ihrer Mannschaft war. Nico gab sich Mühe, das alles zu ertragen, aber in ihm rumorte es. Manchmal hätte er schreien können vor Wut, aber er schluckte sie runter und ertrug die Bosheiten seiner Mitschüler lange, ohne eine Reaktion zu zeigen.

Der Sportunterricht war für Nico immer ein Spießrutenlauf. Er mochte Sport nicht besonders. Keiner wollte ihn in seiner Mannschaft haben und der Lehrer zeigte deutlich, dass er mit unsportlichen Schülern wie Nico einer war, nichts anfangen konnte.

Das Unglück geschah dann in einer sechsten Stunde. Nico sehnte das Ende des Unterrichts herbei und versuchte möglichst unauffällig alles mitzumachen. Doch schon beim Warmlaufen rief Lars, der ihn besonders peinigte: »Mann, lauf doch nicht so behindert.« Die anderen kicherten. Nico drehte sich um, stolperte über einen Fuß, der ihm plötzlich beim Laufen im Weg war, und klatschte der Länge nach auf den Hallenboden. Irgendjemand rief: »Ey, du hast voll den Gehfehler!«

Nico lag auf dem Boden, hörte das Lachen der Mitschüler und spürte wie eine zittrige Wut in ihm aufstieg. Dann rappelte er sich auf und hielt Ausschau nach dem Lehrer, aber der war gerade damit beschäftigt, einen Parcours aus Matten, Seilen, Ringen und Kästen aufzubauen und bekam scheinbar nichts mit. Am liebsten wäre Nico nach Hause gegangen. Das letzte bisschen Lust am Sport war ihm gerade vergangen. Resigniert setzte er sich auf die Bank am Rand der Halle. Aber der Lehrer schrie ihn an, er solle gefälligst mitmachen, wie alle anderen auch. Wütend verließ Nico seinen Platz, hörte schon wieder jemanden kichern, wurde noch wütender und brachte diesen blöden Parcours hinter sich. Er kletterte über einen Kasten, sprang auf eine Matte, nahm die Ringe und schwang damit zu einer Bank – und verfehlte sie um wenige Zentimeter. Wieder hörte er es kichern. Als er wieder Boden unter den Füßen hatte, hörte er Lars hinter sich rufen: »Ey, du Saftsack, lass mal die Ringe rüberwachsen.«

Nico drehte sich um, sah Lars grinsend mit einem anderen tuscheln. Er holte aus und schleuderte die Ringe in die Richtung des Jungen. Als Lars zu Boden ging, war das ein gutes Gefühl, sagte Nico mir später. Leider nur kurz. Der Sportlehrer war gleich bei Lars. Der Junge hatte eine Platzwunde. Seine Mutter kam und holte ihn ab. Später hieß es, Lars wäre sogar im Krankenhaus gewesen. Irgendjemand sagte zu Nico: »Mann, bist du krank.« Die Eltern des verwundeten Jungen wollten daraufhin Anzeige erstatten.

Nach einem Gespräch, an dem auch Nicos Eltern, der Schulleiter, ein Beamter der Polizei und ich teilnahmen, überlegten sie es sich zum Glück anders.

Nico hat lange erduldet, was die anderen mit ihm gemacht haben. Irgendwann war das Maß voll, er hat sich gewehrt und dabei seinen Mitschüler verletzt. Wie hilflos muss er sich gefühlt haben, als er dafür den Ärger seines Lebens bekam? Seine Mitschüler sahen sich in ihrem Vorurteil gegen ihn noch bestätigt, der Sportlehrer erklärte ihm gleich an Ort und Stelle, dass sein Verhalten hier nicht geduldet würde, und als Nächstes stand zur Debatte, ob er wegen seines Verhaltens überhaupt noch an der Schule sein dürfte. Dass Nico selbst monatelang von seinen Mitschülern drangsaliert wurde, spielte keine Rolle. Von diesem Verhalten war keine Rede, es wurde also offensichtlich toleriert.

Wer einmal über einen langen Zeitraum von jemandem systematisch und öffentlich gedemütigt wird, vor dem verlieren auch die anderen nach und nach den Respekt. Sie folgen der Logik: Mit dem kann man es ja offensichtlich machen. Wer sich nicht wehren kann und ständig abgewertet wird, mit dem kann ja schließlich etwas nicht stimmen.

Viele Mobbing-Attacken sind subtil und zielen auf die Psyche des Opfers ab. Da wird gehänselt, gelästert, lächerlich gemacht, gedroht, gekniffen, bespuckt, Dinge werden beschädigt, solange bis das Opfer selbst glaubt, es habe einen schrecklichen Makel. Wer ausgegrenzt wird, der möchte das meistens nicht an die große Glocke hängen und erträgt es lieber, statt sich Hilfe zu holen. Von Mobbing-Opfern, die psychische Angriffe über sich ergehen lassen müssen, höre ich oft, dass es ihnen lieber wäre, sie würden von den Tätern verprügelt. Denn dann wären die Verletzungen körperlich und für jedermann sichtbar und sie hätten wenigstens eine Art Beweismittel, um den Eltern und Lehrern zu zeigen, dass sie attackiert werden.

Und tatsächlich erlebe ich häufig, dass Lehrer bei Mobbing so lange weggucken, bis eine körperliche Verletzung vorliegt. Nicos Sportlehrer ist ein gutes Beispiel dafür, ebenso Max' Klassenlehrerin. Beide vertreten die Auffassung: Das müssen die Schüler untereinander regeln. Das mag funktionieren, wenn ein Streit zwischen zwei gleichstarken Schülern ausgetragen wird, bei Mobbing funktioniert es aber nicht. Denn hier geht es nicht um eine Meinungsverschiedenheit oder einen gewöhnlichen Streit, den die Parteien klären könnten. Es gibt nichts, worüber man sich einigen könnte. Das Opfer ist den Tätern deutlich unterlegen und kann sich hierbei nicht von selbst helfen, es ist auf die Hilfe der Lehrer angewiesen. Wenn dieser aber schweigt, hat das den fatalen Effekt, dass die Mobbenden sich in ihrem Verhalten bestätigt sehen. Wenn es nicht in Ordnung wäre, würden die Lehrer ja etwas sagen. Natürlich haben die Lehrer viel zu tun, viele sind überlastet und haben keine Zeit und Energie, sich auch noch um den Schüler zu kümmern, der ständig jammert und sich gemobbt fühlt. Wenn sie anerkennen, dass ein Kind aus ihrer Klasse tatsächlich gemobbt wird, dann bedeutet das viel Arbeit und Verantwortung für sie. Viele schrecken davor zurück und sehen lieber darüber hinweg. Aber das ist nicht immer der Grund, es gibt auch Lehrer, die haben selbst Angst.

## Wenn Lehrer gemobbt werden

Jugendliche Mobber finden ihre Opfer nicht nur unter Gleichaltrigen. Immer öfter kommen auch Lehrer zu mir, weil sie nicht mehr wissen, wie sie ihren Schülern begegnen sollen. Sie können nicht mehr schlafen, klagen über Rücken-, Kopf- und Bauchschmerzen und sind tief verunsichert, zum Beispiel die Realschullehrerin Michaela Hertel.

Die junge Frau war schmal, in ihrem jungen Gesicht zeichnete sich eine spitze Nase ab. Sie saß vor mir im Coachingraum und schlang ihre schmalen Finger um eine Tasse Tee. Unsicher lächelte sie mich an. Sie war seit drei Jahren Lehrerin und hatte gerade eine eigene Klasse übernommen.

Es dauerte eine Weile, bis sich herausstellte, dass Mobbing ihr Problem war. Am Telefon hatte sie gesagt, dass sie Schwierigkeiten damit habe, ihre Lehrerpersönlichkeit zu finden. Sie habe den Eindruck, die Schüler nähmen sie nicht ernst. Aber als sie dann vor mir saß, merkte ich, dass sie noch etwas auf dem Herzen hatte. Aufmunternd sah ich sie an.

»Meine Schüler sind so respektlos«, sagte die junge Frau und zögerte. »Sie nehmen mich nicht richtig ernst.« Wieder überlegte sie. »Sie machen sich über mich lustig.«

»Woran machen Sie Ihre Beobachtung fest?«, fragte ich.

»Da ist vor allem eine neunte Klasse. Die Schüler ignorieren mich. Es gibt eigentlich nur drei, die meinen Unterricht halbwegs mitmachen. Die anderen laufen herum, werfen Sachen durch die Gegend und unterhalten sich ganz normal, als wäre ich gar nicht da. Eigentlich steht jedes Mal so was wie ›Die Hertel ist scheiße‹ auf der Tafel, wenn ich zum Unterricht komme. Ich wische das dann einfach weg. Darüber rege ich mich schon gar nicht mehr auf. Aber diese Ignoranz. Damit werde ich nicht so einfach fertig. Die kriegen nichts vom Unterricht mit. Ich weiß schon gar nicht mehr, was ich für Noten geben soll.« Sie hielt kurz inne und sah mit einem Mal sehr müde aus. »Wenn ich weiß, dass ich am nächsten Tag in dieser Klasse unterrichte, kann ich nur noch mit Schlaftabletten schlafen«, sagte sie. »Und es ist mir peinlich vor den anderen Kollegen. Die denken doch, ich bin falsch in dem Beruf, wenn ich die Schüler nicht in den Griff kriege.«

»Das verstehe ich gut«, sagte ich. »Aber wissen Sie was? Es gibt so viele Lehrer, die aus Angst, inkompetent zu wirken, einfach nichts sagen. Es ist ein Zeichen von Professionalität, sich Unterstützung zu suchen, wenn man das Gefühl hat, alleine nicht mehr weiterzukommen. Ich finde das sehr klug von Ihnen!«

Frau Hertel blickte mich erstaunt an. »Kommen denn auch andere Lehrer zu Ihnen?«

»Oh ja«, lachte ich. »Öfter, als Sie denken. Machen Sie sich keine Sorgen. Sie sind kein Sonderfall.«

Ich erlebe so häufig, dass Menschen sich schämen, wenn sie zu mir kommen, um sich Hilfe für den Alltag zu holen, gerade bei Pädagogen und Erziehern. Sie fühlen sich dann oft inkompetent und hilflos. Ich mache ihnen klar, dass sie den ersten und wichtigsten Schritt getan haben, in dem sie sich Unterstützung suchen.

Frau Hertel blickte mich dankbar an. »Wissen Sie, ich bin manchmal so hilflos und so wütend. Am Anfang waren die Schüler einfach sehr frech. Da hab ich über manches hinweggesehen. Sie haben im Unterricht SMS geschrieben und hatten die Hausaufgaben nicht. Ich dachte, das wird sich schon legen. Aber das hat sich nicht gelegt. Das ist immer schlimmer geworden. Sie haben überhaupt keinen Respekt vor mir. Ich habe mitgekriegt, wie die sagen: ›Gleich haben wir eh nur bei der Hertel, da können wir chillen.‹ Einmal habe ich vor Wut einen der Schüler am Arm gefasst. Der hatte mich einfach komplett ignoriert, auch als ich ganz nah vor ihm stand und ihn direkt angesprochen habe. Da habe ich ihn gepackt. Ich wollte, dass er mich ansieht, wenn ich mit ihm spreche. Vielleicht war das etwas zu fest, aber ich hab einfach keine andere Möglichkeit gesehen, ihn dazu zu bringen, mit mir zu kommunizieren. Und wissen Sie, was dann passiert ist?«

Ich schüttelte den Kopf.

»Der schreit: ›Ey, die Alte hat mich angefasst! Die hat mich geschlagen. Habt ihr das gesehen? Die hat mich angelangt.‹ Und sein Kumpel sagt: ›Klar Alter, das hab ich auch gesehen.‹ Der Schüler hat tatsächlich seinen Eltern gesagt, dass ich ihn vor Zeugen geschlagen hätte. Die Schulleitung kam auf mich zu und ich hätte fast ein Verfahren am Hals gehabt. Der Schulleiter hat mir zwar geglaubt, aber ich hatte keinen Zeugen, der meine Aussage bestätigt hat. Der Schulleiter hat sich daraufhin ein paarmal in die letzte Reihe in meinen Unterricht gesetzt, dann ging es einigermaßen. Aber als ich wieder alleine in der Klasse war, hatte ich das Gefühl, seine Anwesenheit war wie Dünger. Die Schüler liefen völlig aus dem Ruder. Ich habe keine Chance, mit denen vernünftig zu kommunizieren. Sie verweigern sich einfach. Ich kann an nichts anderes mehr denken. Auch am Wochenende kriege ich das nicht aus dem Kopf. Ich habe Probleme mit dem Magen und ich habe Haarausfall.« Frau Hertels Gesicht glühte. Sie hatte sich in Rage geredet. Ich hatte den Eindruck, als würde sie zum ersten Mal seit langer Zeit darüber reden, wie die Schüler sie behandelten und wie sie sich dabei fühlte.

»Sie stecken mitten in einem Machtkampf und die Schüler kämpfen mit sehr verletzenden Mitteln«, bestätigte ich.

Frau Hertels Mund bekam einen bitteren Zug. »Das Schlimmste war letzte Woche. Da habe ich eine Doppelstunde gegeben. In der Fünfminutenpause bin ich zur Toilette. Und als ich wiederkam, hab ich noch gesehen, wie ein paar Schüler um das Pult rum standen und dann schnell weg sind. Dabei war auch der, der behauptet hat, ich hätte ihn geschlagen und noch ein paar andere, die immer ganz vorne mit dabei sind. Sie haben alle so komisch gekichert und mich beobachtet. Das alles war schon verdächtig. Aber erst mal schien alles okay zu sein. Ich wollte auch nicht so misstrauisch wirken. Erst als ich in meine Tasche gegriffen habe, wurde mir klar, dass die da tatsächlich was gemacht haben. Die Tasche war ganz nass. Ich dachte erst, dass die da Wasser oder irgendein anderes Getränk reingekippt hätten. Aber dann sagte einer: ›Puh, stinkt das hier nach Pisse.‹ Und die anderen haben sich weggeschmissen vor Lachen. Dann habe ich es auch gerochen. Ich war wie gelähmt. Mein ganzer Körper hat gezittert. Die haben hier in der Klasse vor allen Schülern in meine Tasche gepinkelt und ich kann es ihnen nicht nachweisen. Ich hab auf meine nassen Sachen gestarrt und das Gekicher gehört und mir wurde klar, dass ich jetzt keinen Unterricht mehr machen kann. Meine ganzen Unterlagen und Bücher waren nass und stanken.«

»Was haben Sie gemacht?«

»Ich hatte irgendwie das Gefühl, alles stürzt jetzt zusammen. Ich habe versucht, einen klaren Gedanken zu fassen, und dann habe ich gesagt: ›Es reicht!‹ Dann bin ich raus. Ich wollte zum Schulleiter, aber der war nicht im Haus, also bin ich ins Sekretariat und habe mich krankgemeldet. Und dann bin ich nach Hause. Seitdem war ich nicht mehr in der Schule. Die Vorstellung macht mir richtig Angst. Ich stelle mir dann immer vor, was die als Nächstes machen.«

»Haben Sie denn überhaupt mal mit Ihren Kollegen über diese Klasse geredet?«

»Ja, aber im Nachhinein denke ich, viel zu spät. Erst als die Schüler behauptet haben, ich hätte den einen geschlagen. Ich wollte nicht, dass sie merken, wie sehr mir das über den Kopf wächst. Nur so ganz vorsichtig hab ich mal versucht rauszukriegen, ob die anderen diese Schüler auch als so krass empfinden. Aber ich habe im Kollegium noch nicht so richtig Fuß gefasst und das Schlimmste ist, ich schäme mich so sehr. Ich empfinde es als erniedrigend, mich dafür rechtfertigen zu müssen, was die Schüler mit mir anstellen.«

Michaela Hertel wurde massiv beschädigt. Es wird lange dauern, bis sie wieder ohne Angst vor der Klasse stehen kann. Immer wieder treffe ich auf motivierte Pädagogen, die vor der systematischen Grausamkeit ihrer Schüler kapitulieren. Viele leiden an Burn-out und fallen dann lange in der Schule aus. Manche kommen gar nicht mehr in den Lehrerberuf zurück.

Meistens attackieren die Schüler ihre Lehrer psychisch, so wie in Frau Hertels Fall. Sie machen der Pädagogin deutlich, dass sie keine Autorität hat. Sie verweigern sich und behindern sie so dabei, ihren Beruf auszuüben. Doch immer öfter erlebe ich, dass Schüler auch vor physischen Angriffen auf Lehrer nicht zurückschrecken.

Bernd Maurer zum Beispiel war schon viele Jahre Lehrer an einer Realschule, aber dann gab es eine achte Klasse, die ihm so übel mitspielte, dass er schließlich meine Hilfe suchte. Es fing damit an, dass ein paar Schüler ihn als Nazi beschimpften. Sie schmierten es erst an die Tafel, dann an die Mauern der Schule und schließlich auf sein Auto. Das Gerücht verbreitete sich immer weiter, obwohl Herr Maurer nichts mit rechtem Gedankengut zu tun hatte. Er hielt es daher für unnötig, sich zu erklären. Aber die Schüler verloren den Respekt vor ihm und er musste sich immer neuen Anfeindungen stellen. Die Schüler riefen »Scheißnazi« hinter ihm her und einmal spuckte ihn sogar einer auf dem Schulhof an. Er sagte mir, irgendwann habe er das Gefühl gehabt, vogelfrei zu sein. Auch seine Kollegen verhielten sich ihm gegenüber immer abweisender. Er war sich nicht sicher, woran es lag, vielleicht an den Gerüchten, vielleicht waren sie aber auch von seinem starken Bedürfnis nach Austausch und Kollegialität genervt. Die Situation eskalierte, als während des Unterrichts der Mülleimer nach ihm geworfen wurde. Er stand mit dem Rücken zur Klasse, der Abfallkorb traf ihn völlig unvorbereitet hinten am Kopf. Bernd Maurer brauchte eine Weile, bis er begriffen hatte, was da passiert war. Noch mehr als der Schmerz traf ihn die Tatsache, dass die Hemmschwelle der Schüler, ihn auch körperlich zu verletzen, jetzt überschritten war. Er wusste nicht, was er tun sollte, den Unterricht konnte er so nicht mehr weiterführen. Schließlich verließ er wortlos die Klasse. Als die Schüler später zu dem Vorfall befragt wurden, sagten sie: »Der Maurer kriegt jetzt bestimmt voll Ärger. Wir haben gesehen, dass er zum Rektor reinmusste.« Sie brachten ihre eigene massive Grenzübertretung gar nicht in Zusammenhang mit dem Verhalten des Lehrers.

Schülerstreiche haben eine lange Tradition und werden gerne mit einem Augenzwinkern erzählt. Dem Lehrer wird ein nasser Schwamm auf den Stuhl gelegt, die Kreide wird nass gemacht, damit sie auf der Tafel nicht zu lesen ist, Schüler schwindeln ein bisschen, wenn sie ihre Hausaufgaben nicht haben. Das alles ist noch relativ harmlos, solange diese Aktionen Ausnahmen sind und nicht kommentarlos hingenommen werden. In dem Moment, wo negatives Verhalten gegenüber dem Lehrer als »normal« angesehen wird, wenn es als cool und imagefördernd gilt, wird eine Grenze übertreten. Dann ist es nicht mehr lustig. Gegenüber Michaela Hertel und Bernd Maurer wurde diese Grenze überschritten, und auch wenn ich mich mit anderen Lehrern unterhalte, bekomme ich den Eindruck, dass sie sich langsam auflöst. Umgangsregeln sowie Respekt und Wertschätzung gegenüber anderen Menschen scheinen ihre Gültigkeit zu verlieren. Ich höre von Schülern, die der Ansicht sind, Lehrer könnte man wie Dreck behandeln. »Es sind ja nur Lehrer.« Sie sehen gar nicht, dass Lehrer Menschen sind, die ebensolche Gefühle haben wie sie selbst. Andererseits meiden viele Lehrer den offenen Konflikt, vielleicht aus dem Bedürfnis nach Selbstschutz, weil sie überlastet sind, aber auch weil ihnen die pädagogischen Möglichkeiten fehlen. Sie überhören Beschimpfungen und sehen über Vandalismus hinweg. Sie trösten sich mit der Aussicht, dass aus solchen Schülern keine erfolgreichen Mitglieder der Gesellschaft werden. Sie sagen Sätze, wie: »Der wird schon sehen, wohin ihn das bringt.« Aber ich fürchte, dass sie sich irren. Warum sollten mobbende Schüler ihr Verhalten ändern, wenn niemand ihnen etwas entgegensetzt? Wenn sie als Schüler damit durchkommen, wird sie das eher darin bestärken.

Ein gewisses Kräftemessen der heranwachsenden Schüler mit ihren Lehrern ist absolut altersgerecht. Aber dabei muss immer Respekt bewahrt werden. Fälle wie die von Frau Hertel und Herrn Maurer zeigen mir, dass dieser Respekt vielen Schülern fehlt. Sie wissen nicht einmal, warum sie jemandem respektvoll begegnen sollen.

## Risiko Anderssein – warum es ohne Mitläufer kein Mobbing geben würde

Max wurde wegen seiner Unterwäsche, wegen seiner Frisur und seiner ganzen Person angegriffen. Ihm wurde vermittelt: Du bist anders als wir, deshalb ist etwas mit dir nicht richtig. Und tatsächlich erlebe ich eine große Angst davor, anders zu sein, aus dem Rahmen zu fallen. Es wird unter Jugendlichen immer wichtiger, die richtigen Klamotten zu tragen, die richtige Musik zu hören und mit den richtigen Leuten abzuhängen. Und »richtig« ist das, was ein paar laute, aggressive Menschen vorgeben. Wer nicht mitmacht, ist schnell draußen. Es fällt Jugendlichen immer schwerer, sich individuell zu verhalten und zu kleiden, andere Hosen zu tragen, andere Musik zu hören, eine Schultasche einer anderen Marke zu besitzen als der Rest. Anderssein ist ein Risiko. Im Sommer 2013 stellte die Antidiskriminierungsstelle des Bundes eine groß angelegte Studie vor, aus der hervorgeht, dass ein Viertel aller Schüler mit Migrationshintergrund Opfer von Mobbing geworden sind, aber auch eine Behinderung oder die sexuelle Orientierung kann leicht dazu führen, ausgegrenzt und attackiert zu werden.

Keines der Mobbing-Opfer, von denen ich erzählt habe, fand Unterstützung, wenn es drangsaliert wurde. Und das ist symptomatisch für unsere Gegenwart. Während die einen Aufmerksamkeit suchen, indem sie andere schikanieren, geben sich die anderen große Mühe, nicht aufzufallen. Sie tun, was alle tun und versuchen, nicht anzuecken, um nicht selbst in das Visier der Täter zu geraten. Mobbing entsteht aus einer Gruppendynamik heraus. Das bedeutet, alle Personen, aus denen eine Gruppe zusammengesetzt ist, tragen ihren Teil dazu bei, dass Mobbing möglich ist. Wenn ich mit einer Klasse einen konkreten Mobbing-Fall bearbeite, dann höre ich immer wieder: »Wieso, ich hab doch gar nichts gemacht.«

»Bist du dir da sicher?«, frage ich dann. »Ist Schweigen nichts? Macht man denn wirklich nichts, wenn man schweigt? Hat es eine Wirkung oder nicht? Was denkt ihr?«

Es ist äußerst unwahrscheinlich, dass die Mitschüler von Max und Nico nicht bemerkt haben, dass da jemand permanent direkt vor ihrer Nase attackiert wurde. Sie waren dabei, haben vielleicht sogar zugesehen, ohne etwas zu sagen. Einige werden auch gelacht oder applaudiert haben. Auch wenn sie nicht aktiv mitmachen, vermitteln sie den Tätern: Ich dulde euer Verhalten. Es ist okay, was ihr hier macht. Es gibt keinen Grund aufzuhören.

Mitläufer geben den Tätern das Forum, das sie brauchen. Die Täter erhalten Aufmerksamkeit, indem sie jemanden quälen. Ohne die Claqueure und stummen Zuschauer würde den Tätern bald der Spaß daran vergehen, immer den gleichen Mitschüler fertigzumachen. Für mich fallen die Mitläufer in die gleiche Kategorie, die ich im letzten Kapitel »Weggucker« genannt habe. Menschen, die nichts sagen, wenn vor ihren Augen jemand gequält wird, sind in meinen Augen ebenso schuldig, wie die Täter selbst, denn durch ihr Schweigen wird das Verhalten der Täter legitimiert. Und auch den Opfern wird vermittelt: Es ist in Ordnung, was hier geschieht.

Mobbing-Opfer berichten, dass sich im Laufe der Zeit die meisten Menschen aus dem betroffenen Umfeld von ihnen abwenden und sich selbst Menschen, die für sie Freunde waren, plötzlich zurückziehen, als wäre es eine ansteckende Krankheit, Zielscheibe für Gemeinheiten zu sein. Lehrer und Erziehende, die nichts sagen, wenn sie mitbekommen, wie ein Kind fertiggemacht wird, verschärfen das Problem. Wenn sie nicht eingreifen, wird Mobbing bald den Alltag unserer Kinder bestimmen und vergiften.

## Hauptsache, die Noten sind gut – wohin es führt, wenn Leistung höher bewertet wird als soziale Kompetenz

Max' Mutter fällt zunächst der Leistungsabfall in der Schule auf, erst dann merkt sie, dass es Probleme mit den Mitschülern gibt. Das ist symptomatisch für die Sichtweise vieler Eltern und Lehrer. Solange das Kind funktioniert und die Noten gut sind, ist alles in Ordnung. Erst wenn die Leistung nachlässt, wird genauer hingesehen.

Wie bereits gesagt wurde, leidet jeder dritte Schüler an weiterführenden Schulen unter Mobbing. Wenn die nächste PISA-Studie ansteht und wieder über das schlimme Leistungsniveau der Schüler geklagt wird (inzwischen übrigens unberechtigter Weise), dann sollte man sich diese Zahl vor Augen halten. Ein Schüler bekommt Druck zu spüren, wenn die Noten schlechter werden. Wenn er andere Schüler psychisch quält und unterdrückt, wird das, solange alle Kinder körperlich unversehrt bleiben, nicht weiter beachtet. Zumindest bleibt es unkommentiert. Denken Sie nur an den Schüler Nico, er wurde über ein Jahr regelmäßig von seinen Klassenkameraden gequält, aber die Lehrer reagierten erst, als er sich zur Wehr setzte und seinen Peiniger dabei verletzte.

Dass Leistung Vorrang hat, erleben die meisten Schüler auch zu Hause. Wenn ihre Zensuren schlecht sind, wird sofort etwas unternommen. Aber wenn das Kind darüber klagt, dass die anderen ständig gemein zu ihm sind, heißt es oft nur: »Hör einfach nicht hin.« Oder: »Es gibt dumme Menschen auf der Welt. Du wirst daran wachsen.« Oder: »Dann wehr dich halt.« Das Kind erfährt, dass gute Noten wichtiger sind, als seine Befindlichkeit und sein Benehmen gegenüber anderen. Die Täter haben keine Veranlassung aufzuhören und die Opfer kein Forum für ihre Traurigkeit, Wut und der damit einhergehenden Hilflosigkeit.

Soziale Kompetenz erlernen Kinder vor allem im freien Spiel, wo sie ohne Anleitung der Erwachsenen das tun können, was ihnen zusammen Spaß macht. Doch gerade das erleben Kinder immer seltener, denn die Leistungsbezogenheit in der Erziehung geht auch nach der Schule weiter, wenn die lieben Kleinen von einer bildenden Freizeitaktivität zur nächsten gebracht werden. Da geht's zur Musikschule, zum Reiten, zur Nachhilfe, zum Judo, zum Schwimmkurs oder zur Kinderuniversität. Freie Zeit, in der man machen kann, was man will, kennen viele Kinder schon gar nicht mehr. Wenn sie sich mal einfach so zum Spielen verabreden wollen, dann muss das generalstabsmäßig organisiert werden, weil die Nachmittage derart verplant sind, dass erst einmal ein freier Termin gefunden werden muss. Es ist längst keine Ausnahme mehr, dass man eine Verabredung zum Spielen zwei Wochen im Voraus festlegen muss, damit es klappt. Die Kinder lernen so nicht mehr, im freien Spiel miteinander in Kontakt zu kommen.

Und auch die Medien bieten den Jugendlichen, wenn es um soziales Miteinander geht, keine gute Orientierung. In Castingshows scheint es um nichts anderes zu gehen, als sich auf Kosten der Teilnehmenden lustig zu machen. In der Sendung »Deutschland sucht den Superstar« müssen sich die Kandidaten von Dieter Bohlen Sätze anhören wie: »Ich finde die Optik eine Katastrophe. Du siehst nicht aus, wie man sich einen Popstar vorstellt. So in C&A-Winterklamotten von vor drei Jahren.« Oder: »Vielleicht kannst du versuchen, mit der Stimme den Leuten die Beine zu enthaaren.« Oder: »Das war ganz schön scheiße. Deine Freunde sagen ja, dass sie möchten, dass du das gewinnst. An deiner Stelle würde ich mir deine Freunde noch mal genau angucken.«[6]

Und die jungen Frauen und Männer lassen sich das gefallen, denn es winkt ja ein Preis. Sie bekommen die Chance, berühmt und reich zu werden und lassen Demütigungen deshalb klaglos über sich ergehen. Wenn sich Jugendliche solche Sendungen ansehen, müssen sie den Eindruck bekommen, dass Erfolg wichtiger ist, als respektvoller Umgang miteinander.

## Folgen für Opfer und Täter

Mobbing ist nicht nur ein Phänomen, das sich heute unter Schülern ausbreitet, es hat auch gravierende Folgen. Denn es zerstört die physische und psychische Gesundheit der Opfer nachhaltig. Die meisten Mobbing-Opfer, mit denen ich arbeite, klagen auch über körperliche Beschwerden, sehr oft sind das Rücken- und Kopfschmerzen, Übelkeit und Magenbeschwerden. Und tatsächlich gibt es wissenschaftliche Studien, die belegen, dass seelische Schmerzen, in der gleichen Hirnregion verarbeitet werden, wie körperliche Schmerzen.[7] Am schlimmsten äußern sich die gesundheitlichen Folgen offenbar, wenn Menschen schon als Kinder und Jugendliche Opfer werden. Max und Nico wissen jetzt für ihr ganzes Leben, wie es ist, nicht so angenommen zu werden, wie man ist. Sie werden in Zukunft Menschen mit mehr Vorbehalten begegnen und auch ihr Verhalten in Gruppen wird von dieser Erfahrung geprägt sein. Und nicht nur das: Der Wissenschaftler Dieter Wolke hat mit seiner Forschergruppe von der Universität Warwick den Werdegang von etwa 1420 Personen in Bezug auf Mobbing untersucht. Dabei hat er herausgefunden, dass Menschen, die in ihrer Jugend Mobbing-Opfer waren, später deutlich häufiger an schweren Krankheiten leiden, sie tun sich schwerer damit,

Freundschaften aufrechtzuerhalten, und sie sollen sogar häufiger finanzielle Probleme haben. Diejenigen, die als Täter agiert hatten (und selbst nicht auch mal Opfer gewesen waren), zeigten dagegen kaum negative Folgen.[8]

Und genau hier liegt das Problem: Während die Opfer möglicherweise ihr ganzes Leben lang unter den Folgen des Mobbings zu leiden haben, bleiben die Täter, die nie Opfer waren, völlig unbehelligt. Wer als Kind oder Jugendlicher andere systematisch erniedrigt, gedemütigt und ausgegrenzt hat, ohne dafür geradestehen zu müssen, wird den Eindruck zurückbehalten, das sei ein adäquates Verhalten, um jemanden, der aus irgendwelchen Gründen stört, aus dem Weg zu räumen. Wenn er in der Schule erfolgreich gemobbt hat, wird er als Erwachsener am Arbeitsplatz weitermachen. Frust und Neid werden bei ihm jedes Mal in aggressivem Verhalten enden. Er wird nicht wissen, wie man damit anders umgehen soll. Solange sein Verhalten aber kein Problem für ihn darstellt, bleibt es ein Problem seiner Mitmenschen. Wenn also Jugendlichen, die andere systematisch schikanieren, nicht Einhalt geboten wird, breitet sich das Phänomen immer weiter aus.

## Was wir gegen Mobbing tun können

»Wer hat Schuld?«, lautet meist die erste Frage, wenn man heutzutage ein Problem thematisiert. Wenn es um Mobbing geht, werden schnell die Umstände, das Elternhaus, die Schule oder gar die Gesellschaft verdächtigt, dieses Phänomen zu verantworten. Auch das Mobbing-Opfer stellt sich die Frage nach der Schuld immer wieder. Max, Nico, Frau Hertel und Herr Maurer haben sich den Kopf darüber zermartert, was sie falsch gemacht haben. Sie suchen die Schuld bei sich, ohne auf die Idee zu kommen, dass sie ja niemandem ein Bein gestellt haben, sie haben über niemanden Lügen verbreitet und sie haben niemandem in die Tasche gepinkelt. Während das Opfer sich selbst immer wieder hinterfragt, ist der Täter sich seiner Sache sicher.

Meiner Ansicht nach ist es nicht zielführend zu fragen, wer Schuld hat. Damit möchte ich nicht sagen, dass man das Verhalten des Täters nicht verurteilen sollte, aber das erste Ziel sollte sein, dem Opfer schnell zu helfen. Es muss geschützt und gestärkt werden.

Die Frage nach der Schuld drängt auch viele Schulen dazu, das Thema Mobbing lieber zu ignorieren oder zu bagatellisieren. Selbstverständlich fürchten sie, selbst an den Pranger gestellt zu werden, wenn ans Licht kommt, dass es Mobbing an ihrer Institution gibt. Dabei ist es sehr ungewöhnlich, wenn eine Schule keinen einzigen Fall vorzuweisen hat.

Wenn Schulen an mich herantreten, weil sie möchten, dass ich mit Schülern oder Lehrern arbeite, dann wird das Thema fast nie Mobbing genannt, sondern Sozialkompetenz. Bei dieser Sprachregelung bleibt es dann auch, wenn sich herausstellt, dass akut und massiv gemobbt wird. Unter dem Codewort »Sozialkompetenz« darf es ausgiebig um anhaltende Ausgrenzung, psychische und physische Gewalt gehen. Letztendlich ist das aber nichts anderes als Mobbing, es wird nur nicht so genannt. Mit Mobbing möchten viele Schulleiter noch immer nichts zu tun haben. Schließlich geht es auch ums Image. Es gibt nur wenige, die sich trauen, das Thema direkt anzusprechen und als Problem an der eigenen Institution zu benennen. Aber gerade die Weigerung, sich dem Thema offen zu stellen, führt dazu, dass Opfer alleingelassen und Täter geschützt werden.

Wenn ich dann tatsächlich wegen Mobbing an der Schule kontaktiert werde, ist die Situation meist schon eskaliert. Von mir wird erwartet, dass ich sofort helfe, und zwar nachhaltig. Ich denke dann: Warum kommt ihr erst jetzt? Das Problem ist doch nicht neu.

Oft wird gewartet bis der Leidensdruck so hoch ist, dass es keine andere Möglichkeit mehr gibt, als Hilfe von außen zu holen. Wie im Fall von Frau Hertel. Sie kam erst, als sie sich schon gar nicht mehr in die Schule traute. Vorher hat sie noch irgendwie funktioniert, das Problem ließ sich noch teilweise übersehen. Besser wäre es gewesen, sie wäre früher gekommen, denn dann hätte sie noch mehr Möglichkeiten gehabt, eine Lösung zu finden. Noch besser natürlich, die Schüler hätten gar nicht erst den Respekt vor ihr verloren und man hätte gleich die Voraussetzungen für das Mobbing im Keim erstickt.

Deshalb möchte ich, wenn es um die Lösungsmöglichkeiten geht, zwischen Dingen unterscheiden, die sich eignen, um in akuten Krisen zu intervenieren, und Dingen, die man präventiv tun kann, um gar nicht erst in solch eine Krise zu geraten.

**Präventives Verhalten, damit Mobbing gar nicht erst entsteht**
Mobbing beginnt nicht von heute auf morgen. Es ist ein Prozess. Erst sind die Angriffe noch subtil, als würden die Täter erst einmal austesten, ob sich das Opfer auch tatsächlich dazu eignet, aber dann steigert sich die Gewalt. Nehmen wir noch einmal das Beispiel von Max. Er war irritiert, als David begann, sich über ihn lustig zu machen und ihn auszuschließen. Wie viele andere Mobbing-Opfer rechnete er zunächst gar nicht damit, dass ihm jemand schaden wollte. Er dachte, es handle sich um ein Missverständnis, das man aufklären könnte. Erst nach und nach

wurde ihm klar, dass diese Angriffe ganz gezielt ihm galten. Dann war es wie ein Pingpongspiel. Max wurde gedemütigt, er begann, den Fehler bei sich selbst zu suchen, er wurde drangsaliert, er dachte, er sei nichts wert und so weiter. Max wurde immer drastischer angegriffen, seine Selbstachtung wurde immer geringer und auch die Täter verloren mit jeder Tat ein Stückchen Respekt vor ihm. Die Hemmschwelle zu neuen Bösartigkeiten sank. Doch was kann man tun, um diese Spirale, die in Gang kommt, zu durchbrechen? Stillhalten und warten bis die Angriffe aufhören, bringt absolut nichts. Die Abwartetechnik verlängert lediglich das Leiden. Es ist wichtig, dass die Täter deutlich erfahren, dass ihr Verhalten nicht geduldet wird. Deshalb braucht das Opfer dringend Unterstützer. Wenn nur ein einziger Mitschüler einmal sagen würde: »Ich möchte da nicht mitmachen!« oder »Euer Verhalten kotzt mich an!«, wäre einem Kind wie Max schon eine bedeutsame Botschaft gesendet worden. Die Nachricht: Was hier passiert, finden auch andere nicht in Ordnung, hätte Max gezeigt, dass auch Menschen, die nicht betroffen sind, sehen, dass ihm hier etwas Unrechtes geschieht. Er hätte gemerkt, dass er nicht die Schuld daran trägt, wie die anderen mit ihm umgehen.

Deutlich Position zu beziehen, benötigt Mut. Es ist klar, dass es nicht jedem leichtfällt, eben diesen Mut zu zeigen, wenn ein anderer gerade gequält wird, zumal, wenn man befürchten muss, das nächste Opfer zu sein. Aber es gibt auch für ängstliche Menschen einen Weg, nicht tatenlos zuzusehen, wie jemand drangsaliert wird. Es gibt die Möglichkeit, den Schauplatz zu verlassen und so die Zuschauerzahl zu reduzieren. Eine Möglichkeit ist auch, einem Lehrer oder einer anderen neutralen Vertrauensperson einen Hinweis darauf zu geben, was dort vor sich geht. Mutigere könnten sich an andere Mitläufer wenden und versuchen, unter ihnen Unterstützer gegen die Täter zu finden. In jedem Fall sollten sie deutlich machen, dass sie es nicht richtig finden, wie Max oder irgendein anderer in der jeweiligen Situation behandelt wird.

Vor Kurzem erlebte ich in einer Gruppe von sechs Mädchen im Alter zwischen acht und zwölf Jahren eine Situation, in der ein Kind sagte: »Das hast du bestimmt euronisch gemeint.« Sie meinte ironisch.

Die anderen begannen zu lachen.

Da sagte eine 12-Jährige mit kraftvoller Stimme: »Hier wird nicht ausgelacht.«

Und es wurde ruhig.

Der Satz des Mädchens hatte Kraft und blieb hängen. Bei allen.

Die Voraussetzung dafür, dass so etwas funktioniert, ist natürlich, dass das Miteinander grundsätzlich fair und respektvoll ist.

Lehrer haben die Pflicht, das Thema Mobbing offen zu thematisieren, wenn sie Auffälligkeiten wahrnehmen. In der Pädagogik gibt es den guten Satz: *Man kann nicht nicht kommunizieren.* Soll heißen, wir senden immer eine Botschaft, auch dann, wenn wir denken, nichts zu sagen. Der zweite wichtige Satz ist: *Der Empfänger bestimmt die Botschaft.* Er versteht also das gesprochene Wort, wie er es verstehen möchte oder verstehen kann. So kann der Täter zum Beispiel ein Schweigen schnell als Zustimmung interpretieren, denn schließlich wird ihm nicht widersprochen.

Es sollte also auf keinen Fall unkommentiert bleiben, wenn ein Schüler vor den Augen des Lehrers wiederholt attackiert wird. Dabei ist große Vorsicht geboten, denn das Eingreifen des Lehrers kann dem Opfer auch mehr schaden, als es nützt. Denken Sie an die Reaktion der anderen Schüler, als die Klassenlehrerin von Max seinen Brief der

Klasse vorlas. Auch wenn das nicht die Absicht der Lehrerin war, hatte Max danach einen noch schwereren Stand in der Klasse als vorher. Großen Respekt habe ich vor Pädagogen, die sich und ihrem Arbeitgeber eingestehen, dass sie mit Mobbing in ihrer Klasse überfordert sind.

Ich mache keinem Pädagogen einen Vorwurf, aus Unwissenheit und mangelnder Erfahrung dem Thema Mobbing nicht sachgerecht begegnen zu können. Aber das Angebot an Hilfen ist inzwischen so riesig, dass nicht einzusehen ist, warum man daraus nicht schöpfen sollte. Es gibt Schulungen, Fachleute und Angebote der Polizei. Außerdem gibt es zahlreiche Informationsmöglichkeiten im Internet, zum Beispiel die Seite der Staatlichen Schulberatung in Bayern[9] oder auch das Onlinehandbuch Gewaltprävention in der Grundschule[10].

Ich habe große Schwierigkeiten mit Pädagogen, die Kinder und Jugendliche im Stich lassen, weil sie denken, dies gehöre nicht in ihren Arbeitsbereich, genauso mit denjenigen, die wegsehen, weil sie sich überfordert fühlen und daher dazu neigen, das Problem auszublenden. Dies ist für mich gleichbedeutend mit unterlassener Hilfeleistung. Ich muss nicht immer Arzt sein, um einem verletzten Menschen zu helfen.

Wichtig ist, dass in den Schulen, vor allem in den Klassengemeinschaften, von Anfang an großen Wert auf das soziale Miteinander gelegt wird. Lehrer prägen das Klima einer Klasse. Wenn sie respektvoll mit den Schülern umgehen und sie ernst nehmen, dann stehen die Chancen gut, dass sich das auf das Verhalten der Schüler untereinander auswirkt. Selbstverständlich ist das keine Garantie, die Lehrerin Frau Hertel war sicher auch respektvoll zu ihren Schülern und hatte damit keinen Erfolg, aber es schafft zumindest eine gute Voraussetzung für einen achtsamen Umgang miteinander. Ein Lehrer, der sich auf Kosten seiner Schüler lustig macht, der wegen einer falschen Antwort den Schüler erniedrigt oder bei Regelverstößen kein anderes Mittel kennt, als herumzuschreien, schafft ein instabiles Klima in der Klasse. Die Schüler werden sich bemühen, vor ihm nicht unangenehm aufzufallen und insgeheim froh sein, dass es jemand anderen erwischt hat, wenn der Lehrer einen Schüler zur Schnecke macht.

Weniger Augenmerk auf Leistung würde auch dem Klassenklima guttun. Druck erzeugt bekanntlich Gegendruck.

Wichtig ist hier auch die Vorbildfunktion der Eltern. Wenn Sie sich oft auf Kosten anderer lustig machen und sich abfällig über andere äußern, ist es wahrscheinlich, dass Ihr Kind dieses Verhalten übernehmen wird. Gehen Sie aber respektvoll mit Ihren Mitmenschen und natürlich auch mit Ihrem Kind um, dann wird es sich daran orientieren. Sprechen Sie mit ihm darüber, wenn Sie gemeinsam Zeuge werden, wie jemand schlecht behandelt wird. Kommentieren Sie Erniedrigungen auch, wenn Sie sie im Fernsehen sehen. Wenn sich zum Beispiel Dieter Bohlen über einen Superstar-Kandidaten lustig macht, dann ist es vielleicht an der Zeit, den Sender zu wechseln. Denn, wenn Sie weiter zusehen, unterstützen auch Sie, dass Menschen Geld verdienen, indem andere bloßgestellt werden. Machen Sie dem Kind klar, dass Sie das nicht tolerieren. Fragen Sie es: »Stell dir vor, jemand würde das mit dir machen? Wie würdest du das finden, wenn sich dann so viele Menschen darüber amüsieren würden?«

**Schnelle Hilfe in der Krise**
Eltern sollten sensibel auf die Signale ihres Kindes reagieren. Wenn Dinge des Kindes nach der Schule plötzlich verschwunden oder beschädigt sind, wenn das Kind viel

über Kopf- und Magenschmerzen klagt, oft traurig wirkt und nicht mehr zur Schule gehen möchte, dann sollten Eltern aufmerksam werden. Denn dann könnte es sein, dass das Kind in der Schule gemobbt wird.

Wenn Sie den Verdacht haben, dass Ihr Kind Opfer von systematischen Attacken ist, sollten Sie zunächst einmal mit Ihrem Kind reden, Sie sollten es ernst nehmen und ihm das auch zeigen. Es braucht jetzt das Gefühl, dass Sie auf seiner Seite sind. Hören Sie zu und versuchen Sie, das Gehörte vorerst nicht zu bewerten. Fühlen Sie mit Ihrem Kind und geben Sie nicht gleich Ratschläge, denn diese können den Druck auf das Kind verstärken. Nutzen Sie Sätze wie: »Ich freue mich, dass du mir vertraust und wir darüber sprechen können.«

Jeder einzelne Fall, in dem eine Handlung gegen das Kind ausgeführt wird, sollte dokumentiert und mit dem Klassenlehrer, und wenn vorhanden auch immer mit der Schulsozialarbeiterin oder der Schulpsychologin besprochen werden. Wenn der Lehrer nicht bereit ist, sich mit Ihnen auszutauschen, sollte der Weg zur Schulleitung eingeschritten werden, zur Elternpflegschaft oder, wenn Sie gar nicht weiterkommen, zur Polizei. Überhaupt ist die Polizei eine gute Adresse, denn viele Mobbing-Attacken sind Straftatbestände und können angezeigt werden. Eine mit Edding beschmierte Jacke zum Beispiel gilt als Sachbeschädigung, ebenso wie es Sachbeschädigung ist, jemand anderem mutwillig in die Tasche zu urinieren. Und auch wenn Sie unsicher sind, ob die fragliche Tat wirklich strafbar ist, können Sie sich an die Polizei wenden und sich zum Beispiel beim Kommissariat Vorbeugung beraten lassen, wie Sie sich verhalten sollen. Es ist wichtig, den Tätern mit allen Mitteln zu signalisieren: Selbst wenn ich euch nicht stoppen kann, es gibt Instanzen, die dazu in der Lage sind, und dies mit sehr unangenehmen Konsequenzen für die Täter. Dieses Verhalten ist kein Kavaliersdelikt und auch nicht cool!

Wenn Ihr Kind von Lehrern, der Schulleitung oder gar der Polizei als Aggressor in einem Mobbing-Fall beschuldigt wird, sollten Sie sich nicht gleich verschließen. Natürlich wird Ihre Solidarität in erster Linie Ihrem Nachwuchs gehören, und das ist auch gut so, aber Sie tun Ihrem Kind keinen Gefallen, wenn Sie die Vorwürfe gegen es nicht ernst nehmen. Gehen Sie der Sache deshalb auf den Grund. Falls Ihr Kind tatsächlich andere mobbt, muss es mit seiner Tat konfrontiert werden, man muss ihm deutlich machen, was es seinem Opfer antut, sonst wird es keine Veranlassung haben, damit aufzuhören.

Ein Schüler hat es immer schwer, sich zur Wehr zu setzen, wenn er anhaltend drangsaliert wird. Sein Selbstbewusstsein leidet, die Täter kommen ihm mit jeder Tat stärker vor und die Taten werden oft auch drastischer. Deshalb ist es wichtig, so früh wie möglich auf die Attacken der Mitschüler zu reagieren. Der Betroffene sollte also »Stopp« sagen. »Hört auf damit« oder »Lasst mich in Ruhe!«, »Ich verbiete euch, so mit mir zu reden!« oder »Ich habe keine Angst vor euch und werde euer Verhalten nicht dulden«.

Wenn das Opfer schon zu sehr eingeschüchtert ist, um solch einen Satz ohne Zittern in der Stimme zu äußern, dann empfehle ich auch »Zweisilber«. Wenn also Max' Peiniger auf dem Schulhof auf ihn zukommen und einer sagt: »Ey, was guckst du denn so schwul?« Dann könnte Max sagen: »Na, denn!« oder »Sag bloß!« oder »Aha!«. Nach einer solchen Antwort sollte Max dann möglichst den Schauplatz verlassen. Wenn er in der Situation bleibt, dann wird es zu einer Gegenreaktion der Täter kommen, auf die er vermutlich glauben wird, reagieren zu müssen. Es kann zum Beispiel sein, dass einer der Täter sagt: »Och, guck mal, gleich weint er«, oder etwas in der Art und es wird für das Opfer schwierig, einigermaßen würdevoll aus der Situation herauszukommen. Wer systematischen Schikanen ausgesetzt ist, sollte prinzipiell zuallererst an sich denken, wenn er attackiert wird. Er sollte ausschließlich das tun, was ihm guttut, und keinen Gedanken dabei an die Gefühle seiner Peiniger verlieren. Jedoch benötigt das Opfer für solch eine Antwort Selbstbewusstsein und Kraft. Wenn die Diffamierungen schon sehr lange anhalten, ist oft nicht einmal mehr ein Zweisilber möglich.

Damit sich das Opfer weniger an den Tätern orientieren muss, sollte es sich ein anderes soziales Umfeld erschließen, das nichts mit der Schule zu tun hat. Ich empfehle, in einen Sportverein zu gehen, weil es dort relativ leicht ist, neue Menschen kennenzulernen und in eine Gruppe aufgenommen zu werden. Dabei ist die Sportart relativ egal, wichtig ist, sich in andere Gruppen zu begeben, einsames Joggen ist da wenig hilfreich. Wer Sport nicht mag, kann auch in den Kirchenchor gehen oder zum Kakteenverein. Entscheidend ist dabei, dass man andere Menschen kennenlernt, mit ihnen etwas unternimmt und vielleicht noch mal ganz von vorne anfangen kann. In dieser anderen Gruppe kann man neue, positive Erfahrungen im sozialen Miteinander machen. So wird der Schüler unabhängiger vom sozialen Umfeld der Schule, in dem er gemobbt wird.

Schulen sollten rasch eingreifen, wenn Mobbing bemerkt wird, und zwar so, dass es dem Opfer schnell besser geht. Wie ich bereits erwähnt habe, ist es meiner Ansicht nach nicht sinnvoll, den Schuldigen zu suchen, deshalb arbeite ich mit einer Methode, die sich »No blame Approach« nennt. Das ist ein lösungsorientierter Ansatz, der, wie der Name schon sagt, ohne Schuldzuweisung auskommt. Ich arbeite so mit Klassen, in denen aktuell gemobbt wird, zum Beispiel im Fall der 16-jährigen Marie. Als ich sie traf, fiel mir auf, wie schüchtern sie war. Verlegen wickelte sie ihr braunes Haar um den Finger, während wir uns unterhielten. Nur ganz selten traute sie sich, mir in die Augen zu sehen. Sie erzählte, dass ein paar Mitschülerinnen Lügen über sie verbreiteten. Jetzt würden alle denken, sie würde mit jedem ins Bett gehen. Einige Jungen aus der Klasse machten schon obszöne Gesten und Laute, wenn sie an ihr vorbeigingen. Irgendjemand hatte ein Bild aufgehängt, auf dem eine leicht bekleidete Dame in eindeutiger Pose zu sehen war, der Kopf war durch ein Porträt von Marie ersetzt worden. »Ich machs mit jedem für 5 €«, stand darunter. Marie wurde die Schultasche geklaut, einmal hat jemand Schlampe auf ihr Fahrrad geschrieben. Das ging seit ungefähr fünf Wochen so. Als ihre Eltern das beschmierte Fahrrad sahen, fanden sie schnell heraus, was vor sich ging, und sie handelten. Sie sprachen mit dem Lehrer und der Schulleitung, die daraufhin mich anrief.

Nachdem Marie mir erzählt hatte, was mit ihr gemacht wurde, fragte ich sie nach dem Namen der Hauptakteure. Erst wollte sie sie mir nicht sagen, weil sie Angst hatte, dass es dann schlimmer würde. Sie wollte nicht, dass die Mädchen wegen ihr Ärger bekommen. Es klingt absurd, wenn man bedenkt, wie Marie von ihnen behandelt wurde. Erst als ich ihr versprach, dass ich die Mädchen nicht zur Rede stellen würde, sagte Marie zögernd: »Amelie, Klara und Sarah.«

Ich traf mich also mit Amelie, Klara und Sarah und noch drei anderen aus der Klasse, die nicht als aktive Täter mitgewirkt hatten, jedoch durch ihre Rolle in der Klasse auch einen nicht zu unterschätzenden Einfluss hatten.

»Schön, dass ihr gekommen seid«, begrüßte ich die

Schülerinnen. »Eure Lehrerin und ich brauchen eure Hilfe. Uns ist aufgefallen, dass es Marie ganz schlecht geht. Aber ich denke, alleine können wir nur wenig bewirken.« Es dauerte ein bisschen, doch dann erzählten die Schülerinnen tatsächlich, dass sie auch sehen würden, dass es Marie schlecht ging. »Aber ich hab doch gar nicht …«, begann Amelie sich zu rechtfertigen, aber ich unterbrach sie. »Darum geht es jetzt gar nicht, Amelie. Wir sitzen hier, um zu überlegen, was wir für Marie tun können. Nichts anderes.«

Amelie nickte heftig und wirkte erleichtert.

Es kamen schnell ein paar Ideen zusammen. Eine wollte Marie beim Sport in ihre Mannschaft holen, die Nächste wollte mit ihr die Pause verbringen und Amelie sagte, sie wolle ihr die Hausaufgaben bringen, wenn sie krank sei. Ich schrieb das alles mit und verabredete mit den Schülerinnen, dass wir uns in zwei Wochen erneut treffen würden. Als ich wieder mit Marie sprach, waren zehn Tage vergangen. Sie war etwas lebhafter als beim letzten Treffen, und erzählte, dass die anderen plötzlich richtig freundlich zu ihr wären, sogar in den Pausen.

Und auch die anderen, die ich in Einzelgesprächen befragte, gaben an, dass sie den Eindruck hätten, dass es Marie besser ginge. »Wir sind ein gutes Team«, sagte ich zufrieden. Ich beobachtete den Prozess noch weitere zwei Wochen. Noch immer wird in der Klasse verstärkt daran gearbeitet, dass niemand mehr ausgegrenzt wird. Einmal wöchentlich gibt es ein Treffen mit einem Sozialarbeiter, in dem die Schüler den Umgang miteinander reflektieren. Dabei wird immer wieder deutlich gemacht, wie schlecht es sich anfühlt, wenn man ausgegrenzt und beleidigt wird. Es werden Übungen zum sozialen Miteinander gemacht, die deutlich spüren lassen, wie toll Teamarbeit sein kann. Viel Spaß und Freude sind Wachstumsbeschleuniger im

Sozialtraining. Bisher ist in dieser Klasse kein Fall von Mobbing mehr bekannt geworden.

Letztendlich hilft es bei Mobbing nichts, die Taten herunterzuspielen oder zu schweigen. Das Problem muss offen benannt werden, nur so kann man etwas ändern, und zwar immer im Sinne der Opfer. Doch auch den Tätern muss klargemacht werden, dass ihr Verhalten nicht geduldet wird, denn nur so kann man eine Verhaltensänderung bei ihnen bewirken und der Entwicklung von Mobbing etwas entgegensetzen.

# Vom Schulhof ins Netz – Cybermobbing

*Ich hasse diese verfickten Lehrer, diese dreckigen Opfer.*
Unregistrierter Teilnehmer auf www.ichhasse.es

Für Max aus dem vorangegangenen Kapitel war die Schule ein einziger Spießrutenlauf. Er war froh, wenn er zu Hause war und erst einmal bis zum nächsten Morgen Ruhe vor den Attacken seiner Mitschüler hatte. Aber inzwischen ist für viele Mobbing-Opfer das Leiden mit dem Ende des Schultags nicht vorbei. Für die geht es dann erst so richtig los, nämlich dann, wenn im Internet gemobbt wird. Cybermobbing hat in den letzten Jahren erschreckende Ausmaße angenommen. Die Täter gehen nach meinem Empfinden völlig willkürlich und noch mitleidsloser gegen ihre Opfer vor. Viele, die noch einigermaßen gesittet kommunizieren und handeln, wenn man ihnen von Angesicht zu Angesicht gegenübersteht, lassen in der Anonymität des Internets alle Hemmungen fallen. Es gibt Jugendliche, die ihre Nachmittage damit füllen, Gleichaltrige im Internet zu erniedrigen, indem sie sie auf Facebook oder per Twitter beschimpfen und Lügen über sie verbreiten. Sie fotografieren oder filmen ihre Opfer in demütigenden Situationen und stellen die Bilder auf Plattformen wie YouTube. Und: Sie machen sich keine Vorstellung davon, welche Ausmaße Gemeinheiten im

Netz annehmen können. Von den Erziehenden ist meist keine Hilfe zu erwarten, weil sie oft unsicher im Umgang mit dem Medium Internet sind. Hier kehren sich manchmal die Rollen um: Die Kinder sind im Umgang mit elektronischen Medien oft die Vorreiter in der Familie. Die Eltern versuchen dann, irgendwie den Anschluss zu finden oder haben schon längst aufgegeben, noch mitzuhalten. Entmutigt lassen sie die Kinder und Jugendlichen dann einfach gewähren. Diese sind auf sich allein gestellt. Sie bewegen sich in einem Raum, in dem es zwar Anleitungen und Anweisungen zu angemessenem Verhalten gibt, die sogenannte Nettiquette, doch kein wirklich funktionierendes Regelwerk und keine Kontrolle. Trotz der scheinbaren Nähe zu anderen Menschen in sozialen Netzwerken, sind die Beziehungen im Internet abstrakt – eben in jeglicher Hinsicht virtuell. Das ist ein idealer Nährboden für Aggression und Gewalt.

Der 15-jährige Moritz kann ein Lied davon singen. Ich lernte ihn kennen, als ich im Rahmen einer Projektwoche mit einer neunten Klasse zum Thema Sozialverhalten arbeitete. 24 Schüler machten mit. Ausgrenzung und Integration ist dabei ein wichtiges Thema. Deshalb ließ ich die Schüler dazu verschiedene Übungen machen. Bei einer dieser Übungen suchte ich zwei Freiwillige, die kurz vor die Tür gehen sollten. Karina und Moritz verließen also das Klassenzimmer. Während die beiden draußen waren, erklärte ich den anderen, sie sollen tun, was sie normalerweise in der Pause tun, also herumstehen und sich unterhalten, ein Spiel spielen, was auch immer. Aber sie sollten Karina und Moritz nicht teilhaben lassen an ihren Aktivitäten. Dann holte ich Karina rein und gab ihr die Aufgabe, sich jetzt irgendwo dazuzustellen und mitzumachen. Dann ging es los. Karina stellte sich zu ihren Freundinnen, aber die drehten sich weg und beachteten sie nicht. Sie stellte sich etwas näher in ihren Kreis, aber die anderen drängelten sie raus. Einen Moment stand Karina irritiert neben den anderen Mädchen, dann gab sie sich einen Ruck und drängelte sich zurück in den Kreis. Die anderen schoben sie prompt wieder raus.

»Ey!«, rief Karina. »Was soll das denn!«

Sie warf mir einen Blick zu, ich blickte aufmunternd zurück. Offenbar fiel ihr jetzt wieder ein, dass das hier eine Übung war, die sie bewältigen musste. Sie straffte die Schultern und wandte sich wieder ihren Mitschülerinnen zu: »Hallo! Wollt ihr ein Eis? Ich geb eins aus!«

Die anderen Mädchen beachteten sie gar nicht.

»Äh, ich hab ein Haus mit Swimmingpool, wollt ihr mich nicht da mal besuchen kommen?«

Wieder keine Reaktion.

Karina stand einen Moment ratlos da. Ich konnte sehen, dass es hinter ihrer Stirn arbeitete. Schließlich trat sie direkt vor eines der Mädchen, fuchtelte ihr mit den Händen vor dem Gesicht herum und rief: »Hallo!«

Die Mundwinkel des Mädchens zuckten für einen Moment, dann bekam sie sich wieder in den Griff und drehte sich von Karina weg.

»Ey, ihr kriegt voll Ärger, wenn ihr mich jetzt nicht zu euch in den Kreis lasst!« Karinas Stimme klang schrill. Ihre Wangen hatten rote Flecken.

Aber auch diese Drohung half nichts. Nur eines der Mädchen blickte mich fragend an, wie um sich zu vergewissern, dass es keinen Ärger bekommen würde.

»Ihr seid voll gemein!«, jammerte Karina. Dann setzte sie sich einfach auf den Boden und verschränkte die Arme. »Jetzt will ich nicht mehr! Das ist ein blödes Spiel.«

Ich beendete die Übung und half Karina hoch.

»Ganz schön heftig, aber du hast dich tapfer geschlagen. Gut gemacht!«

Karina wirkte erleichtert, aber irgendwie auch mitgenommen.

»Wie hat sich das für dich angefühlt?«, fragte ich sie.

»Bescheuertes Spiel. Ich mach das nicht noch mal!«

»Ich fand das auch doof«, sagte eines der Mädchen aus der Gruppe. »Ich hätte die Karina voll gerne in den Kreis gelassen, aber wir durften das ja nicht.«

Als Nächstes holte ich Moritz rein. Wieder waren die anderen Schüler angehalten, ihn auszuschließen, während Moritz die Aufgabe bekam, sich der Gruppe anzuschließen. Aber etwas war anders. Moritz probierte genau ein Mal, sich zu den anderen dazuzustellen, dann starrte er teilnahmslos in die Gegend und tat nichts. Als ich ihn mit einem Lächeln ermunterte, weiterzumachen, stöhnte er resigniert und stellte sich etwas dichter an die Gruppe heran, aber es war eigentlich gar kein richtiger Versuch, ich konnte sehen, dass er schon vorher wusste, was geschehen würde. Als er wieder weggedrängelt wurde, blieb er mit hängenden Schultern etwas abseits stehen. Sein Blick war auf das kleine Stück PVC vor meinen Füßen gerichtet.

Ich hatte das Gefühl, hier stimmt etwas nicht und beendete die Übung vorzeitig.

»He, Moritz, was ist denn?«, fragte ich und beugte mich zu ihm. Da erst sah ich, dass seine Unterlippe bebte. Moritz hat die Übung offenbar noch auf einer anderen Ebene erlebt, als seine Mitschülerin Karina. Ich war mir sehr sicher, dass er gerade eine eigene Geschichte vor Augen hatte, die durch die Übung aktiviert worden war. Aufmerksam sah ich ihn an.

Die anderen Schüler beobachteten uns, ein paar tuschelten. Einer kicherte. Als ich fragte, was an der Situation komisch wäre, wurde es ruhig. Eine Antwort bekam ich nicht.

Moritz zog die Nase hoch. Seine Wangen waren gerötet.

»Es ist okay, dass wir die Übung jetzt abbrechen, aber ich möchte wissen weshalb. Kannst du beschreiben, was du fühlst?«

»So einen Scheiß muss ich doch nicht spielen, das kenn ich doch schon alles«, murmelte er schließlich.

Im Laufe meiner Arbeit mit der Klasse erfuhr ich dann Folgendes:

Seit fast zwei Jahren wurde Moritz ausgegrenzt und gequält. Dass ihn seine Mitschüler nicht dabei sein ließen, wenn sie zum Beispiel in der Pause zusammenstanden, daran war Moritz eigentlich schon gewöhnt. Sie ließen ihn dann wenigstens in Ruhe. Schlimmer war es, wenn auf seinen Fahrradhelm mit Edding »Fettsack« geschrieben wurde oder wenn seine Schultasche nach dem Sportunterricht plötzlich weg war und er die Sachen auf dem Schulhof verteilt wiederfand. Die ganze Pause musste er seine Sachen zusammensuchen, während die anderen lachten. Er kam zu spät zum Unterricht, weil es so lange dauerte, bis er alles wiedergefunden hatte. Das Schlimmste war aber vor ein paar Wochen passiert, wieder während des Umkleidens nach dem Sportunterricht. Moritz hasste den Sportunterricht, vor allem das Umziehen. Er war ein bisschen übergewichtig. Die Kommentare zu seiner Figur machten ihm eigentlich nichts mehr aus, sagte er mir, sie gingen ihm nur auf die Nerven. In der Umkleidekabine nervte es ihn aber mehr als sonst, weil die Sprüche der Mitschüler dort besonders gemein waren und er nicht einfach weggehen konnte. Deshalb versuchte er unauffällig zu sein und ganz schnell. An diesem einen Tag kicherten die Jungen Unheil verheißend, sie zogen sich schneller um als sonst. Die meisten verließen dann fluchtartig den kleinen Raum, während Moritz sich noch mit seiner Hose abmühte. Die Tür ließen sie auf. Moritz kannte das schon.

Das machten seine Mitschüler oft extra, denn die Mädchen mussten an der Tür vorbei, wenn sie von ihrem Umkleideraum nach draußen wollten. Sie riefen dann: »Boah, Moritz, bist du eklig! Kannst du nicht die Tür zumachen?«

Moritz hatte sich gerade von seiner Sporthose befreit, seine Unterhose war dabei etwas nach unten gerutscht, so wollte er die Tür nicht schließen. Da hörte er hinter sich Felix rufen.

»He, Moritz. Guck mal kurz. Ich muss dir mal was zeigen.«

Dass er sich umdrehte, war ein Reflex. Eigentlich hätte Moritz wissen müssen, dass es keine gute Idee war, sich halb nackt zur offenen Tür zu wenden. Da blendete ihn auch schon das Blitzlicht der Handykamera. Er hörte seine Mitschüler lachen, dann waren sie weg. Auf dem Schulhof sah Moritz, wie Felix das Bild den Mitschülern zeigte. Sie lachten und sahen zu ihm rüber.

»Willste mal sehen?«, fragte Felix und klang eigentlich nett dabei.

Moritz ging hin und sah auf dem Display einen etwas übergewichtigen, halb nackten Jungen, dessen Unterhose unglücklich verrutscht war. Felix riss ihm das Telefon wieder aus der Hand und rief Karina zu: »Willst du das Bild auch mal sehen?«

Die winkte nur angewidert ab.

»Ach komm, ich schicks dir eben«, rief Felix und tippte auf dem Handy herum.

Das war der Moment, in dem wieder Leben in Moritz kam Er begriff, dass das Bild jetzt einfach so weitergeschickt werden konnte.

»Ey, komm, lass den Scheiß«, bat er Felix und griff nach dem Telefon.

Felix kicherte und hielt das Gerät hoch in die Luft,

sodass Moritz nicht daran kam. Dann warf er es zu Pablo, der es auffing, kurz triumphierend in die Luft hielt und dann weiter zu Ferdinand warf, als Moritz in seine Richtung lief.

»Ich glaub, ich schick das mal der Lena«, sagte Felix, als das Telefon wieder bei ihm angekommen war.

Moritz fühlte sich elend. Er wollte nicht, dass noch irgendjemand das Foto zu Gesicht bekam, schon gar nicht die Mädchen. Zuerst bat er Felix, das Bild zu löschen, dann wurde er laut und schrie ihn an. Als er spürte, dass Felix seine Verzweiflung genoss, stiegen ihm Tränen in die Augen. Er drehte sich weg und gab auf.

Den Rest des Schultages verbrachte Moritz mit einem flauen Gefühl. Jeder seiner Mitschüler könnte das Bild von ihm mit der verrutschten Unterhose bereits gesehen haben. Überall meinte er verhaltenes Kichern zu hören und böse Kommentare über seine Figur, seine Unterwäsche, seine Blödheit. Moritz stockte, als er mir davon erzählte.

Wie immer war Moritz an dem Tag froh, als die Schule zu Ende war, aber das flaue Gefühl begleitete ihn nach Hause. Er ahnte, dass das Foto die Runde machen würde, auch wenn die Schule schon längst vorbei war.

Den Nachmittag verbrachte er vor dem Computer, um sich abzulenken und weil das die Welt war, in der er sich viel wohler fühlte. Er besuchte ein Forum, in dem Fantasyromane besprochen wurden. Hier traf er auf Nutzer, die sich nicht über ihn lustig machten. Im Gegenteil, Moritz hatte hier das Gefühl, wegen seiner Kenntnisse ernst genommen zu werden. Er fühlte sich in der Fantasycommunity integriert. Dort traf er auch immer seinen Freund frodo06, mit dem er sich ausgiebig über seine Lieblingsbücher und -spiele austauschen konnte. Danach schaute er noch bei Facebook nach, ob er eine neue Nachricht bekommen hatte. Auch hier hatte er Freunde, insgesamt 104, die meisten waren auch Fantasyfans. Weder frodo06 noch einen seiner Fantasyfreunde auf Facebook hatte er einmal persönlich getroffen. Für Moritz spielte das keine Rolle. Er hatte ohnehin das Gefühl, dass es so besser war. Im echten Leben hatte er keine guten Erfahrungen mit Gleichaltrigen gemacht. Trotzdem war er hier auch mit ein paar Klassenkameraden »befreundet«. Die Anfragen dazu waren allerdings gekommen, bevor sie angefangen hatten, ihn in der Schule zu schikanieren.

Moritz hatte sich gerade eingeloggt, da wurde ihm ein Bild gemeldet, auf dem er zu sehen sein sollte. Lena aus seiner Klasse hatte es auf ihre Pinnwand gestellt.

Moritz hatte schon kein gutes Gefühl, als er sich dorthin klickte. Und tatsächlich hatte Lena das Bild aus dem Umkleideraum auf ihre Pinnwand gestellt. Zwölf Nutzer hatten es bereits »geliked«. Das heißt, sie hatten unter dem geposteten Bild auf die Worte »gefällt mir« geklickt. Moritz konnte das an der Zahl neben dem kleinen, erhobenen Daumen erkennen, der rechts darunter zu sehen war. Jemand hatte auch schon einen Kommentar dazu verfasst: »Was macht denn der Fettsack auf deinem Profil?«

Moritz starrt auf das Bild, das hier auf dem Rechner noch viel genauer zeigte, wie unvorteilhaft er mit der verrutschten Unterhose aussah. Ihm wurde erst heiß und dann kalt. Er fluchte und dachte angestrengt nach, was er tun konnte, um das Bild verschwinden zu lassen. Er hätte sich direkt an Lena wenden können, aber er wusste schon, dass er damit keinen Erfolg haben würde.

In der Nacht konnte Moritz nicht schlafen. Das flaue Gefühl begleitete ihn am nächsten Morgen wieder in die Schule. Seinen Mitschülern ging er mehr als sonst aus dem Weg. Er hatte keine Ahnung, wer von ihnen das Bild inzwischen gesehen hatte. Überall sah er grinsende Gesichter, überall hörte er gehässige Kommentare. Er wusste nicht, ob er sich das nur einbildete. Lena übersah ihn heute wie immer geflissentlich. Nichts ließ erkennen, dass sie ihn im Internet öffentlich zum Gespött machte.

Zu Hause konnte Moritz nicht anders, er musste nach dem Foto gucken. Es war noch immer auf Lenas Pinnwand, inzwischen hatten 30 Nutzer angegeben, dass ihnen das Bild gefällt, fünf Kommentare waren dazugekommen. Zum Beispiel stand da: »Die alte Puddingwalze in Unterhose. Is ja geil!« und »Voll cool, hast du das Foto gemacht, als er für dich gestrippt hat?«.

Moritz brach der Schweiß aus. Er fühlte sich wie gelähmt, so als wäre er mitten in einem Horrorfilm, aus dem er nicht herauskann. Einem Impuls folgend, gab er auf YouTube »Moritz Handy« ein. Erst fand er nur Videos von Kätzchen, aber als er gerade schon erleichtert aufgeben wollte, wurde er doch fündig. Er sah sich selbst und er sah Felix, Pablo und Ferdinand. Sie warfen einander Felix' Handy zu, während er versuchte, es zu fangen. Er hörte das Lachen der anderen und sah, dass sich schon 67 Nutzer das Video angesehen hatten. Moritz starrte auf den Bildschirm. Das flaue Gefühl im Bauch war nun sehr unangenehm geworden. Ihm war nicht aufgefallen, dass jemand diese Szene gefilmt hatte und er hatte keine Ahnung, wer das gewesen ist. Hier stand, dass hirnbaer99 den Film eingestellt hatte. Das hätte prinzipiell jeder seiner Mitschüler sein können.

Am nächsten Tag sagte er seiner Mutter, er sei krank. Tatsächlich fühlte er sich kraftlos und niedergeschlagen. Er ging nicht zur Schule und auch am nächsten Tag blieb er zu Hause. Ab und zu guckte er auf YouTube und auf Facebook, und hoffte, dass die Bilder inzwischen verschwunden waren, aber sie waren nicht verschwunden, sondern wurden immer weiter geteilt, insbesondere das Bild, das auf Lenas Pinnwand prangte, fand großen Anklang. Er fürchtete, dass seine Freunde aus der Fantasycommunity das Bild zu sehen bekommen. Denn die würden sicher den Kontakt zu ihm abbrechen, wenn sie davon wüssten. Seine Welt schien in unzählige Stücke zu zerbrechen und er hatte keine Idee, was er tun konnte, um das zu verhindern.

Dazu kam, dass er nicht wusste, wem er sich anvertrauen sollte. Seine Eltern bekamen schon mit, dass er unglücklich war, aber Moritz wollte mit ihnen nicht darüber sprechen, weil sie ihm ohnehin schon immer sagten, dass es nicht gut sei, so viel Zeit vor dem Computer zu verbringen. Moritz fürchtete, dass sie sich durch diese Geschichte in ihrer Meinung nur bestätigt fühlten und seinen Internetkonsum einschränken würden. Und das wollte er auf gar keinen Fall. Er glaubte auch nicht, dass seine Eltern ihm helfen konnten. Die würden womöglich die Schule anrufen oder gleich Lena oder Felix und dann würde alles nur noch schlimmer. Er käme dann rüber wie ein Mamasöhnchen.

Nachdem ich die Geschichte aus den Berichten von Moritz und seinen Mitschülern so weit rekonstruiert hatte, sprach ich mit dem Klassenlehrer der Kinder. Er reagierte erstaunt, als ich ihm von dem Fall erzählte. Natürlich hatte er gemerkt, dass die Schüler manchmal auf Moritz herumhackten, aber was sie im Internet treiben, konnte er schließlich nicht auch noch kontrollieren.

Jeder fünfte Schüler hat schon eine ähnliche Erfahrung wie Moritz gemacht. Das ergab eine Studie, die das Bündnis gegen Cybermobbing im Mai 2013 veröffentlich hat.[1] Danach sind 17 Prozent aller Schüler in Deutschland bisher Opfer von Cybermobbing geworden. Interessant ist, dass die Anzahl der Täter laut Studie etwas höher ist, als die der Opfer. 19 Prozent gaben zu, schon mal im Netz gemobbt zu haben. Besonders häufig sind 12- bis 15-jährige Schüler beteiligt.

Die Frage, ob Jungen oder Mädchen stärker am Mobbing beteiligt sind, wurde in der Studie nicht gesondert abgefragt. Hier wird lediglich erwähnt, dass Mädchen »etwas häufiger« als Jungen Opfer von Cybermobbing-Attacken sind, was durchaus meiner Erfahrung entspricht. Allerdings stelle ich auch fest, dass Mädchen etwas häufiger als Jungen als Täterinnen in Erscheinung treten. Mobbing, das direkt in der Schule stattfindet, wird dagegen nach meiner Erfahrung überwiegend von Jungen verübt.

In der Studie wurde auch danach gefragt, auf welche Art im Netz gemobbt wird. Dabei stellte sich heraus, dass vor allem beschimpft und beleidigt wird, oft werden auch Gerüchte und Verleumdungen in die Welt gesetzt. In 80 Prozent der Fälle findet das Mobbing in sozialen Netzwerken wie Facebook und Twitter statt. Eine große Rolle spielen dabei Handys und Smartphones. Zwei Drittel der Schüler, die zwischen 10 und 22 Jahre alt sind (die meisten Teilnehmer der Studie waren zwischen 12 und 16 Jahren), verfügen inzwischen über solch ein Gerät.

Über die Hälfte[2] aller Cybermobbing-Fälle geschehen mithilfe von Mobiltelefonen. Diese Geräte sind das ideale Werkzeug, um jemanden fertigzumachen, ohne sich selbst die Finger schmutzig zu machen. Inzwischen kann man mit den meisten dieser Geräte nicht nur fotografieren und filmen, sondern auch direkt ins Internet gehen, und die, mit denen das nicht geht, lassen sich leicht mit einem Rechner verbinden, sodass die Daten übertragen werden und so ins Netz gelangen können. Einfacher geht es natürlich mit Smartphones. Da genügen ein paar Wischbewegungen mit der Hand, um Bilder per Mail zu verschicken oder auf Facebook, Twitter, YouTube oder einem anderen Portal einzustellen.

Szenen, in denen Schüler in peinlichen, intimen Situationen abgelichtet werden, sind längst Alltag. In manchen Schulen ist es ein regelrechter Sport, heimlich auf der Toilette zu filmen. Das Kameraauge des Telefons wird über oder unter der Toilettentür platziert, während der ahnungslose Junge sich erleichtert oder das Mädchen einen Tampon wechselt. Wie demütigend muss es sein, derartige Bilder von sich im Internet zu finden! Opfer berichten mir, wie ausgeliefert und schutzlos sie sich fühlen. Viele schämen sich und würde am liebsten niemandem mehr unter die Augen treten.

Diese Praxis greift inzwischen so stark um sich, dass ich schon von Schülern gehört habe, die sich aus Angst, gefilmt zu werden, den Gang zur Toilette verkneifen. Ich kenne sogar Sozialarbeiter in Einrichtungen für Jugendliche, die dort ebenfalls die Toilette aus genau diesen Gründen nicht mehr benutzen möchten. Man muss nur auf YouTube den Begriff »Pinkeln« eingeben und wird garantiert fündig.

Eine andere, etwas gewalttätigere Variante ein Mobiltelefon zu verwenden, um andere zu demütigen, ist »Happy Slapping«. Die Täter schlagen, prügeln, treten ihr Opfer und halten das mit der Kamera fest. Der so entstandene Film wird dann natürlich auch verschickt, ins Internet gestellt, kommentiert und geteilt. Das Opfer einer solchen Attacke war Malte. Seine Schule kontaktierte mich, weil es einen Vorfall gegeben hatte. Ein paar Mitschüler hatten Malte an einen Ort außerhalb des Schulgeländes gelotst und dort verprügelt. Auf dem Video kann man beobachten, dass mindestens zehn andere Schüler dabeistehen und keiner Malte hilft. Am Ende des Films sieht man den Jungen auf dem Boden liegen. Aus seiner Nase fließt Blut, mit der Hand versucht er es irgendwie zu stoppen. Als er sich gerade aufrichten will, schnellt von der Seite ein Fuß ins Bild und trifft ihn in die Seite. Er stöhnt, das Bild wackelt und der Film ist zu Ende.

Malte war richtig wütend auf die Mitschüler, die ihm das angetan hatten. Dabei war die Tatsache, dass er verprügelt worden war, für ihn zweitrangig. Viel schlimmer fand er die Vorstellung, im Internet als Verlierer dazustehen. Nur mit Mühe konnte ich ihn davon abhalten, sich zu rächen. In diesem Fall kamen die Täter nicht ungeschoren davon. Sie bekamen eine Anzeige und mussten an einem Anti-Gewalt-Training teilnehmen, in dem sie sich intensiv mit ihrer Tat auseinandersetzen mussten. Malte kann von Glück sagen, dass die Sache herauskam und die Schulleitung so schnell reagiert hat. Von selbst hätte er sich keine Hilfe geholt, denn seine Scham war viel zu groß.

## Virtuelles Tun und echtes Leiden

Die Möglichkeit, im Internet anonym zu bleiben, lässt die Hemmschwelle sinken. Wenn ein Schüler auf dem Schulhof noch Skrupel hat, einen Jungen wie Moritz bloßzustellen, dann wird es ihm im Netz sicher leichter fallen. So wie Lena, die sich in der Schule offenkundig gar nicht für Moritz interessiert. Oder der unbekannte Nutzer, der den Film von Moritz auf YouTube gestellt hat und sich hirnbaer99 nennt, also noch nicht einmal seinen richtigen Namen preisgibt. Er bleibt im Verborgenen und gibt sich einen fiktiven Usernamen. Wer vom Computer aus mobbt, kann sehr viel Aufmerksamkeit für seine Tat erhalten. Schließlich sitzen weit mehr Menschen vor dem PC, als in einem Klassenraum oder auf dem Schulhof Platz finden. Gleichzeitig muss der Mobber sich nicht damit auseinandersetzen, dass er jemandem großen Schaden zufügt, denn er sieht das Opfer ja nicht.

Felix, Lena und hirnbear99 (wer immer sich dahinter verbirgt) haben nicht gesehen, wie geschockt und verletzt Moritz auf den Bildschirm gestarrt hat, als er sein Foto und das Video entdeckt hat. Sie haben auch nicht gesehen, wie er immer wieder auf die Seite ging, in der Hoffnung, die Bilder seien inzwischen gelöscht worden. Sie können gar nicht abschätzen, welchen Schaden sie anrichten. Wenn sie ihn zusammengeschlagen hätten, hätten sie gesehen, wie er zu Boden geht. Dann hätte immerhin die Möglichkeit bestanden, dass sie sich sagen »Okay, jetzt ist genug«. Auch wenn sie ihm einen Zettel auf sein Pult gelegt hätten, auf dem steht: »Moritz, du fette Sau. Speck ab, du stinkende Mettwurst!«, hätten sie seine Reaktion sehen können. Und es hätte immerhin die Chance bestanden, dass sie aufhören, wenn sie sehen, dass Moritz unter dieser Attacke leidet. Ein Täter, der sein Opfer nicht sieht, hat keinen Anhaltspunkt dafür, wann er aufhören sollte. Es ist wahrscheinlich, dass er weitermacht, solange er positive Rückmeldung aus der Netzgemeinde erhält.

Immer wieder erlebe ich, wie erstaunt die Täter sind, wenn sie erfahren, dass sie mit einem geposteten Foto oder einer fiesen Bemerkung im Internet jemandem massiv und nachhaltig geschadet haben. Für viele ist Cybermobbing ein Spiel, die Folgen blenden sie schlicht aus. Über 50 Prozent der Täter geben an, aus Langeweile oder aus Spaß gemobbt zu haben. Ein konkreter Streit ist viel seltener der Grund. Gerade die jüngeren Schüler haben keine Vorstellung davon, wie es für denjenigen ist, den sie im Netz beleidigen.

Dabei kann die Wirkung schwerwiegend sein. Einige Opfer von Cybermobbing-Attacken haben sich bereits das Leben genommen. Bekannt wurde zum Beispiel der Fall des 13-jährigen Österreichers Joel, der sich 2010 vor den Zug warf, nachdem er wochenlang in der Schule und im Internet schikaniert worden war. Kurz vor seinem Tod hatte er entdeckt, dass man ihn im Netz als schwul darstellte. Im Dezember 2012 beging eine 15-jährige Niederländerin vor den Augen ihrer Mitschüler Selbstmord, indem sie sich ebenfalls von einem Zug überrollen ließ. Auch sie war lange Zeit im Internet gemobbt worden. Aufsehen erregte der Selbstmord der Kanadierin Amanda Todd, die kurz vor ihrem Tod im Oktober 2012 ein Video auf YouTube veröffentlichte, in dem sie, ohne ein Wort zu sagen, auf handgeschriebenen Zetteln ihre Leidensgeschichte erzählte. Sie hatte im Alter von zwölf Jahren naiverweise einer Internetbekanntschaft ein Oben-ohne-Foto von sich geschickt. Daraufhin hatte dieser Bekannte sie erpresst und das Bild an Amandas Mitschüler verschickt. Amanda wurde ausgelacht, verspottet und beschimpft, über Jahre, bis sie sich mit 15 das Leben nahm.[3]

Im August 2013 erhängte sich ein 14-jähriges Mädchen aus England, nachdem sie auf der Website ask.fm massiv attackiert worden war. »Stirb, jeder wäre glücklich darüber«, wurde ihr dort geraten. Man kann nur hoffen, dass die Verfasser dieser Zeilen nicht geglaubt haben, dass das Mädchen dies in die Tat umsetzt. Das perfide an diesem Fall ist, dass bei einigen Mobberinnen selbst nach dem Tod des Mädchens kein Umdenken einsetzte. Es gab sogar welche, die im Internet verkündeten, zufrieden damit zu sein, dass das Mobbing-Opfer seinem Leben selbst ein Ende gesetzt hatte.

Die Verrohung der Jugendlichen und Kinder kann durch den Umgang im Internet ganz entscheidend gefördert werden. Denn dort bestimmen nur sehr wenige Regeln das soziale Miteinander. Im echten Leben sind wir stärker gezwungen, uns mit unseren Mitmenschen auseinanderzusetzen, ob wir wollen oder nicht. Mit manchen müssen wir es sogar täglich irgendwie aushalten. Konflikte müssen ausgetragen werden, unliebsame Gespräche müssen geführt werden. Wir haben nur begrenzt die Möglichkeit, dem aus dem Weg zu gehen. Das kann wesentlich anstrengender sein, als das Miteinander im Netz, zumindest solange es oberflächlich bleibt. Innerhalb sozialer Netzwerke zum Beispiel ist die Kontaktaufnahme unkompliziert und locker, aber auch sehr unverbindlich. Wer keine Lust mehr auf einen seiner »Freunde« hat, der kann ihn einfach blockieren. Wer blockiert ist, kann dem ehemaligen »Freund« keine Nachrichten mehr schicken, er kann dann nicht einmal mehr auf dessen Seite nachsehen, was er so treibt. Er ist von den Aktivitäten des anderen ausgeschlossen.

Es gibt Jugendliche, die haben im Netz über hundert Freunde, aber kaum einen einzigen aus Fleisch und Blut. Ich wage zu bezweifeln, dass diese Schüler überhaupt noch wissen, wie man so etwas macht: eine Freundschaft schließen, ohne irgendetwas anzuklicken. Wie sollen junge Menschen, die so sozialisiert werden, lernen, Kompromisse zu schließen oder konstruktiv mit einem Konflikt umzugehen? Im Netz muss man sich mit unliebsamen »Freunden« nicht mehr befassen. Es genügt ein Klick, um ihn loszuwerden. Dass genau so ein Mausklick eine echte Person aus Fleisch und Blut tief verletzten kann, ist vielen nicht klar.

Auch in Moritz' Klasse musste ich immer wieder darauf hinweisen, dass virtuelle Tätigkeiten Auswirkungen auf das echte Leben haben. Echt sind zum Beispiel Krankheiten, die aufgrund von Mobbing entstehen: Magersucht, Bulimie, Depression und Angststörung sind da nur einige. Manchmal muss sogar die Schullaufbahn unterbrochen werden, weil die Betroffenen in Fachkliniken behandelt werden müssen. Der Lebenslauf wird massiv durch solche Einschnitte geprägt. Das Selbstbewusstsein der Opfer wird derart zerstört, dass sie möglicherweise Gruppen jeder Art meiden.

Mobbing im Internet ist besonders feige und meiner Meinung nach gefährlicher als Mobbing von Angesicht zu Angesicht. Max konnte die Schule wechseln, als er es nicht mehr aushielt, täglich von seinen Mitschülern drangsaliert zu werden. Aber im Fall von Moritz kann es sein, dass das nicht funktioniert. Es ist gut möglich, dass die Schüler an der neuen Schule ihn bereits in seiner verrutschten Unterhose gesehen haben. Das Schlimme beim Cybermobbing ist, dass das Opfer keine Ruhe vor den Angriffen hat. Das Opfer ist ihnen ständig ausgesetzt, 24 Stunden am Tag, 365 Tage im Jahr. Es hört nicht auf, solange die demütigenden Inhalte im Netz sind. Und das kann ziemlich lange sein.

Das Video, auf dem zu sehen ist, wie Moritz verzweifelt versucht, Felix' Handy in die Hände zu bekommen, um sein Bild zu löschen, wird einer der Mitschüler auf YouTube gestellt haben, der die Szene beobachtet hat. Der einzige Hinweis auf die Identität des Täters ist der Name: hirnbaer99. Er oder sie bleibt anonym. Dadurch hat diese Tat etwas besonders Bedrohliches für Moritz. Er weiß nicht, wer das getan hat. Im Grunde könnte es jeder gewesen sein, auch Helene aus seiner Klasse, die eigentlich immer nett zu ihm ist. Moritz ist nun misstrauischer, als er ohnehin schon war.

Laut Cybermobbing-Studie sind 42 Prozent der Opfer wütend, wenn sie eine Gehässigkeit im Netz erfahren, 36 Prozent sind verängstigt, 14 Prozent geben an, auch lange nach der Tat noch stark belastet zu sein. Auch Moritz wird noch eine ganze Weile an die Attacke gegen ihn denken müssen. Jeden Tag in der Schule ist er unter Menschen, von denen im Grunde jeder derjenige sein könnte, der ihn heimlich gefilmt und die Bilder veröffentlicht hat. Er weiß ja nicht einmal, wer die Bilder im Netz schon gesehen hat. Selbst Menschen, die er erst viel später kennenlernt, könnten ihn bereits in Unterhose gesehen haben, bevor er selbst ihnen ein Bild von sich vermitteln kann. Dazu hat Moritz jetzt ständig Angst, er könnte wieder in einer ungünstigen Situation abgelichtet werden. Wie schwer das auszuhalten ist, kann man nur ahnen, wenn man es nicht selbst erlebt hat.

## Die unkontrollierbare Dynamik des Cybermobbings

Das Internet vergisst nichts. Daten, die einmal im Netz stehen, sind so gut wie nicht mehr zu entfernen. Zum einen, weil das jeweilige Betriebssystem alle Aktivitäten, die von einem Rechner ausgehen, zunächst einmal speichert, und zwar unter Umständen so lange, bis die Daten manuell gelöscht werden. (Die wenigsten wissen, dass man bei vielen Browsern einen Privatsphärenmodus einstellen kann, der zumindest dafür sorgt, dass Internetseiten, die besucht werden, nicht gespeichert werden.) Zum anderen können Daten aus dem Netz auch einfach auf einen Rechner runtergeladen werden und von dort wieder ins Netz gelangen.

Das heißt, selbst wenn Lena jetzt einsieht, dass es dumm war, das Bild von Moritz zu posten, und es von ihrer Pinnwand löscht, kann sie nicht mehr verhindern, dass das Bild weiter im Netz kursiert. Denn längst können sich einige Dutzend andere Nutzer das Bild runtergeladen haben und es fröhlich von ihrem Rechner weiterschicken. Lena hat auf diese Entwicklung keinen Einfluss mehr. Sie hat etwas in Gang gesetzt, das sie nicht mehr stoppen kann. Ein einziges Bild genügt also, um einem Menschen einen sozialen Todesstoß zu versetzen.

Natürlich gibt es auch jugendliche Nutzer, die diese Dynamik sehr bewusst einsetzen. Oft ist das Motiv sehr persönlich, zum Beispiel Rache. So wie in folgendem Beispiel: Die 15-jährige Suse ist sauer auf ihren Ex, weil der inzwischen mit einer anderen »rummacht«, also stellt sie sein Bild in eine Partnerschaftsbörse für Homosexuelle und schreibt seine vollständige Adresse und seine Telefonnummer dazu. Dazu schreibt sie, dass sich jeder melden solle, er sei nicht wählerisch. Da der Ex noch bei seinen Eltern lebt, hat Suse so dafür gesorgt, dass die ganze Familie von ihrer Rache betroffen wird. Es gibt Fälle, bei in denen Familien in einen anderen Ort gezogen sind, in der Hoffnung, dass niemand dort etwas von den Verleumdungen im Internet mitbekommen hat.

Aber nicht nur Bilder können im Netz Schaden anrichten, es gibt Fälle, in denen eine einzige Bemerkung ausreicht, um einer Person das Leben zur Hölle zu machen. Auch hier reicht ein gedankenloser Kommentar, um eine Lawine von Aggression in Gang zu setzen.

In einem sogenannten Hass-Forum (www.ichhasse.es), in dem es nur darum geht, zu schimpfen, zu verunglimpfen und zu lästern, lese ich:

»ICH HASSE DIESE VERFICKEN LEHER, DIESE DRECKIGEN OPFER«

Die Antwort lautet:
»hast du rechd die glauben sie sint mechtig wenn sie uns geben schlechgt zensuhren aber ich ferdihne mer geld in schulpausen wie die in ganze wochen!«

Darauf antwortet ein anderer:
»Solche Arschlöcher.

Booah diese lehrer nennen sich pädagogen aber, sorgen dafür dass, es den Schülern noch schlechter geht. Und wenn man alleine ist und Recht hat, kann man nichts gegen sie tun, weil dann das ganze angeschissene Kollegium zusammen hält … OHH ICH HASSSEEE SIIIE! :cursing: Ich will niemals Lehrer werden, weil ich sonst solche Hater habe.«

Und dann kommt folgender Beitrag:
»Interessanterweise haben meine Vorredner aber anscheinend ein paar gute Lehrer nötig. Zumindest in Deutsch solltet ihr wohl, was Grammatik, Satzbau und Rechtschreibung angeht, vielleicht mal eure Energie darauf verwenden, aufzupassen anstatt eure Lehrer zu hassen.«

Daraufhin wird der Verfasser des letzten Beitrags von mehreren Nutzern grob als Nazi beschimpft.

Spinnen wir dieses Beispiel mal weiter. Nehmen wir mal an, einer der aufgebrachten Nutzer im Forum findet das Facebook-Profil des angeblichen Nazis und beschimpft ihn dort weiter. Auf diese Weise kann ein einziger Beitrag einen Shitstorm auslösen, dem man erst einmal gewachsen sein muss. Aber wieso sollen Jugendliche achtsam mit Kommentaren und Bildern umgehen, wenn selbst Erwachsene sich nicht um diese unheilvolle Dynamik scheren? Regelmäßig hört man in den Medien, dass wieder mal ein Shitstorm über einen Prominenten niedergegangen ist. Ein einziger Kommentar hat dann eine ganze Welle von Beschimpfungen und Wutausbrüchen im Netz nach sich gezogen. Oft sind Politiker die Zielscheibe, zum Beispiel Claudia Roth. Sie erinnerte im März 2013 auf ihrem Facebook-Profil an das Atomreaktorunglück in Fukushima.

Daraufhin hagelte es Kritik, Beschimpfungen und sogar Drohungen, weil sie in ihrem Text das Erdbeben und die Flutwelle nicht erwähnt hatte, die die Atomkatastrophe ausgelöst hatten. Ihr wurde vorgeworfen, sie instrumentalisiere die Katastrophe für den Wahlkampf, sie wurde als dick und dumm beschimpft und sogar mit Hitler verglichen. Wenn erwachsene Menschen einander derart niveaulos beschimpfen, müssen Jugendliche nicht denken, das sei so in Ordnung?

## Eltern und Lehrern fehlt das Wissen

Moritz hatte Angst, sich seinen Eltern anzuvertrauen, weil er sich von ihnen in Bezug auf das Internet nicht verstanden fühlte. Auch von seinem Klassenlehrer konnte er keine Hilfe erwarten. Dabei wäre das für ihn sicher wichtig gewesen. Etwa die Hälfte der Opfer von Cybermobbing wünschen sich Hilfe von ihrer Schule, 57 Prozent, also etwas mehr, wünschen sich Hilfe der Eltern. Doch Eltern und Lehrer sind mit dem Phänomen meist überfordert. Sie kennen sich nicht richtig aus und wissen oft nicht, wo sich ihre Kinder im Internet herumtreiben und was sie dort anstellen. Sie merken also nicht unbedingt, wenn das Kind mobbt oder gemobbt wird, sofern es selbst nichts erzählt. Und wenn das Kind sich den Eltern offenbart, wissen sie oft nicht, was zu tun ist. Die Formel: »Hör einfach nicht hin, dann werden sie schon aufhören«, funktioniert hier ganz offensichtlich nicht, denn die Gemeinheiten stehen für jedermann sichtbar im Netz. Aber wie kriegt man sie dort wieder weg? Wen zieht man ins Vertrauen? Die Schule? Den Klassenlehrer? Den Vertrauenslehrer? Die Polizei? Wie kriegt man heraus, wer die Täter sind, wenn sie sich hinter Nicknames verbergen? Oder sollte man vielleicht einfach zurückposten: »He, das stimmt alles gar nicht!« oder »Das, was hier steht, ist gemein und niederträchtig. Es macht mich sehr traurig«.

Auch Lehrer wissen oft nicht mehr zu tun, als mit der Schulleitung zu sprechen. Das Thema Cybermobbing kommt einigen noch immer sehr abstrakt vor. Manch einer kann sich nicht einmal vorstellen, dass es so etwas tatsächlich gibt. Weil sie sich selbst so wenig mit dem Internet beschäftigen, halten sie dieses Phänomen auch gerne mal für eine Erfindung der Medien. Andererseits wird nach meiner Erfahrung das Cybermobbing an immer mehr Schulen inzwischen sehr ernst genommen, gerade weil es so schwierig zu kontrollieren ist. Und doch gibt es auch hier noch viel Aufklärungsbedarf.

Durch die Unkenntnis der Erziehenden ist das Internet für viele Kinder und Jugendliche zu einer Art rechtsfreiem Raum geworden. Schüler, die es gewohnt sind, reglementiert zu werden, fassen es als Freifahrtschein auf, wenn keine klaren Absprachen darüber existieren, was sie im Internet machen dürfen. Der 14-jährige Mario zum Beispiel ist jeden Tag drei bis fünf Stunden im Internet. Er sitzt dann zu Hause in seinem Zimmer vor dem Rechner. Die Eltern geben manchmal eine Bemerkung dazu ab, aber da der Junge keinen Alkohol trinkt, nicht raucht oder Drogen nimmt und auch die Schule nicht zu vernachlässigen scheint, sehen sie keine Veranlassung, etwas zu unternehmen. Mario ist physisch anwesend, sie können ihn jederzeit ansprechen, deshalb haben die Eltern den Eindruck, sie wüssten, was er tut, nämlich vor dem Computer sitzen. Dass der Junge dabei virtuell zwischen Pornoseiten, Hass-Foren und Seiten mit rechtsradikalen Inhalten herumsurfen könnte, daran denken sie nicht. Der Trugschluss von Marios Eltern lässt sich besser erkennen, wenn wir das Ganze auf einen anderen Schauplatz verlagern. Nehmen wir an, Mario würde jeden Tag drei bis fünf Stunden in einer Hütte irgendwo im Wald verbringen. Würden die Eltern da nicht vielleicht genauer nachfragen, was er da tut und mit wem er sich da trifft? Und selbst, wenn er ihnen sagen würde, er würde dort nur lesen und Briefe schreiben, würden die Eltern da nicht selbst mal hingehen wollen, um sich ein Bild davon zu machen, was dort vor sich geht? Bei vielen Erziehenden ist noch nicht angekommen, dass in der virtuellen Welt mindestens genauso viele Gefahren lauern wie in der realen.

Das Internet hat für die Jugendlichen und Kinder heute einen hohen Stellenwert. Was dort geschieht, hat mindestens so große Auswirkungen auf das Seelenleben eines Jugendlichen, wie Dinge, die ihm in der Realität geschehen. Er definiert sich über die Reaktionen auf ihn im Netz ebenso, wie er sich über die Reaktionen seiner Mitschüler auf dem Schulhof definiert. Das sollten Eltern unbedingt im Kopf haben, wenn der Nachwuchs stundenlang vor dem Rechner sitzt.

Moritz' Leiden wäre vermutlich viel später oder gar nicht erkannt worden, wenn er nicht während des Trainings bei mir zusammengebrochen wäre. Die Unkenntnis der Erziehenden und der Opfer führen leider oft dazu, dass die Täter weiter hinter dem Bildschirm verschanzt ihr Unwesen treiben können. Wer im Internet Lügen verbreitet, beschimpft oder hänselt, muss meist keine Sanktionen befürchten, zumal wenn er anonym bleibt. Nur jedes fünfte Opfer von Cybermobbing meldet den Vorfall den Betreibern der betroffenen Plattformen. In der Regel wird das Profil oder der Eintrag dann gelöscht. Weitere Konsequenzen für die Täter folgen nicht vonseiten der Betreiber. Die Opfer und deren Eltern wenden sich auch eher selten an die Schule und noch seltener an die Polizei. Die wenigsten wissen überhaupt, dass im Netz die gleichen Gesetze gelten wie im »echten« Leben. Auch hier sind Beleidigungen, Bedrohungen und Belästigungen strafbar. Das unerlaubte Veröffentlichen von Bildern, Filmen und Tonaufnahmen, die im privaten Bereich aufgenommen wurden, ist ein Straftatbestand nach §201a StGB, denn damit wird ein Persönlichkeitsrecht verletzt. Lena hat also eine Straftat begangen, als sie das Bild des halb nackten Moritz auf ihrer Profilseite gepostet hat. Der Junge könnte sie ohne Weiteres anzeigen. Eine Anzeige ist auch möglich, wenn sich der Urheber einer Attacke hinter einem Pseudonym versteckt. In so einem Fall würde die Polizei versuchen, den Täter zu ermitteln, indem sie über den Betreiber der Seite nach der IP-Adresse seines Rechners sucht. Wenn das Portal oder das soziale Netzwerk in Deutschland gehostet ist, wird der Täter auch mit einer ziemlich hohen Wahrscheinlichkeit schnell gefunden, bei Facebook oder Twitter geht die Anfrage allerdings erst einmal ins Ausland und es kann dauern bis eine Antwort kommt. Der Täter oder die Täterin kann folglich prinzipiell ermittelt und zur Verantwortung gezogen werden, auch wenn er statt seines richtigen Namens hirnbaer99 angibt. Aus Scham und aus Angst, durch eine Anzeige weitere Übergriffe zu provozieren, scheuen bedauerlicherweise viele den Weg zur Polizei.

## Bei Facebook sind alle

Moritz' Bild wurde bei Facebook eingestellt, dem größten sozialen Netzwerk weltweit. Nach eigenen Angaben hat es derzeit über eine Milliarde aktive Nutzer, 26 Millionen sind es allein in Deutschland. Die Reichweite dieses Netzwerks ist kaum vorstellbar. Neben der praktischen Seite, sich mit vielen Menschen zu vernetzen, dient es inzwischen leider auch sehr häufig als Mobbing-Instrument. Es werden demütigende Filme und Bilder eingestellt, sehr beliebt sind auch Fake-Profile. Dabei legt der Täter ein Profil seines Opfers an, in dem dieses sehr schlecht dargestellt wird. Manchmal tun sich auch mehrere Nutzer zusammen und gründen eine Gruppe, die sich ausdrücklich gegen ein Opfer richtet, wie beispielsweise im Fall der 16-jährigen Berufsschülerin Sabrina. Sie war ein fröhliches Mädchen, das kein Blatt vor den Mund nahm und gerne ihre Meinung kundtat. Sie wusste, dass das nicht immer gut ankam, aber das störte sie nicht weiter. Es hat eine Weile gedauert bis sie mitbekam, dass es auf Facebook eine Gruppe gab, die »Sabrina, wir hassen dich!« hieß. Darunter stand: »Sei endlich still, sonst stopfen wir dir das Maul!«

Sabrina war nicht zartbesaitet, aber das war zu viel für sie. Wenn jemand sie in der Schule beleidigte, war sie um keine Antwort verlegen, aber jetzt wusste sie nicht, wie sie reagieren sollte. Die Gruppe auf Facebook hatte 36 Mitglieder. Dort war auch ein Foto von ihr zu sehen, auf dem sie nicht gerade vorteilhaft aussah. Irgendjemand musste es heimlich von ihr gemacht haben, denn sie kannte es nicht. Seit dem Tag, an dem Sabrina diese Gruppe entdeckt hatte, ging sie mit einem schlechten Gefühl in die Schule. Sie wurde ruhiger und ihr ehemals unerschütterliches Selbstbewusstsein litt gewaltig. Wenn Sabrina zu Hause war, sah sie immer wieder nach, ob es die Gruppe noch gab und ob jemand etwas dazugepostet hatte. Sie wusste, dass ihr das nicht guttat, aber sie konnte nicht anders. Nach vier Tagen suchte ihre Mutter das Gespräch mit ihr, weil ihr aufgefallen war, dass Sabrina sich verändert hatte. Sie fragte nach und erfuhr von der Hass-Gruppe. Zum Glück kannte sie jemanden, der wusste, was zu tun ist, und das Profil bei

Facebook meldete. Letztendlich dauerte es vier Wochen, bis das Profil gelöscht war. Vorher mussten sie mehrere Schreiben an Facebook verfassen. Erst als mit einem Anwalt gedroht wurde, tat sich etwas. Aber Sabrina war nach dieser Sache nicht mehr die Alte. Sie, die früher immer sorglos drauflosgequatscht hatte, zog sich jetzt häufig zurück und klagte manchmal, dass die Schule immer schwieriger werde und das Leben auch nicht mehr so schön wie früher sei.

Die Größe des Netzwerks macht Facebook unübersichtlich und auch gefährlich. Wenn man sich nicht sehr gut auskennt, kann selbst ein Erwachsener leicht den Überblick darüber verlieren, welche Informationen er an wen preisgegeben hat. Wie sollen da Jugendliche oder gar Kinder das überblicken können?

Neulich erzählte mir die Mutter einer 10-Jährigen: »Ich habe Lilli jetzt auch ein Facebook-Profil eingerichtet.«

»Aber darf man denn nicht erst ab 13 so ein Profil haben?«, fragte ich.

»Was sollte ich denn machen? Ihre Freundinnen haben alle so ein Profil. Sie konnte sich gar nicht mehr mit den anderen verabreden. Die machen das alles über Facebook. Lilli war völlig außen vor.«

Bekenntnisse wie diese erschüttern mich. Die Altersgrenze für Nutzer bei Facebook ist nicht ohne Grund auf 13 Jahre festgelegt. Wenn man ein jüngeres Alter angibt, schlägt die Anmeldung fehl. Allerdings kann man sich ohne Weiteres auch schon unter 13 anmelden, wenn man bei der Angabe des Geburtsjahres schummelt, sprich falsche Angaben macht. Eltern, die ihrem Kind schon mit zwölf oder früher ein Profil einrichten, geben also etwas Unwahres an. Zum einen sind sie damit kein gutes Vorbild für das Kind, das dadurch leicht den Eindruck bekommen kann, Lügen im Netz hätten keine Konsequenzen, zum anderen handeln sie damit absolut fahrlässig. Eine Polizistin, mit der ich ab und zu bei Fällen von Cybermobbing zusammenarbeite, sagte mir Folgendes: »Wer seinem Kind mit zehn Jahren ein Profil bei Facebook erstellt, könnte es auch gleich an den Füßen festhalten und von einer Autobahnbrücke baumeln lassen.« Dieser Satz macht deutlich, für wie gefährlich sie den unbedarften Umgang in diesem Portal hält. Nehmen wir an, die kleine Lilli sitzt mit ihren zehn Jahren stolz vor ihrem Profil und dann meldet sich der 14-jährige Julian und möchte mit ihr befreundet sein. Lilli kennt Julian überhaupt nicht, aber sie findet es nett, dass er sich mit ihr befreunden möchte, deshalb sagt sie Ja zu der Anfrage. Was Lilli nicht weiß ist, dass Julian in Wirklichkeit Frank heißt, 56 Jahre alt ist und auf kleine Mädchen steht. Sie vertraut völlig darauf, dass Julian der nette, blonde Junge auf dem Profilfoto ist, und gibt ihm großzügig Auskunft über ihr Leben. Wird Lilli erkennen, dass der nette Julian sie ausfragt? Wird sie ihm erzählen, wo sie zur Schule geht, wo sie sich nachmittags aufhält und wo sie wohnt? Die Wahrscheinlichkeit, dass Julian weit mehr Einblick in ihr Leben bekommt, als den Eltern, und vielleicht auch später mal Lilli, lieb ist, ist sehr hoch. Vielleicht wird Lilli ihm sogar Fotos von sich schicken? Vielleicht sogar Fotos, für die sie sich später sehr schämen würde, wenn ihre Freunde oder auch Fremde sie zu sehen bekämen? Denken Sie nur an das Schicksal der Kanadierin Amanda Todd. Auch sie hatte einer Internetbekanntschaft ein Oben-ohne-Foto von sich geschickt, ohne sich darüber im Klaren zu sein, was er damit anrichten könnte.

Und was, wenn die Mädchen aus Lillis Klasse, deretwegen sie unbedingt auf Facebook sein wollte, ihre Freundschaftsanfragen ablehnen? Was, wenn jemand ihr dort fiese Bemerkungen zu ihrem Foto schickt? Was, wenn Lilli selbst findet, dass das eine Mädchen aus ihrer Klasse ziemlich doof ist und das dort kundtut?

Ich verstehe, dass es schwierig sein kann, gegen den Strom zu schwimmen. Aber soll ich mein Kind diesen Gefahren aussetzen, nur weil alle anderen es gedankenlos tun? Was spricht dagegen, die Eltern der anderen Kinder anzurufen und mit ihnen die Problematik zu besprechen (am besten auch gleich mit den dazugehörigen Kindern)? Warum können 10-jährige Kinder sich nicht, wie früher, gegenseitig anrufen? Und wenn sie sich unbedingt in einem sozialen Netzwerk zusammentun müssen, muss es denn Facebook sein? Mir ist klar, dass es für die Altersgruppe zwischen 9 und 13 Jahren kein umfassendes soziales Netzwerk mehr gibt, seit SchülerVZ im April 2013 geschlossen wurde. Andere Schülernetzwerke, wie Schueler.cc haben es bisher nicht geschafft, diese Lücke zu füllen. Viele Schüler haben ihre Netzwerkaktivitäten seitdem auf Facebook verlegt. Netzwerke für Kinder wie Seitenstark und Knuddels langweilen viele Kinder ab einem gewissen Alter. Sie finden sie dann irgendwann uncool und zu babyhaft und orientieren sich lieber an den Älteren, die nun mal alle bei Facebook sind. Manche Schulen haben mittlerweile auch eine eigene Plattform, auf der sich Schüler austauschen können, aber dieses Angebot reicht vielen nicht aus. Trotzdem möchte ich dringend davon abraten, ein Kind unter 13 Jahren bei Facebook anzumelden, denn die Gefahren, die dort lauern, sind selbst für Erwachsene nicht zu überblicken. Diese Plattform ist einfach nicht kindertauglich.

Natürlich ist Facebook nicht dafür verantwortlich, dass Jugendliche sich immer aggressiver verhalten, aber es verfügt über Funktionen, die es sehr einfach machen, jemandem zu schaden, ohne selbst zur Verantwortung gezogen zu werden.

## Was wir gegen Cybermobbing tun können

Wenn ich früher zum Thema Cybermobbing kontaktiert wurde, waren die Betroffenen in der zehnten oder elften Klasse. Heute arbeite ich überwiegend mit Sieben- und Achtklässlern, oder auch mal mit Schülern aus der fünften oder sechsten Klasse. Und der Altersdurchschnitt bei diesem Thema sinkt weiter. 9- bis 10-Jährige bewegen sich heute im Internet oft viel sicherer als ihre Eltern. Die meisten verfügen in dem Alter bereits über ein Handy, einige sogar über ein Smartphone. Und auch beim Thema Mobben im Netz stehen sie den älteren Schülern kaum nach. Vor einigen Monaten rief mich tatsächlich eine Grundschule an, weil Eltern der Leitung dort einen Fall von Cybermobbing gemeldet hatten. Der Fall hatte sich in einer vierten Klasse ereignet. Ein paar Mädchen hatten ihren Mitschüler Sebastian in einem sozialen Netzwerk für Schüler (das es zu dem Zeitpunkt noch gab) massiv beleidigt. »Du bist so blöd, dass es schon wehtut«, stand da und »dumme Sau« oder »Ih! Der Sebastian hat mich heute berührt, das war voll eklig. Hoffentlich ist Hässlichkeit nicht ansteckend.« Jeden Tag kam etwas Neues dazu.

Heraus kam die Geschichte, weil Sebastians Eltern mitbekommen hatten, dass der Junge oft traurig wirkte und jeden Morgen über Bauchschmerzen und Übelkeit klagte. Sie hatten mehrfach gefragt, was denn los sei, und schließlich hatte er ihnen die Seite mit den Beleidigungen gezeigt.

Beim ersten Gespräch mit dem Schulleiter machte dieser ein Gesicht, als ob er das alles nicht glauben könnte. Wenn er »Cybermobbing« sagte, klang das, als würde er einen Begriff aus der fernen Zukunft verwenden, der mit der Welt, in der er lebte, definitiv nichts zu tun hatte. Da er jedoch auch gesehen hatte, was die Mädchen der vierten Klasse über ihren Mitschüler geschrieben hatten, konnte er sich dem nicht verschließen. Im Verlauf des Gesprächs wurde deutlich, dass sowohl der Schulleiter, als auch sein Kollegium mit der Aufarbeitung völlig überfordert waren, somit wurde ich als Externe auf massives Drängen der betroffenen Eltern dazugeholt.

Auch bei dem Thema Cybermobbing möchte ich zwischen Dingen unterscheiden, die präventiv getan werden können, damit gar nicht erst etwas passiert, und Dingen, die man in der Krisensituation tun kann, wenn akut etwas vorgefallen ist.

**Prävention gegen Cybermobbing**

Das, was präventiv gegen Cybermobbing getan werden kann, lässt sich leicht auf einen Nenner bringen: mehr Information! Und zwar für Kinder und Jugendliche ebenso wie für Eltern und Lehrer. Wenn sich alle besser auskennen würden, könnte viel Leid verhindert werden.

Für Eltern ist es nach meiner Auffassung Pflicht, sich über die Möglichkeiten und Gefahren im Internet zu informieren, und zwar so umfassend wie möglich. Das wird sich zwar anfühlen wie Hausaufgaben, aber es lohnt sich. Sie werden die Welt Ihrer Kinder auf diese Weise besser verstehen. Empfehlenswert sind hier die Informationen der Polizei zu dem Thema. Wenden Sie sich einfach an eine Wache in Ihrer Nähe und fragen Sie nach dem Bereich *Prävention*. Manchmal ist auch die Schule ein guter Ansprechpartner und bietet gezielt Elternabende zum Thema Netzsicherheit und Cybermobbing an. Informationen, zum Beispiel wie man ein Facebook-Profil anlegt, ohne zu viel private Daten preiszugeben, bietet die Seite www.klicksafe.de. Ihr Kind braucht dringend Ihre Anleitung und Unterstützung, wenn es lernt, sich im

Netz zu bewegen und dort zu kommunizieren. Wenn Sie einem 5-Jährigen zum ersten Mal ein Messer zum Obstschneiden in die Hand geben, geben Sie ihm ja auch Tipps und weisen darauf hin, dass man sich damit schneiden kann.

Ganz wichtig ist auch der Austausch der Eltern untereinander. Das geht natürlich von Angesicht zu Angesicht oder am Telefon, aber auch im Internet auf Foren wie www.urbia.de oder www.eltern.de, dem Forum der Zeitschrift *Eltern*.

Eine Möglichkeit für Eltern, die Kontrolle über die Internetaktivitäten ihrer Kinder zu bewahren, sind Kindersicherungen. Da gibt es zum Beispiel *Family Safety* von Microsoft, damit können Sie dem Nutzungskonto Ihres Kindes Beschränkungen auferlegen, wie zum Beispiel, welche Seiten es besuchen darf und welche nicht. Außerdem können Sie festlegen, wann und wie lange Ihr Kind surfen darf. Wenn das Kind einen eigenen Rechner hat, können Sie bei einigen dieser Programme sogar über das Internet die Parameter ändern, ohne auf den Computer Ihres Kindes zugreifen zu müssen. Eine wichtige Funktion finde ich den Report, den man sich einmal in der Woche per E-Mail schicken lassen kann. Darin wird aufgelistet, wann, wie lange und wo das Kind im Internet unterwegs war. Außerdem werden Seiten, die als jugendgefährdend eingestuft werden, dort markiert.

Kontrollen wie diese ersetzen selbstverständlich nicht die Kommunikation über den Internetkonsum Ihres Kindes. Die lieben Kleinen diskutieren längst, wie man Kindersicherungen knacken kann. Wer bei Google »Kindersicherung PC« eingibt, dem wird schon automatisch »Kindersicherung PC entfernen« angeboten. Auf YouTube existieren Filme, in denen Kinder anderen Kindern zeigen, wie man eine solche Kindersicherung umgeht.

Lassen Sie sich deshalb von Ihrem Kind erklären, welche Seiten es gerne besucht und was es dort macht, besonders Grundschulkinder finden es toll, Lehrer zu spielen. Treffen Sie außerdem klare Absprachen. Erzählen Sie Ihrem Kind unbedingt, wenn Sie vorhaben, es durch eine Kindersicherung zu überprüfen. Es wird Ihrem Verhältnis zueinander nicht guttun, wenn Sie das verheimlichen. Wenn Sie den wöchentlichen Report beziehen, dann sollten Sie diesen Ihrem Kind zeigen, damit es auch selbst nachvollziehen kann, wie es sich im Netz verhält.

Grundsätzlich gilt: Do, what your kids do. Wenn das Kind also bei Facebook ist, sollten Sie auch ein Profil dort haben. Es ist ratsam, mit dem Kind »befreundet« zu sein, um die Aktivität ihres Sprösslings dort zu begleiten. Doch auch dies ersetzt nicht das Vertrauen und die Kommunikation mit Ihrem Kind. Wenn das Kind es nicht möchte, werden Sie als Freund bei Facebook auch nicht mehr über es erfahren, als es selbst preisgeben möchte. Machen Sie Ihrem Kind in jedem Fall klar, dass man Freundschaftsanfragen von Fremden lieber ablehnen sollte, zumindest sollte man überprüfen, wie vertrauenswürdig der fremde Nutzer ist. Auf der Seite jappytricks.de findet man zum Beispiel eine Anleitung dafür, wie man Fake-Profile erkennt.

Wichtig ist, mit dem Kind im Gespräch zu sein, ihm unmissverständlich klarzumachen, was Sie nicht möchten und was es darf. Sprechen Sie mit Ihrem Kind ab, wie lange es höchstens im Internet sein darf und auf welche Seiten es geht. Loben Sie Ihr Kind, wenn Sie sehen, dass es sich an die Absprache hält und dulden Sie gravierende Verstöße auf keinen Fall. Ihr Kind muss sich verantworten, wenn es gegen die Abmachung verstößt. Wenn ein Kind zum Beispiel 15 Minuten länger als verabredet surft, werden diese am nächsten Tag abgezogen. Eine Eieruhr kann helfen, denn Regeln machen nur Sinn, wenn diese auch überprüft werden. Wer hier allein auf Selbstkontrolle und gesunden Menschenverstand setzt, weiß nichts vom Suchtcharakter der Medien.

Wenn die Kinder in der Schule noch nicht ausreichend über die Medien und ihre Gefahren informiert werden, dann nehmen Sie das nicht einfach hin, sondern fordern Sie es ein. Sie werden sicher auch auf die Unterstützung anderer Eltern zählen können.

Auch wenn sich die Taten virtuell abspielen, sind Schulen immer noch der zentrale Tatort. Hier nimmt Cybermobbing unter Kindern und Jugendlichen oft seinen Anfang. Hier werden Filme gedreht und Fotos geschossen. Und man kann davon ausgehen, dass das Mobbing in den meisten Fällen im Internet nur weitergeführt wird, wie im Fall von Moritz. Die Klasse und der Schulhof sind nach wie vor die Hauptschauplätze. Das Phänomen sollte spätestens ab der fünften Klasse im Unterricht besprochen werden und es sollte deutlich gemacht werden, dass mobben im Netz ebenso wenig geduldet wird, wie mobben auf dem Schulhof oder in der Klasse. Die Schüler müssen lernen, dass im Netz die gleichen sozialen Regeln gelten, wie im »echten« Leben, Moral und Höflichkeit sind Dinge, die man nicht einfach ablegen kann, nur weil man sich beim Kommunizieren nicht gegenübersteht. In einer Projektwoche, einer AG oder in einer Einheit im Rahmen des EDV-Unterrichts könnte den Kindern erklärt werden, wann es wichtig und richtig ist, seinen ganzen Namen anzugeben und wann es sicherer ist, eine Abkürzung oder einen Nickname zu wählen. Sie sollten erfahren, wie man ein Profil in einem sozialen Netzwerk erstellt, ohne dabei zu viele private Daten preiszugeben, vielleicht am Beispiel von Facebook, denn früher oder später werden sie ganz sicher damit konfrontiert. Dazu sollte natürlich deutlich formuliert werden, dass man Facebook erst ab dem Alter von 13 Jahren verwenden darf und warum dem so ist. Denn: Wer bei der Altersangabe schummelt, verstößt von Anfang an gegen die Regeln von Facebook und könnte (das behält sich Facebook zumindest vor) ausgeschlossen werden.

Die Kinder müssen auch erfahren, dass es strafbar ist, Bilder und Videos ins Netz zu stellen, ohne dass die Abgebildeten eingewilligt haben.

Zum Verhalten im Internet sollte es klare, unmissverständliche Regeln mit dazugehörigen Konsequenzen geben. Dabei gilt: weniger ist mehr.

Lehrer sollten sich eingestehen, wenn sie fachlich an ihre Grenzen kommen und sich an Fachleute wenden, zum Beispiel an die Polizei. Überhaupt bietet die Polizei sehr gute Möglichkeiten der Zusammenarbeit an, zum Beispiel Infostunden mit einem Beamten pro Schuljahr ab der fünften Klasse, in der Schüler darüber aufgeklärt werden, dass es bei Mobbing und Cybermobbing Straftatbestände gibt. Internetseiten wie www.klicksafe.de oder das Bundesministerium für Familie, Senioren, Frauen und Jugend[4] bieten neben Informationen auch Unterrichtsmaterialien zu dem Thema.

Aber ich sehe auch die Betreiber der Foren und Netzwerke in der Pflicht. Auf Facebook kann man unter »Erklärung der Rechte und Pflichten« erfahren, wie man sich als Nutzer verhalten muss. Dort findet man zum Beispiel unter dem Punkt »Registrierung und Sicherheit der Konten« die bereits erwähnte Regel: »Du wirst Facebook nicht verwenden, wenn du unter 13 Jahre alt bist.« Doch es gibt keine Kontrollinstanz, die prüft oder zumindest nachfragt, ob die Angaben zum Alter tatsächlich richtig sind. Insofern ist diese Regel ebenso unnütz wie diese, die übrigens direkt darunter angegeben ist: »Du wirst Facebook nicht verwenden, wenn du ein registrierter Sexualstraftäter bist.«

Abgesehen davon, dass die Formulierung nahelegt, unregistrierte Sexualstraftäter seien ausdrücklich nicht angesprochen, kann ich mir kaum vorstellen, dass ein Sexualstraftäter sich diese Regel gewissenhaft durchliest und beherzigt.

Es ist sicher gar nicht möglich, alle Angaben der Nutzer auf ihren Wahrheitsgehalt zu überprüfen, aber wie wäre es mit einem kleinen Hinweis bei der Registrierung, in dem noch einmal daran erinnert wird, dass Nutzer mindestens 13 Jahre alt sein sollten, weil jüngere Kinder die vielfältigen Funktionen bei Facebook noch nicht überblicken können. Regelmäßige Hinweise auf mögliche Gefahren für Kinder wären sicher auch hilfreich. So bekäme man zumindest den Eindruck, dass das Netzwerk die eigenen Regeln auch ernst nimmt. Effizienter und sicherer wäre ein Identifizierungsnachweis, wie man ihn braucht, wenn man online ein Konto eröffnen möchte, vielleicht mit der Kopie des Personalausweises. Aber das hätte zur Folge, dass sich viel weniger Menschen »mal eben« anmelden würden, weil ein gewisser Aufwand betrieben werden müsste – und das wiederum ist sicher nicht im Interesse von Facebook.

Auch die Betreiber von Onlinemagazinen und Videoportalen, die eine Kommentarplattform anbieten, sollten darauf achten, dass Beiträge sachlich und respektvoll bleiben. Hier gibt es regelmäßig verletzende, ja sogar bedrohliche Kommentare. Unter einem Video auf YouTube, in dem die Schauspielerin Katja Riemann von NDR-Moderator Hinnerk Baumgarten interviewt wird, wurde beispielsweise derart bösartig kommentiert, dass man Angst um die Schauspielerin bekommen konnte. Immerhin sind die Kommentare unter diesem Video jetzt nicht mehr sichtbar. Sichtbar ist jedoch sehr wohl die Diskussion unter einem anderen Video, das das fragliche Interview in Ausschnitten zeigt. Hier wird seit Frühjahr 2013 bis heute nach Herzenslust auf unterstem Niveau abgelästert. Ich frage mich, was die Betreiber davon abhält, auch hier zumindest die verletzensten Kommentare zu löschen. Ähnlich empfinde ich, wenn ich auf Facebook-Gruppen wie »Sabrina, wir hassen dich« stoße.

Die Betreiber der Netzwerke reagieren oft viel zu langsam, wenn beleidigende Inhalte gemeldet werden. Wenn das Löschen mehrere Tage oder gar Wochen dauert, ist dies eindeutig zu lang. Für jemanden, der gerade öffentlich zur Schau gestellt wird, ist das unerträglich. In dieser Zeit hat der Großteil aller Kontakte das Profil oder die Beleidigung bereits gesehen. Ein sinnvoller Schutz sieht anders aus.

Soziale Netzwerke, Foren und Chats müssen von den Betreibern gepflegt werden, alles andere ist fahrlässig. Beiträge und Profile sollten aufmerksam angesehen werden. Wer so etwas wie Regeln oder eine Nettiquette aufstellt, muss auch dafür sorgen, dass diese eingehalten wird. Nur so bleiben die Anbieter glaubwürdig und professionell. Die Betreiber selbst sagen, es gäbe nicht ausreichend Personal, um dem gerecht zu werden. Der Besitzer von Facebook gehört zu den reichsten Menschen der Welt, dann soll er verpflichtet werden, dieses Personal einzustellen.

### Schnelle Hilfe für Cybermobbing-Opfer

Wenn es schon zu virtuellen Übergriffen gekommen ist, sollte alles versucht werden, um dem Opfer so schnell wie möglich zu helfen. Zeitraubende Gedanken darüber, wie das denn passieren konnte, sollte man sich hinterher machen.

Wenn Eltern erfahren, dass ihr Kind Opfer von Cybermobbing ist oder gar Täter, dann hilft auch die beste Prävention nicht mehr. In dem Fall sollten Sie unbedingt den Betreiber der Seite informieren, damit Inhalte gelöscht werden – auch wenn damit nicht sichergestellt ist, dass sie wirklich weg sind. Inzwischen gibt es auch extra Dienstleister, die dafür sorgen, dass Bilder, Filme, Beschimpfungen oder verleumdende Texte aus dem Netz verschwinden oder zumindest gut versteckt werden, zum Beispiel www.dein-guter-ruf.de. Dieses Angebot ist selbstverständlich mit gewissen Kosten verbunden.

Wenden Sie sich auch an die Schule Ihres Kindes, denn wie bereits erwähnt wurde, gehen Mobbing in der Schule und Cybermobbing meist Hand in Hand. Suchen Sie im Klassenlehrer Ihres Kindes einen Verbündeten. Gemeinsam haben Sie weitaus mehr Möglichkeiten, Ihrem Kind zu helfen.

Protokollieren Sie genau, auf welche Weise Ihr Kind gemobbt wurde, und sprechen Sie gegebenenfalls mit der Polizei. Dort wird man Sie darüber aufklären, ob tatsächlich ein Straftatbestand vorliegt oder nicht. Schrecken Sie nicht vor einer Anzeige zurück, denn das hat eine große Signalwirkung für die Täter und macht deutlich, dass dieses Verhalten nicht geduldet wird.

Wenn Sie die Täter kennen, sehen Sie lieber davon ab, diese oder deren Eltern direkt anzusprechen. Einfacher wird es für Sie beide, wenn die Schulleitung es übernimmt, mit dem Täter und dessen Eltern zu sprechen.

Die meisten Schüler, die Opfer werden, wünschen sich laut Cybermobbing-Studie in dieser Situation Unterstützung von ihren Eltern, Freunden und Lehrern. Und genau bei denen sollten sie auch Hilfe finden. Auch Vertrauenslehrer oder Schulsozialarbeiter sind in der Regel gute

Ansprechpartner und wissen oftmals, an welchen Stellen es Unterstützung für diese Problematik vor Ort gibt. Wenn jemand in dieser Funktion, aus welchen Gründen auch immer, nicht da oder nicht ansprechbar ist, können Opfer auch anonym Hilfe im Internet suchen zum Beispiel bei www.juuuport.de, wo Jugendliche sich von speziell dafür ausgebildeten Scouts im gleichen Alter zum Thema Cybermobbing beraten lassen können. Ansprechpartner in Krisen finden Jugendliche auch unter der »Nummer gegen Kummer«: 0800-111 03 33 oder 11 61 11. Dort können Betroffene von überall in Deutschland kostenlos anrufen. Sprechzeiten sind montags bis samstags von 14:00 bis 20:00 Uhr.

Lehrer, die mitbekommen, dass ein Schüler Opfer von Cybermobbing ist, sind wie gesagt zur Hilfe verpflichtet. Sie sollten dem mobbenden Schüler Einhalt gebieten, dem Opfer Hilfe anbieten und im Zweifelsfall immer noch einen Experten dazuholen, der mit den Schülern an ihrem Sozialverhalten arbeitet. Die Schulleitung und die Eltern müssen unbedingt informiert und miteinbezogen werden.

Wie das letzte Kapitel gezeigt hat, werden auch Lehrer von den Schülern gemobbt. In diesen Fällen empfehle ich den betroffenen Pädagogen das Gleiche, wie den Schülern und ihren Eltern, nämlich: den Betreiber der Internetseite aufzufordern, den diskriminierenden Inhalt umgehend zu löschen, sich an die Schulleitung zu wenden, um den Fall offenzulegen, und gegebenenfalls Anzeige zu erstatten. Auch hier kann eine Dienstleistung wie www.dein-guter-ruf.de eine schnelle Hilfe bringen, wenn der Leidensdruck groß ist.

Cybermobbing ist besonders niederträchtig und kann einen Menschen massiv beschädigen, gleichzeitig ist die

Hemmschwelle für die Täter besonders niedrig, weil es anonym bleiben kann. Deshalb muss jeder dazu beitragen, dass soziales Miteinander im Netz respektvoll und achtsam bleibt, sonst wird uns der Respekt irgendwann abhandenkommen, und zwar im echten Leben.

# Amok als letzter Ausweg – School Shootings

*Und morgen seid ihr alle tot!*
Unbekannter Verfasser, Schmiererei auf der
Schultoilette eines Gymnasiums

In dem Kinofilm *Dogville* von Lars von Trier findet eine junge Frau mit dem Namen Grace in einem kleinen Dorf Zuflucht vor Gangstern, die sie verfolgen. Als Gegenleistung bietet sie an, den Dorfbewohnern bei der Arbeit zu helfen. Zunächst wird Grace' Hilfe dankbar angenommen, doch mit der Zeit kippt die Stimmung. Die Dorfbewohner haben zunehmend das Gefühl, selbst ein sehr großes Risiko einzugehen, indem sie Grace Unterschlupf bieten, und sie nehmen dies als Rechtfertigung dafür, ihre Macht über die junge Frau zu missbrauchen. Sie muss immer mehr arbeiten, wird erniedrigt und schließlich sexuell missbraucht und misshandelt. Die Dorfbewohner haben dabei selbst nicht das Gefühl, etwas Schlechtes zu tun, sondern sind nach wie vor davon überzeugt, dass sie Grace helfen. In dem Film wird eindrücklich geschildert, wie eine ganze Gruppe sich aggressiv gegenüber einer einzelnen Person verhält, ohne sich moralisch im Unrecht zu fühlen. Wie die meisten Mobbing-Opfer fügt sich Grace in ihre Opferrolle und übernimmt die Logik der Täter, indem sie die Schuld für das aggressive Verhalten der Täter bei sich sucht. Am Ende wollen die Dorfbewohner Grace schließlich doch ihren Verfolgern ausliefern. Es stellt sich aber heraus, dass der Gangsterboss, vor dem Grace flieht, ihr Vater ist. Grace hatte sich vor ihm versteckt, weil sie nichts mehr mit seinen Machenschaften zu tun haben wollte. Der Vater begreift schnell, was die Menschen im Dorf Grace angetan haben und er bietet Grace an, sie zu rächen. Nach einigem Zögern gibt sie den Befehl, alle zu erschießen und das Dorf niederzubrennen. Sie sagt sich, dass die Welt ein besserer Ort ist, wenn das kleine Dorf namens Dogville nicht mehr existiert.

Grace hat sehr viel erduldet und lange versucht, die Handlungen der Dorfbewohner zu rechtfertigen. Doch als sie die Chance bekommt, rächt sie sich grausam und ohne Gnade. Am Ende sind alle Peiniger tot.

Dieses martialische Töten aus Rache für lange ertragene Demütigung und Misshandlung gibt es nicht nur im Film, sondern leider auch im echten Leben – auch an Schulen. Seit Beginn dieses Jahrtausends gab es einige sehr opferreiche Fälle. Die Bilder aus Erfurt, Emsdetten und Winnenden sind den meisten noch sehr präsent: weinende Schüler, Eltern und Lehrer vor dem abgesperrten Schulgebäude, ein Einschussloch in Nahaufnahme, der Hilferuf auf Papier an ein Fenster gedrückt und fassungslose Polizeibeamte in der Einsatzkluft des SEK. Dass ein 17-Jähriger 15 Menschen innerhalb kurzer Zeit erschossen haben soll, wie 2009 bei dem Vorfall in Winnenden, will keinem so richtig in den Kopf. In den Medien wird darüber spekuliert, warum der Täter das getan haben könnte. Immer wieder wird sein Bild gezeigt, meist mit Nennung seines vollen Namens. Ratlos blickt man dann in ein harmlos aussehendes Jungengesicht, das so gar nicht zu der Information passen möchte, dass dieser Junge ein Massaker angerichtet hat.

Als »School Shooting« bezeichnet die Forschung das

Phänomen des Amok laufenden Schülers. Die Psychologen Herbert Scheithauer und Rebecca Bondü definieren diesen Begriff in ihrem Buch *Amoklauf und School Shooting* als »gezielte Angriffe eines (ehemaligen) Schülers an seiner bewusst als Tatort ausgewählten Schule mit potenziell tödlichen Waffen und Tötungsabsicht. Die Tat ist durch individuell konstruierte Motive im Zusammenhang mit dem Schulkontext bedingt und richtet sich gegen mit der Schule assoziierte, zumindest teilweise zuvor ausgewählte Personen oder Personengruppen.«[1]

Zusammengefasst sind die Merkmale für ein School Shooting:
- Das Motiv hängt mit der Schule zusammen.
- Als Tatort ist bewusst die Schule oder ehemalige Schule des Täters gewählt.
- Die Tat richtet sich gegen teilweise vorher ausgewählte Personen aus dem schulischen Umfeld.
- Der Täter verwendet potenziell tödliche Waffen und hat die Absicht zu töten.

Der Begriff School Shooting kann in die Irre führen, weil nach dieser Definition auch Taten darunterfallen, die mit einem Messer oder anderen potenziell tödlichen Waffen ausgeführt werden. Einen deutschen Begriff gibt es für diese Tat nicht, von »Amoklauf an einer Schule« möchten Scheithauer und Bondü nicht sprechen, denn ein School Shooting ist eine sehr spezielle Form des Amoklaufs. Während der »klassische« Amoklauf weder an einen bestimmten Ort noch an ein bestimmtes Motiv gekoppelt ist, ist beim School Shooting der Bezug zur Schule spezifisch.

Beim School Shooting muss es sich nicht um einen einzelnen Täter handeln. Eine der bekanntesten Taten wurde von zwei Schülern ausgeführt. Am 20. April 1999 erschossen Eric Harris und Dylan Klebold an der Columbine Highschool in den USA zwölf Schüler und einen Lehrer, bevor sie sich selbst töteten. 24 weitere Menschen wurden verletzt. Die 17 und 18 Jahre alten Schüler hatten die Tat von langer Hand geplant. Aus Videoaufzeichnungen und Tagebüchern der beiden geht hervor, dass sie sich monatelang damit beschäftigt hatten, Waffen zu besorgen, Bomben zu bauen und einen Plan für den Ablauf auszutüfteln. Man geht davon aus, dass Harris und Klebold, ebenso wie die fiktive Figur Grace im Film, aus Rache gehandelt haben. Ehemalige Mitschüler bestätigten, dass die beiden wiederholt gedemütigt und ausgegrenzt wurden. Ralph W. Larkin zitiert in seinem Buch *Comprehending Columbine* einen Mitschüler, der berichtet, dass Klebold und Harris einmal von ein paar Leuten umzingelt wurden, von denen sie mit Ketchup beschmiert und als »schwul« beschimpft wurden, weil sie immer zusammen rumhingen. Lehrer sollen dabei zugesehen haben und die Jungen mussten den Rest des Schultags so beschmiert verbringen.[2] Eric Harris lässt unter anderem diese Zeilen zurück: »Ihr hattet meine Nummer. Aber keiner wollte den hässlichen Eric anrufen.«

Dies sind zumindest Hinweise darauf, dass die beiden Jungen sich ausgegrenzt und gedemütigt gefühlt haben. Es liegt nahe, dass Mobbing eine Rolle gespielt hat. Scheithauer und Bondü erklären, dass Amok und School Shooting oft eine Reaktion auf eine stark empfundene Herabsetzung ist. Das Massaker muss den Tätern dann vorkommen, wie die letzte Möglichkeit, die abhandengekommene Ehre wiederherzustellen. Indem sie Menschen töten, zeigen sie Macht, demonstrieren Stärke und erfahren Aufmerksamkeit. Dass sie dabei selbst sterben können, wird zumindest billigend in Kauf genommen, häufig sogar bewusst so gewählt. In solchen Fällen ist das Massaker als eine Art erweiterter Selbstmord zu verstehen.

Forscher in England und Skandinavien haben bereits darauf hingewiesen, dass die School Shooter ungewöhnlich häufig Opfer von Mobbing waren. In Deutschland wird dieser Zusammenhang noch untersucht. Das bedeutet natürlich nicht, dass Mobbing die einzige Erklärung für das Phänomen School Shooting ist. Es gibt eine Reihe von Merkmalen, die als risikobehaftet gelten, aber Mobbing oder zumindest das Empfinden des Täters, missachtet und öffentlich gedemütigt zu werden, spielt bei sehr vielen Taten eine Rolle.

## Fälle in Deutschland

School Shooting ist ein junges Phänomen. Es wurde zwar bereits im Jahr 1871 ein Fall in Deutschland dokumentiert, bei dem ein Schüler in seiner Schule auf Mitschüler schoss, aber danach ist erst wieder 1999 eine derartige Tat registriert worden. Ein 15-jähriger Schüler erstach damals, übrigens wenige Monate nach dem Vorfall in Columbine, seine Lehrerin vor den Augen seiner Klassenkameraden. Danach folgten Fälle wie diese in gewisser Regelmäßigkeit. Zwischen 1999 und 2010 sind insgesamt zwölf Taten verzeichnet worden, wenn man die oben beschriebene Definition zugrunde legt. Die meisten gelangten jedoch nicht an die breite Öffentlichkeit. Bekannt wurden die Fälle, bei denen es besonders viele Opfer gab, wie der Vorfall in Erfurt 2002, bei dem ein 19-Jähriger an seiner ehemaligen Schule 17 Menschen einschließlich sich selbst tötete, oder in Winnenden, wo 16 Menschen (auch hier ist der Täter eingeschlossen) ihr Leben verloren, oder 2006 in Emsdetten, wo ein 18-Jähriger mit Schusswaffen und Rauchbomben über 30 Personen verletzte, bevor er sich selbst erschoss. Die Anzahl der Opfer der anderen Fälle von School Shootings war im Vergleich dazu deutlich geringer. Da ist zum Beispiel der 16-jährige Schüler aus Brannenburg, der im Jahr 2000 nach einem Schulverweis seinen Schulleiter erschoss. Sein Versuch, sich selbst zu töten, misslang. Oder der 18-jährige Schüler aus Ansbach, der 2009 Brandsätze in eine Schule warf und eine Schülerin mit einer Axt attackierte. Dabei wurden zehn Menschen verletzt. Wenn man sich also nach der Definition von Scheithauer und Bondü richtet, gibt es zwar etwas mehr School Shootings, als man gemeinhin annehmen mag, aber diese fordern in der Regel nicht so viele Opfer, wie die Fälle, die wir im Kopf haben, wenn wir an School Shooting denken. Interessant ist, dass die Täter fast immer männlich sind. In Deutschland ist nur ein einziger Fall vermerkt, in dem eine junge Frau die Täterin war. Im Jahr 2009 plante eine 16-jährige Schülerin einen Anschlag, sie verletzte eine Schülerin und floh dann, ohne weiteren Menschen Schaden zuzufügen.

Auch das soziale Milieu, aus dem die Täter kommen, gibt zu denken: Die meisten stammten aus intakten Mittelschichtsfamilien, soziale Benachteiligung war meist nicht zu erkennen, eher im Gegenteil. Die meisten Taten fanden je zur Hälfte an Gymnasien und Realschulen statt, je einen Fall gab es außerdem an einer Berufsschule und an einer Sonderschule.

Obwohl der Anstieg der Fälle seit 1999 drastisch ist (von einem in über hundert Jahren auf zwölf innerhalb von zwölf Jahren), ist die Wahrscheinlichkeit, in Deutschland in ein School Shooting hineinzugeraten, sehr niedrig. Durchschnittlich hat es zwischen 1999 und 2010 in Deutschland etwa einen Vorfall pro Jahr gegeben, der als School Shooting bezeichnet werden kann. Wobei die Fälle sich nicht gleichmäßig auf diesen Zeitraum verteilen. In den Jahren 2002 und 2009 kam es zu jeweils drei Taten, während in den anderen Jahren keine dokumentiert wurden. Zusammengerechnet kamen zwischen 1999 und 2010 insgesamt 31 Personen bei School Shootings ums Leben und etwa 67 wurden verletzt. Durchschnittlich sind das 1,5 Tote und 5,6 Verletzte im Jahr. Selbstverständlich ist jeder, der verletzt oder gar gewaltsam aus dem Leben gerissen wird, einer zu viel. Doch diese Zahlen zeigen zunächst einmal, dass die Gefahr, Opfer eines School Shootings zu werden, relativ gering ist. Deutlicher wird das, wenn man die Zahl ins Verhältnis zur Anzahl der Verkehrsunfälle setzt, die Todesopfer verursachen. Allein im Jahr 2012 starben in Deutschland 3600 Menschen bei Autounfällen (laut Statistischem Bundesamt ist der Wert im Vergleich zu den Jahren davor rekordhaft niedrig), verletzt wurden 384 312.[3] Es ist also um ein Tausendfaches wahrscheinlicher, im Straßenverkehr getötet oder verletzt zu werden, als bei einem School Shooting. Dennoch ist die Angst vor einem Amok laufenden Schüler viel ausgeprägter als die vor Verkehrsunfällen. Insbesondere nach einem School Shooting wie dem in Winnenden 2009, habe ich gehäuft mit Menschen zu tun, die sich davor fürchten, in die Schule zu gehen. Das liegt zum einen daran, dass die Gewalttat so unerklärlich erscheint. Man kann sich einfach nicht vorstellen, dass jemand in der Lage ist, Menschen, mit denen er Tag für Tag zu tun hat oder zu tun hatte, einfach zu erschießen oder zu erstechen. Zum anderen wird diese Angst aber auch durch die breite Medienberichterstattung angestachelt, ein Aspekt, auf den ich im Kapitel »Der Einfluss der Medien« noch ausführlicher zu sprechen kommen werde.

## Reale Bedrohung und Angst

Trotz der relativ geringen Wahrscheinlichkeit, dadurch umzukommen, halte ich School Shootings für ein ernst zu nehmendes Problem. Denn dass dieses Phänomen überhaupt seit einigen Jahren in einer gewissen Regelmäßigkeit auftaucht, zeigt, dass hier etwas fundamental nicht stimmt. Ich erfahre inzwischen immer öfter von Fällen, in denen ein School Shooting befürchtet oder gerade noch verhindert werden konnte.

Vor ein paar Jahren, als die Bilder der Tat in Winnenden noch frisch waren, rief mich beispielsweise ein Schulleiter an und bat mich, mit ihm und seinem Kollegium zu arbeiten. Zuvor hatte sich Folgendes ereignet:

Auf der Jungentoilette hatten Schüler eine an die Wand gekritzelte Nachricht entdeckt. Dort stand: »Ihr verdammten Schweine. Ihr werdet alle verrecken. Morgen komme ich und knall euch ab.« Darunter stand das aktuelle Datum. Unterschrieben hatte Tobias, ein Junge aus der zwölften Klasse. Es war Zufall, dass der Vertrauenslehrer davon erfuhr und den Schulleiter informierte. Das war gerade zur großen Pause. Der Schulleiter, nennen wir ihn mal Herr Paulsen, hatte Tobias bisher so gut wie gar nicht wahrgenommen. Erst als der Vertrauenslehrer ihm ein Bild des Jungen zeigte, erinnerte er sich vage daran, den Schüler mal in einer Vertretungsstunde unterrichtet zu haben. Jetzt geriet Herr Paulsen wegen dieses unauffälligen Jungen in akuten Handlungszwang. Er beschloss, Ruhe zu bewahren, soweit das irgendwie möglich war, und Tobias erst einmal zu suchen, um mit ihm zu reden. Der Schulpsychologe und die Lehrer, bei denen Tobias an diesem Tag Unterricht hatte, wurden verständigt. Laut Stundenplan hatte Tobias in der Stunde zuvor Deutsch gehabt, nach der Pause stand Erdkunde auf dem Plan. Aber weder der Deutschlehrer noch der Erdkundelehrer hatten Tobias an diesem Tag gesehen. Auch Schüler, die gezielt angesprochen worden waren, waren ihm noch nicht begegnet – jedenfalls nicht im Unterricht. Ein Mädchen aus der neunten Klasse wollte Tobias schon vor der ersten Stunde in der Pausenhalle gesehen haben. Herr Paulsen rief bei Tobias zu Hause an, aber niemand nahm ab.

Es beunruhigte ihn, dass Tobias nicht zu finden war. Entschuldigt war er auch nicht. Bisher hatte er gehofft, die Sache diskret erledigen zu können, nun beschloss er, alle Mitarbeiter der Schule zu informieren, obwohl er wusste, dass die Aussicht auf ein School Shooting sie sehr belasten würde. Die Schüler sollten aber erst einmal nichts erfahren, Herr Paulsen wollte eine Massenpanik verhindern und die Mitarbeiter waren schon unruhig genug. Außerdem rief Herr Paulsen bei der Polizei an, für alle Fälle. Der Beamte, mit dem er sprach, nahm die Sache sehr ernst und versprach, sofort einen Streifenwagen bei Tobias zu Hause vorbeizuschicken. Außerdem wurden einige Beamte in Zivil zur Schule geschickt. Herr Paulsen erzählte mir später, dass er sich sehr anstrengen musste, die Nerven zu bewahren. Mit jeder Minute, die verstrich, wurde der Schulleiter nervöser. Auch den Mitarbeitern merkte er die Anspannung an. Viele hatten sich inzwischen im Lehrerzimmer versammelt. Ein paar Mutige wurden in Zweiergruppen losgeschickt, um gezielt nach Tobias zu suchen. Eine Lehrerin, die Pausenaufsicht hatte, musste Herr Paulsen nach Hause schicken, weil sie Panik bekam und nur noch weinen konnte. Der Rest des Kollegiums hielt sich wacker. Der Schulleiter spürte, dass bald etwas geschehen musste. »Wir müssen die Schule evakuieren«, forderte einer der Lehrer. Der Gong zur nächsten Stunde beendete die Pause, da meldete der Sportlehrer, dass er sich nicht sicher sei, aber es könnte sein, dass er Tobias Sporttasche in der Cafeteria gefunden hätte.

Aufatmen und Schockstarre.

Ein Lehrer erinnerte sich daran, dass die School Shooter von Columbine Rohrbomben in Sporttaschen in der Cafeteria ihrer Schule deponiert hatten. Herr Paulsen herrschte ihn an, doch jetzt bitte den Mund zu halten. Die Unruhe im Lehrerzimmer muss greifbar gewesen sein. Als Herr Paulsen mir später davon erzählte, strich er immerzu mit den Handflächen über seine Hosenbeine, als wolle er sich nachträglich den Angstschweiß von den Händen wischen.

Er wusste nicht, was er tun sollte. Wenn er die Schule evakuieren ließ und sich das Ganze als Missverständnis oder Schülerscherz entpuppte, dann würden womöglich bald mehrere solcher Scherze folgen, andererseits wäre nicht auszudenken, wenn der Verdacht sich bestätigen würde und Tobias tatsächlich vorhatte, hier ein Massaker anzurichten. Inzwischen waren auch die Kriminalbeamten in der Schule angekommen. Sie ließen sich von Herrn Paulsen in die Cafeteria bringen, um sich die Tasche einmal näher anzusehen. Die Tasche, die mutmaßlich Tobias gehörte, stand unter einem der Tische. Sie war ziemlich groß und schwarz. Vorsichtig wurde sie von den Polizeibeamten geöffnet. Der Schulleiter stand ein paar Meter von ihnen entfernt, von dort konnte er an ihren Blicken sehen, dass etwas nicht in Ordnung war. Nach einer Weile zog einer der Beamten ein großes Messer aus der Tasche, kurz danach einen schwarzen Kapuzenpullover und schließlich zwei Schusswaffen und Munition. Der Pullover ließ sich schnell als Tobias gehörend identifizieren.

Ab diesem Moment übernahm die Polizei das Kommando, denn nun gab es konkrete Anhaltspunkte dafür, dass Tobias tatsächlich geplant hatte, Waffen innerhalb der Schule zu benutzen. Die Schmiererei an der Toilettenwand war plötzlich die Ankündigung einer schweren Tat. Die Polizisten forderten Unterstützungskräfte an. Außerdem fragten sie, ob es Lehrer oder Schüler gäbe, die zuletzt Ärger mit Tobias gehabt hätten. Keiner meldet sich. Nach gründlicher Beratung mit dem Einsatzstab der Polizei, kam man zu dem Entschluss, das Schulgebäude zu evakuieren, ohne den tatsächlichen Grund zu nennen.

Herr Paulsen machte also eine Durchsage: »Aufgrund eines Ernstfalls bitte ich alle Anwesenden, das Schulgebäude zu verlassen. Bitte geht jetzt auf direktem Weg nach Hause.«

Wenige Sekunden später waren die Gänge der Schule gefüllt vom aufgeregten Geschnatter der Jugendlichen, die die Schule verließen. Viele Lehrer gingen zögernd. Einige hatten offenbar Angst, Tobias auf dem Weg nach Hause zu begegnen. Es gab sogar welche, die überlegten, im Schulgebäude zu bleiben. Herr Paulsen sagte mir, dass er da gemerkt hat, welche Kollegen gute Nerven haben und welche der Situation von Anfang an nicht gewachsen waren.

Herr Paulsen blieb, um den Polizeibeamten bei der Suche nach Tobias zu helfen. Sie durchsuchten systematisch das ganze Schulgebäude und auch die Umgebung der Schule wurde abgesucht. Bei Tobias zu Hause war nach wie vor niemand.

Zwei Stunden dauerte es noch, bis die Polizei Tobias fand. Er saß in seinem Auto ein paar Straßen von der Schule entfernt, hörte laut Musik und rauchte. Als die Beamten ihn aufforderten, den Wagen zu verlassen, tat er das, ohne zu zögern. Er sagte seinen Namen und auch als sie ihn vorläufig festnahmen, wehrte er sich nicht. Herr Paulsen glaubt, dass Tobias froh darüber war entdeckt zu werden. So hatte er keine Wahl, er konnte die Tat nicht ausführen. In seinem Wagen wurde ein Gewehr sichergestellt.

Nachdem er mir davon erzählt hatte, blickte Herr Paulsen mich an und seufzte. »Für den Tag ist der Unterricht dann natürlich ausgefallen. Aber was sollten wir am nächsten Tag machen? Kann man erwarten, dass die Lehrer einen Tag nach solch einem Ereignis wieder zur Schule kommen und Unterricht machen? Und die Schüler? Denen mussten wir natürlich sagen, was passiert war. Tobias Namen haben wir verschwiegen, aber Sie glauben ja gar nicht, wie schnell das die Runde gemacht hat, dass er es war. Ich wurde sogar von der örtlichen Zeitung angerufen und zu dem Vorfall befragt. Wir konnten uns schließlich mit denen darauf einigen, dass sie nur eine kleine Notiz bringen.«

»Und haben Sie dann Unterricht gemacht am nächsten Tag?«, fragte ich nach.

»Natürlich! Wenn wir frei gemacht hätten, dann wäre das ja wie eine Einladung an alle Trittbrettfahrer. Die denken dann, sie müssten nur eine Nachricht in der Toilette hinterlassen und schon hätten sie schulfrei. Aber einigen Lehrern ist es sehr schwer gefallen, wieder herzukommen. Ein paar haben sich krankgemeldet. Ich kann ihnen das nicht verübeln, aber das Leben geht ja weiter. Und die Schule muss ja auch weitergehen.«

Herr Paulsen bat mich, mit ihm und seinem Kollegium zu dem Thema innere Sicherheit zu arbeiten. Denn er hatte ja gesehen, wie überfordert einige Kollegen mit der Situation gewesen waren. Sie taten sich teilweise auch sehr schwer, wieder in den Alltag zurückzufinden.

Eine Woche später stand ich mit einer Psychologin, mit der ich ab und zu zusammenarbeite, vor etwa 80 Lehrerinnen und Lehrern, zwei Sekretärinnen und zwei Schulsozialarbeitern. Sie erzählten uns, wie sie sich seit dem Vorfall mit Tobias fühlten. Einige hatten nackte Angst, wenn sie die Schule betraten, bekamen Schweißausbrüche und litten unter Schlaflosigkeit. Sie fragten sich jetzt ständig, wozu ihre Schüler fähig waren.

»Seit dem Tag habe ich Angst, meinen Schülern den Rücken zuzudrehen«, erzählte eine Lehrerin mit sehr müdem Gesicht.

»Ich habe meine Motivation verloren. Der Gedanke an die Arbeit ist jetzt immer mit Angst verbunden, dabei war ich vor der Sache mit Tobias echt gerne in der Schule«, berichtete ein anderer.

Eine Lehrerin sagte leise: »Ehrlich gesagt, mache ich mir Vorwürfe, dass ich gar nichts gemerkt habe. Dem Tobias muss es doch schlecht gegangen sein, wenn er auf solche Gedanken kommt. Gibt es nicht irgendwelche Anzeichen oder Hinweise darauf, dass ein Schüler sich da in Gewaltphantasien verrennt?«

Ich nickte. Ja, die gab es, wenn auch keine verlässlichen. Aber es lohnt sich immer, aufmerksam gegenüber den Schülern zu sein, und alle, auch die ruhigen, die unauffälligen, die nicht stören, in den Blick zu nehmen. Tobias war so ein Schüler. Wenn man die Lehrer nach ihm befragte, dann mussten die meisten zugeben, dass sie ihn kaum wahrgenommen haben. Durch Leistung war er nicht aufgefallen, seine Noten waren eher schlecht, dazu war er offenbar schüchtern, einer, der sich oft räuspern musste, wenn er sprach. Der Vertrauenslehrer wusste, dass Tobias sich mit Waffen auskannte, aber das taten auch andere Leute in dem Alter.

Wir machten den Menschen, die vor uns saßen, klar, dass sie sich genau richtig verhalten hatten. Indem sie die Ankündigung auf der Jungentoilette ernst genommen hatten, hatten sie gezeigt, dass sie aufmerksam waren.

Sie hatten das nicht als Schülerstreich abgetan, sondern gleich versucht, alles zum Schutz der Schüler zu unternehmen. Auf diese Weise hatten sie verhindert, dass etwas sehr Schlimmes passiert ist.

School Shooter rasten nicht einfach von der einen zur nächsten Minute aus. Der Entschluss zur Tat ist ein Resultat einer längeren Entwicklung und dann tritt erst einmal eine Planungsphase ein. Dabei gehen manche Täter sehr sorgfältig vor. Wie bereits beschrieben, zog sich diese im Fall der Täter von Columbine über Monate hin. Sie organisierten Waffen, übten damit umzugehen, legen das Datum und das Vorgehen fest. Einige Täter überlegen sich vor der Tat sogar genau, wen sie umbringen wollen.

## Leaking – erste Anzeichen

Es hat sich gezeigt, dass die meisten School Shooter ihre Tat nicht völlig im Geheimen planen, sondern immer mal wieder andeuten, dass sie etwas in der Art vorhaben. Forscher, die sich mit School Shootings und Amokläufen beschäftigen, haben den Begriff »Leaking« für dieses Durchsickernlassen eingeführt. Das kann eine ganz konkrete Ankündigung sein, wie in Tobias' Fall auf der Schultoilette, es können aber auch vage Andeutungen in einem Gespräch, einem Brief, einer E-Mail, auf dem Facebook-Profil usw. sein. Aussagen wie: »Am liebsten würde ich alle abknallen« oder »Da sollte man 'ne Bombe reinschmeißen!« oder »Die werden schon sehen, was sie davon haben... die Rache ist mein!«, gilt es also ernst zu nehmen.

Die Kriminologin Britta Bannenberg hat folgende Übereinstimmungen in den Biografien der Täter gefunden: Die meisten kamen aus Elternhäusern, in denen so gut wie gar nicht über Gefühle gesprochen wurde, sie hatten gewaltverherrlichende Computerspiele gespielt, ihnen fehlte es an Anerkennung, sie zeigten eine Leidenschaft für Waffen, äußerten Suizid- und Gewaltgedanken, ließen Anzeichen einer Persönlichkeitsstörung erkennen und hatten eine Vorliebe für die Farbe Schwarz.[4] Dabei sind es nicht die einzelnen Punkte, die einen Schüler zum potenziellen Amokläufer machen, aber wenn ein Mensch, bei dem viele dieser Punkte zusammenkommen, durchblicken lässt, dass er bestimmte Gewaltphantasien hat, sollte man genauer hinsehen.

Auch die Täter von Columbine ließen vor ihrer Tat durchsickern, dass sie einen größer angelegten Rachefeldzug planten. Eric Harris zum Beispiel betrieb eine eigene Website. Seine Beiträge darauf müssen bereits von einem großen Hass auf die verschiedensten Menschen gezeugt haben. Einmal soll er sogar gedroht haben, einen Mitschüler umzubringen. Der Vorfall wurde der Polizei gemeldet, doch diese ging dem nicht weiter nach.

Von indirektem Leaking spricht man, wenn das Auftreten und Verhalten des Schülers auffällig ist oder wird. Wenn ein Schüler zum Beispiel sehr gut über den Ablauf und die Hintergründe von School Shootings Bescheid weiß, wenn er sich mit Waffen auskennt, wenn ihn Gewaltdarstellungen faszinieren, er als gefährlicher Krieger wahrgenommen werden möchte und/oder von Selbstmord spricht, dann sollte man hellhörig werden. Allerdings auch nicht panisch, denn es gibt viele Jugendliche, die sich zum Beispiel für Waffen interessieren, ohne dass sie jemals jemandem etwas zuleide tun. Auch besteht die Gefahr, dass ein Schüler stigmatisiert wird, wenn er vorschnell und offen verdächtigt wird, ein School Shooting zu planen. Ich meine aber, dass man diesen Jugendlichen besondere Aufmerksamkeit schenken sollte, um herauszufinden, ob bei ihm alles in Ordnung ist.

Leaking kann von den Jugendlichen ganz bewusst eingesetzt werden, als Demonstration von Macht, um einfach mal auszuprobieren, wie es sich anfühlt, wenn die anderen Angst vor einem haben. Das darf natürlich auf keinen Fall geduldet werden. In aller Deutlichkeit muss man dann klarmachen, dass derartiges Verhalten ein absolutes No-Go ist. Mit Strafen allein ist es natürlich nicht getan, denn ein potenzieller Täter, der sich ungerecht behandelt fühlt, wird dadurch in seiner Opferwahrnehmung bestärkt und eher bereit sein, seine Gewaltphantasien in die Tat umzusetzen. Daher gilt es an dieser Stelle nach den Ursachen zu suchen. Wofür stehen die Phantasien des Schülers? Welche Rolle hat er in der Klasse? Welchen Stand in der Schule? Wie sieht sein privates Umfeld aus? Wie die familiäre Situation? Welche Gedanken prägen sein Verhalten? Womit beschäftigt er sich außerhalb der Schule? Dies ist nicht von den Lehrern allein zu bewerkstelligen, sondern muss von einem Fachmann, zum Beispiel einem Psychologen, begleitet werden.

Bei Leaking kann es sich aber auch um einen versteckten Hilferuf handeln. Im Fall von Tobias könnte es durchaus so gewesen sein. Ganz sicher war es so im Fall von Jonas.

Jonas' Schulleiter rief mich an, weil er nicht wusste, wie er mit dem vorgefallenen Ereignis umgehen sollte. Eine Lehrerin hatte an Jonas' Platz in der Klasse ein von ihm bemaltes Blatt Papier gefunden. Der Schüler hatte eine Art Comic gezeichnet. Darin war Jonas dargestellt, wie er seinem Schulleiter in den Kopf schießt. Die Hände des Schulleiters, Herrn Brauser, zitterten etwas, als er mir das Papier mit der Zeichnung in die Hand drückte. Ich spürte, dass er aufgewühlt und wütend war. Insgesamt drei Bilder waren darauf zu sehen. Auf dem ersten befiehlt der Comic-Jonas dem Comic-Schulleiter, sich hinzuknien, dann lässt er den Comic-Schulleiter um Gnade flehen, das letzte Bild zeigt, wie der Schuss losgeht und die Kugel in den Kopf des Pädagogen eindringt. »Spläsch!« steht daneben.

Herr Brauser war verstört und ratlos. Das hier ging ihm deutlich zu weit. Er sagte mir, dass das nicht das erste Mal sei, dass der Junge negativ auffiel. Er habe ihm erst letzte Woche einen Verweis erteilt und jetzt das. Am liebsten hätte er Jonas wohl von der Schule geschmissen, aber er wollte auch sichergehen, dass von dem Jungen keine Gefahr ausging, deshalb sollte ich mit ihm reden.

Im Gespräch mit mir reagierte Jonas erst verhalten, aber nach und nach wurde deutlich, dass auch er richtig sauer war. Seine Stimme bebte geradezu vor Wut, als er mit mir über seinen Direktor sprach. »Der hat mich auf dem Kieker! Seit ich hier auf der Schule bin, krieg ich's ständig ab. Der hat mir einen Verweis erteilt. Bei der nächsten kleinen Sache fliege ich von der Schule, hat der gesagt. Aber dann kann ich den Abschluss vergessen.« Jonas stand kurz vor dem Ende der zehnten Klasse und hatte Angst, dass er mit seinem Notendurchschnitt nicht die Zulassung für die gymnasiale Oberstufe bekommt. Seine Eltern machten Druck und er gab sich ja schon Mühe, aber es klappte nicht immer so. Ich konnte den Stress, unter dem Jonas stand, förmlich spüren. Jonas hatte keine Waffen und er hatte auch nicht vor, sich welche zu besorgen. Er war einfach sehr verzweifelt und voller Wut gegen Herrn Brauser, dem er sich hilflos ausgeliefert fühlte. Die Zeichnung hatte er absichtlich liegen gelassen, sagte er mir. Er wollte »den Brauser mal zum Nachdenken bringen«. Jonas hatte Glück, dass Herr Brauser mich angerufen hat, anstatt ihn der Schule zu verweisen.

Im Laufe meiner Arbeit mit Jonas stellte ich fest, dass die Schule, der Abschluss der zehnten Klasse und die

Noten sein Denken vollkommen bestimmten. Als ich ihn fragte, wann er so etwas wie einen Glücksmoment verspürte, sah er mich ratlos an. Ich bekam heraus, dass auch seine Mitschüler völlig auf den nahen Abschluss fixiert waren. Gut zu sein genügte ihnen nicht, jeder wollte scheinbar der Beste sein. Jonas war von diesem Ziel weit entfernt. Wenn er sich zu Hause hinsetzte und lernen wollte, verließ ihn nach kurzer Zeit die Konzentration. Er fühlte sich unfähig und war frustriert. Jonas Eltern nahmen das Ereignis mit dem Comic sehr ernst. Gemeinsam mit den anderen Eltern riefen sie ein Projekt ins Leben, bei dem ich eine gewisse Zeit mit der ganzen Klasse zum Thema Ängste und Versagen arbeiten sollte. Einmal die Woche trafen wir uns, um ausschließlich über die Gefühle der Schüler zu sprechen, alle anderen Themen blieben in dieser Zeit außen vor. Es dauerte eine Weile, bis sie begriffen, worum es mir ging, aber dann erzählten viele, dass sie Angst hätten, ihre Eltern zu enttäuschen, ihre Ziele nicht zu erreichen und den Anschluss zu verpassen, wenn sie die Schule nicht gut schafften. Es kam mir vor, als hätte ich einen Haufen gestresster Manager und nicht eine zehnte Klasse vor mit sitzen.

In unserer Zusammenarbeit lernten die Jugendlichen, zwischen ihren eigenen Wünschen und denen, die an sie herangetragen wurden, zu unterscheiden. Einige schienen noch nie darüber nachgedacht zu haben, dass es da einen Unterschied gibt. Ich zeigte ihnen, dass nur der, der seine eigenen Gefühle kennt, auch weiß, was gut für ihn ist. Letztendlich genügt es aber nicht, nur mit den Schülern zu arbeiten. Wenn die Eltern ihre Ansprüche an die Leistungen ihrer Kinder nicht herunterschrauben, kann auch ich den Druck auf die Schüler nicht dauerhaft verringern.

## Der Einfluss der Medien

In den vergangenen Jahren wurde ich immer mal wieder von Schulen angesprochen, weil sie ein School Shooting befürchteten. Diese Anfragen kamen immer gehäuft, wenn gerade ein School Shooting bekannt geworden war. Also dann, wenn auf jedem Kanal darüber spekuliert wurde, was die Tat ausgelöst haben könnte, was die Polizei richtig und falsch gemacht hätte und was die Eltern und Lehrer verpasst haben könnten. Nachdem alle verfügbaren Bilder des aktuellen School Shootings gezeigt wurden, werden in der Regel frühere Fälle aufgerollt und die Opferzahlen, Täter sowie Tathergänge werden miteinander verglichen. So lange, bis man den Eindruck hat, dass die Schule ein lebensgefährlicher Ort ist. Wie gesagt, der Straßenverkehr, in dem wir uns täglich bewegen, ist um ein Tausendfaches gefährlicher, doch durch die andauernde, detaillierte Berichterstattung durch die Medien bekommt man das Gefühl, School Shooting sei eine akute Bedrohung. Es ist kein Wunder, wenn Lehrer und Schüler Panik bekommen, wenn tage- und wochenlang von einem Schulmassaker berichtet wird.

Wenn, wie zuletzt in Winnenden, ein Schüler mit Waffen in seine Schule eindringt und dort Lehrer und Schüler umbringt, dann läuft bei mir das Telefon heiß. Schulleiter berichten mir von Drohungen von Schülern, alle umzubringen, Eltern rufen verängstigt an, weil der Sohn Ballerspiele spielt, gewaltverherrlichende Musik hört, sich komisch anzieht und ungern in die Schule geht.

Eine Wandschmiererei mit einer Drohung, wie Tobias sie in der Schülertoilette hinterlassen hat, hätte vor dem Jahr 1999, in dem das School Shooting von Columbine stattfand, allenfalls Beunruhigung ausgelöst, aber keiner hätte damit gerechnet, dass der Junge diese Drohung wahr machen könnte. Heute ist die Bedrohung zumindest gefühlt sehr konkret. Einen beträchtlichen Anteil an dieser Entwicklung haben meiner Ansicht nach die Medien. Die umfangreiche Beschallung mit einem School-Shooting-Fall führt nicht nur dazu, dass massive Ängste geschaffen werden. Sie kann auch potenzielle Nachahmer erst auf die Idee bringen, denn der School Shooter erfährt nach seiner Tat so viel Aufmerksamkeit, wie sonst nur sehr wenige Menschen. Sein Leben wird medial regelrecht durchleuchtet: Die Zeitungen und das Fernsehen zeigen Fotos von ihm, man sieht ihn als jugendlichen Schüler, als Kind und sogar als Baby, und erfährt, wie andere ihn wahrgenommen haben. Ehemalige Mitschüler und Freunde werden befragt, immer wieder heißt es, keiner habe ihm das zugetraut – es wird spekuliert und gerätselt. Am Ende kennt jedes Kind seinen Namen und sein Gesicht, auch wenn der Täter selbst das sehr oft nicht mehr mitbekommt. Viele Fälle in Deutschland enden mit dem Suizid der Täter, so auch die prominenten opferreichen Fälle in Erfurt und Winnenden. Der Rummel um die Person des Täters geht eigentlich erst posthum los. Ein School Shooting ist sozusagen mit der Aussicht verbunden, über den Tod hinaus berühmt zu werden.

Für einen Schüler, der sich schon lange ausgegrenzt, gedemütigt und missachtet fühlt, kann es als Möglichkeit erscheinen, es allen noch mal zu zeigen und alle in Erstaunen und Angst zu versetzen. Die Tat birgt die Chance, zu beweisen, dass sich alle in einem getäuscht haben, dass man nicht der jämmerliche Looser ist, für den einen scheinbar alle halten. Man kann demonstrieren, dass man über Macht verfügt, dass etwas in einem steckt, das alle übersehen haben. Die mediale Aufmerksamkeit für die Person des Täters kann daher eine Tat attraktiv für potenzielle Nachahmer machen. Und nicht nur das: Indem der Ablauf der Taten zum Teil minutiös rekonstruiert wird, haben mögliche Nachahmer gute Vorlagen. Im Falle des School Shootings in Columbine kann man sogar Videos der Tat im Netz ansehen. Die Überwachungskameras der Schule haben diese Aufnahmen gemacht. Außerdem findet man auch Audiomitschnitte. Eine Lehrerin hatte den Notruf abgesetzt und den Telefonhörer danach nicht wieder aufgelegt, wodurch aufgenommen wurde, wie die Täter einige Personen erschossen. Man hört die Schüsse, die Schreie und man hört die Kommentare der Täter. Wer also auch nur über eine Tat wie diese nachdenkt, hat die Möglichkeit, sehr genau nachzusehen, wie andere das vor ihm gemacht haben. Er bekommt eine relativ detaillierte Vorstellung davon, was ihn erwartet und kann sich gut vorbereiten.

Es ist sicher kein Zufall, dass der erste Fall von School Shooting in Deutschland wenige Monate nach der spektakulären Tat in Columbine geschah. Vor allem die opferreichen Fälle scheinen Nachahmer förmlich anzuziehen.

Während also die einen sich die Bilder der Täter mit einer gewissen Sensationslust ansehen, beginnen andere, Parallelen zwischen sich und dem Täter herzustellen. Sie beginnen, sich mit ihm zu identifizieren. Über die Opfer dagegen erfahren wir sehr wenig. Das hat sicher auch mit dem Datenschutz zu tun, denn es braucht das Einverständnis der Betroffenen, damit über sie berichtet werden darf. Aber die Schicksale der Opfer und deren Angehörigen, könnten schließlich auch ohne Bild und Namen besprochen werden. Doch an den prominenten Stellen geht es hauptsächlich um den, der gemordet und verletzt hat. Die Erinnerung an die Taten ist dadurch mit dem Täter verknüpft. Der deutsche Wikipedia-Eintrag zum School

Shooting an der Columbine Highschool beispielsweise beginnt mit einem langen Abschnitt über die Täter. Der Abschnitt über die Opfer ist dagegen überschaubar, es gibt lediglich eine Liste der Todesopfer mit vollständigem Namen und Geburtsdatum, sonst steht dort nichts über sie. Die Namen der Opfer von deutschen Taten muss man dagegen richtiggehend suchen. Das hat wie gesagt sicher mit dem Datenschutz zu tun, aber in meinen Augen ist das kein Grund, sie in der Berichterstattung zu vernachlässigen. Warum wird nicht ebenso breit und ausdauernd erzählt, wie die Tat ihr Leben verändert hat, wie die Angehörigen ihre Trauer verarbeiten und welche Hilfe sie bekommen? Wäre es nicht sinnvoller, die Menschen in den Vordergrund zu stellen, denen Leid zugefügt wurde, über sie zu berichten, ihr Leid deutlich zu machen, anstatt immer wieder den Täter zu zeigen? Für mich ist das ein absolutes Missverhältnis.

Selbstverständlich muss über die Motive der Täter gesprochen werden, denn nur so können weitere Taten dieser Art verhindert werden. Aber es kann gefährlich sein, jemandem, der so viel Unheil angerichtet hat, eine solche mediale Plattform zu bieten. So können die Täter zu Helden stilisiert werden, die es nachzuahmen gilt.

Und natürlich ruft die breite Berichterstattung der Medien auch Trittbrettfahrer auf den Plan, die lediglich vorgeben, eine Tat zu planen. Eine starke Reaktion ist ihnen gewiss, vor allem, wenn gerade erst eine Tat geschehen ist. In den Monaten nach dem Vorfall in Winnenden sollen in Deutschland 3000 Amokdrohungen an Schulen eingegangen sein, berichtete die ZEIT im März 2013.[5] Auch ich weiß von einem Fall, in dem Schüler in einer E-Mail mit unbekanntem Absender ein School Shooting ankündigten. Der Schulleiter alarmierte daraufhin die Polizei und hielt die Lehrer an, sich mit den Schülern in den

Klassenräumen einzuschließen. Zweieinhalb Stunden verharrten sie dort, die meisten unter den Tischen. Wer zur Toilette musste, hatte nur die Möglichkeit, seine Notdurft in den Mülleimern zu verrichten. Alle hatten Angst.

Nachher stellte sich heraus, dass es sich um einen Schülerstreich gehandelt hatte. Zwei Zwölftklässler wollten so erreichen, dass sie die für diesen Tag angesetzte Klausur nicht schreiben mussten. Dass sie gewaltigen Ärger bekamen, muss ich nicht erwähnen. Nicht nur gegenüber der Schule, sondern auch gegenüber dem Gesetz mussten sie sich wegen Vortäuschung einer Straftat verantworten.

Die Schüler und Lehrer konnten die Angst, die sie während des Wartens empfunden hatten aber nicht einfach abschütteln. Einige litten noch lange nach dem Vorfall an Herzrasen und Schlafstörungen. Sie brauchten Hilfe, um wieder zurück zu einem normalen Leben zu finden.

So viel auch in den Medien über die Ursachen von School Shootings spekuliert wird, es bleibt doch eine gewisse Ratlosigkeit zurück. Die Taten bleiben unvorstellbar grausam und unerklärlich, gerade weil sie von jungen Menschen an scheinbar sicheren Orten ausgeübt werden. Bei der Suche nach den Ursachen geraten immer wieder gewaltverherrlichende Computerspiele und die Waffengesetzgebung in den Fokus.

## Ballerspiele und Zugang zu Waffen – die Suche nach den Ursachen

In dem Computerspiel Far Cry 3 geht es um eine Gruppe von Freunden, die gemeinsam auf einer einsamen tropischen Insel Urlaub machen. Doch dann werden sie von Piraten verschleppt. Die Freunde werden mit dem Tode bedroht und müssen fliehen. Piraten, Eingeborene und wilde Tiere sind ihnen auf den Fersen. Dann erhalten sie Waffen und beginnen, sich zur Wehr zu setzen, indem sie ihre Widersacher verletzen oder töten. Der Spieler steuert dabei die Hauptfigur. Zu Beginn des Spiels ist sie noch ängstlich und unsicher, aber im weiteren Verlauf wird sie immer zielstrebiger und tötet hemmungslos. Die Spielwelt ist dreidimensional und sehr realistisch dargestellt.

Das Spiel gehört zum Genre der Ego-Shooter. Kennzeichen dieser Spiele ist, dass der Spieler den Protagonisten der Rahmenhandlung steuert, dessen Perspektive einnimmt und mit Waffen seine Gegner oder gegebenenfalls andere Spieler bekämpft.

Körperliche Verletzungen und Mord sind das Ziel. Wer diese Aufgaben gut erfüllt, erhält Punkte und kommt ins nächste Level. Tatsächlich werden solche Spiele auch beim Militär eingesetzt, um die Soldaten zu enthemmen. Das Töten fällt dem Spieler mit jedem Mord leichter. Die School Shooter der Columbine Highschool, von Erfurt, Winnenden und Emsdetten sollen ebenfalls diese Spiele gespielt haben. Es ist in der Tat beunruhigend, wie realistisch die Darstellungen darin sind, während das Mitgefühl völlig ausgeblendet wird. Wer die Fähigkeit zur Empathie besessen hat, verliert sie spätestens nach einem Monat Dauerprogramm. Selbst für Erwachsene halte ich diese Spiele für bedenklich, für Kinder sind sie fatal. Trotzdem erlebe ich immer wieder, dass schon sehr junge Schüler diese Spiele kennen. Ein 8-jähriger Schüler erzählte mir neulich stolz, wie viele Typen er gerade im Spiel gekillt hätte. Das Spiel war ab 16 Jahren freigegeben. Als ich die Mutter danach fragte, sagte sie entschuldigend: »Der spielt eben nur Spiele, in denen Blut fließt. Mit den anderen muss ich ihm gar nicht erst ankommen.« Als sie meinen Blick sah, wurde sie unsicher. »Oder meinen Sie, ich soll ihm das verbieten? Wenn ich ihm die Spiele nicht kaufe, besorgt er sie sich selbst bei einem älteren Freund. Ich kann da nichts machen.«

Natürlich soll sie ihm derartige Spiele verbieten, denn sie haben meiner Ansicht nach schlimme Auswirkungen auf die Psyche von Kindern und Jugendlichen. Wissenschaftlich ist das allerdings schwer nachzuweisen. Studien zu dem Thema belegen keinen zwingenden Zusammenhang zwischen aggressivem Verhalten und Ego-Shooter-Spielen. Problematisch finde ich sie dennoch. Der Spieler wird in eine Welt gezogen, in der die moralischen Vorstellungen absolut verdreht sind. Er identifiziert sich mit der Spielfigur und erlebt ihre Geschichte mit, auch emotional. Wenn er jemanden tötet, dann hat das im Spiel keine Konsequenzen für ihn, im Gegenteil, er wird noch dafür belohnt. Spiele, deren Regeln der Welt, in der wir leben, so fundamental entgegengesetzt sind, sollten auf keinen Fall von Kindern gespielt werden. Wer schon nicht darauf verzichten kann, sollte zumindest die Altersbeschränkung einhalten, doch im Grunde sind diese Ballerspiele meines Erachtens auch für Erwachsene schädlich. Natürlich wird nicht jeder, der sie spielt, deswegen zum Amokläufer, aber in den meisten Fällen von School Shooting ließ sich nachweisen, dass die Täter diese Spiele gespielt haben.

Auch Gewaltdarstellungen in anderen Medien, in Filmen, auf Bildern oder in Büchern, geraten nach einem School Shooting in die Kritik. Zu Recht meiner Meinung nach. Darstellungen, in denen gewissenlos und lustvoll gemordet und verletzt wird, können keine gute Wirkung auf junge Menschen haben. Entweder werden Ängste geschürt oder Gewaltphantasien bedient.

Um eine opferreiche Tat auszuführen, braucht ein Täter geeignete Waffen. Deshalb ist die Verfügbarkeit von Waffen eine Grundvoraussetzung für ein School Shooting. Der

Täter von Winnenden zum Beispiel hatte die Waffen seines Vaters bei seiner Tat verwendet, der als Sportschütze einige bei sich zu Hause aufbewahrt hatte. Der Vater musste sich vor Gericht dafür verantworten, weil er die Waffen nicht sicher weggeschlossen hatte. Auch das scheint für mich wichtig. Denn ein Schüler, der mit dem Gedanken spielt, tötend an seine Schule zu gehen, wird durch den Zugang zu Waffen leicht in Versuchung geführt. Allein die Möglichkeit, auch tatsächlich an eine Schusswaffe heranzukommen, erhöht die Chance, dass ein junger Mensch diese Option in Erwägung zieht und so zum potenziellen Täter wird. Natürlich kann er sich, wenn er wild entschlossen ist, auch ein Küchenmesser nehmen, aber damit kann er nicht so viele Menschen töten und verletzen wie mit einer Schusswaffe. Je schwieriger die Zugänglichkeit, umso besser.

### Setzen wir unsere Kinder zu sehr unter Druck?

Ballerspiele und auch Waffenbesitz sind meiner Ansicht nach nur ein Teil des Problems. Das größte sind wir selbst!

Wir setzen Kinder und Jugendliche einem hohen Druck aus und bieten ihnen wenig Raum, sich ihren Gefühlen zu widmen. Wir verlangen von ihnen, dass sie funktionieren: gute Noten mit nach Hause bringen und keinen Ärger machen. Wir drohen ihnen, dass sie Schwierigkeiten im Leben bekommen werden, wenn sie sich nicht anpassen, schlecht in der Schule sind und zu viel Aufmerksamkeit einfordern: Dann wird es nichts mit dem tollen, gut bezahlten Job, dann findet man keine Anerkennung und wird an den Rand der Gesellschaft gedrängt. Und wer will das schon? Jugendliche wollen das schon gar nicht, deshalb geben sie sich Mühe, alles irgendwie zu erfüllen, was ihr Umfeld von ihnen verlangt. Sie schlucken ihre eigenen Befindlichkeiten herunter und funktionieren so gut sie können. Dass sich dabei immer mehr Frust, Ärger und Wut in ihnen aufstaut, können sie aber nicht verhindern. Mit jedem Erlebnis, das sie nicht verarbeiten können, weil ihnen die Zeit und ein vertrauenswürdiger Ansprechpartner dafür fehlen, summieren sich die Verletzungen und Selbstzweifel und der innere Druck steigt. So lange, bis sich dieser Druck entladen muss, oft in Form von Gewalt. Diese Gewalt kann sich gegen sich selbst richten, häufige Formen sind Ritzen, Magersucht und Bulimie. Aber diese Gewalt kann sich auch gegen andere richten und sehr drastische Formen annehmen. Ein School Shooting ist sicher das Schlimmste, was dann passieren kann.

Dieses Phänomen, dass Jugendliche Druck ablassen müssen, nenne ich »Vulkaneffekt« (s. Abbildung auf nächster Seite). Ich stelle mir dabei, wie bei einem Vulkan, einen Krater vor, in dem sich der Frust anstaut.

Ein schlechtes Gefühl, das nicht ausgelebt werden darf, legt sich dort über das andere, so lange, bis der Krater voll ist und die irre Mischung aus schlechten Gefühlen den Vulkan zum Ausbruch bringt. So kann es dazu kommen, dass ein Jugendlicher scheinbar aus nichtigem Anlass gewalttätig reagiert. Tobias, der 18-jährige Oberstufenschüler, dessen Tat gerade noch vereitelt wurde, ist da ein gutes Beispiel. Ich erkundigte mich nach meiner Arbeit mit den Lehrern seiner Schule nach ihm und erfuhr Folgendes:

Tobias war, wie gesagt, ein stiller Junge und wurde oft übersehen, aber er hoffte, dass sich das irgendwann ändern würde. Als er 16 Jahre alt war, nahm seine Mutter einen neuen Job an. Sie musste dort viel mehr arbeiten und kam dann gemeinsam mit dem Vater erst am Abend nach Hause.

**Vulkaneffekt**

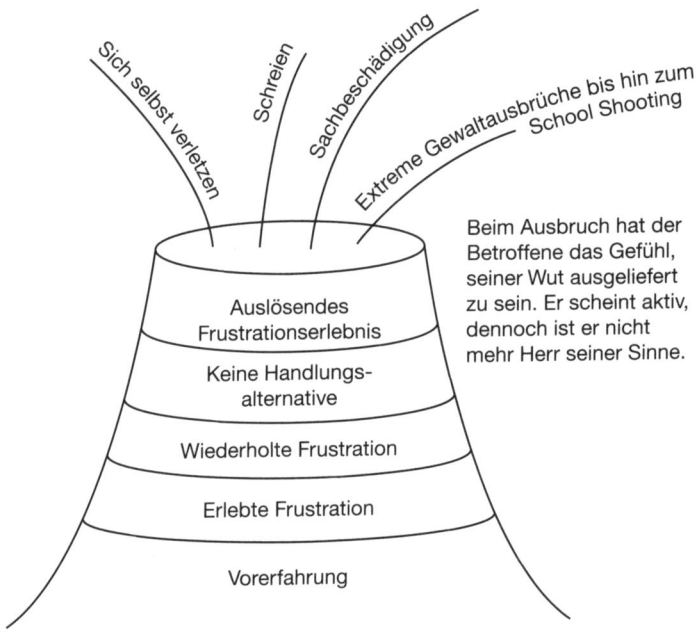

*In Tobias' Beispiel füllt sich der Krater mit verschiedenen Frustrationserlebnissen an: die Enttäuschung, nicht zur Geburtstagsparty eingeladen zu werden, das permanente Gefühl, nicht richtig dazuzugehören, der Frust über die eigenen schlechten Leistungen in der Schule und schließlich die schreckliche Enttäuschung, von dem Mädchen, in das er verliebt ist, öffentlich so abgeblitzt zu werden, bringen den Vulkan zum Ausbruch.*

»Das Geld, das ich dort verdiene, können wir gut gebrauchen«, erklärte sie Tobias. »Damit können wir dich dann im Studium unterstützen. Du bist jetzt ja fast erwachsen, du brauchst uns nicht mehr ständig um dich.«

»Klar«, sagte Tobias. Aber dass die Nachmittage im leeren Haus sich oft wie Kaugummi streckten, sagte er ihr nicht. Zu tun hatte er genug, aber es fiel ihm schwer, sich zu konzentrieren. Er wünschte sich Ablenkung durch Freunde, aber wenn er ehrlich war, hatte er niemanden, mit dem er etwas unternehmen konnte. Viele Klassenkameraden waren ebenso ausgelastet mit dem Lernen wie er. Außerdem wurde er in der Klasse eher als uncool gehandelt. Er fühlte sich nicht hip genug und hatte oft den Eindruck, dass die anderen ihn nicht ernst nahmen.

Dann veranstaltete ein Mädchen aus seiner Klasse eine Geburtstagsparty. Alle waren eingeladen, bis auf Tobias.

»Mach dir nichts draus«, sagte die Mutter, als Tobias sich ihr anvertraute. »Die hat dich bestimmt nur übersehen.«

Aber für Tobias war das wichtig. Er fühlte sich nun nicht nur übersehen, sondern aus der Gemeinschaft ausgeschlossen und war unterschwellig wütend auf die Mitschüler. Dazu kam, dass es auch mit den schulischen Leistungen nicht so gut aussah. Früher, als seine Mutter noch weniger gearbeitet hatte, hatte sie ihn regelmäßig dazu angehalten, seine Hausaufgaben zu machen, wenn sie ihn dabei erwischte, dass er wieder auf dem Bett lag und Musik hörte. Seit sie den neuen Job hatte, fragte sie ihn abends nur noch, ob alles gemacht war. Er log sie immer öfter an. Ohne die Kontrolle seiner Mutter brachte er einfach nicht genug Disziplin auf. In der nächsten Matheklausur hatte er eine Fünf.

»So geht das aber nicht«, sagte der Vater. »Wenn du das Abitur schaffen willst, musst du dich jetzt anstrengen.«

Tobias strengte sich also an, so gut es nach seinem Empfinden eben ging.

Währenddessen hatte er mit seinen Schulkameraden weiterhin kein Glück. Immer wieder machte er die Erfahrung, dass er bei Partnerarbeiten übrig blieb. Die Lehrer sagten dann nur: »Dann arbeitest du eben alleine. Das ist ja auch kein Problem.« Es sollte aufmunternd klingen, aber Tobias litt darunter, dass er immer alleine war. Sein Groll auf seine Klassenkameraden schwelte weiter.

Als Tobias sich ein Herz nahm und seiner Mutter erzählte, dass er in der Schule niemanden hatte, sagte die: »Es ist ja auch nicht so einfach, Menschen zu finden, die zu einem passen. Das wird schon noch. Konzentrier dich jetzt erst einmal auf den Unterricht.«

Aber Tobias hatte genug vom Lernen, er wollte endlich mal dazugehören, dabei sein, gesehen und gemocht werden.

Kurze Zeit später verliebte sich Tobias in ein Mädchen aus seiner Stufe. Er machte sich Hoffnungen und blühte für kurze Zeit richtig auf. Aber dann sagte sie so laut, dass er und alle anderen es hören konnten: »Tobias ist voll die Klette, das ist mir voll peinlich. Der hat überhaupt kein Gespür, wann es Zeit ist, die Kurve zu kratzen.«

Alle bekamen es mit. Tobias war nun an seinem persönlichen Tiefpunkt angekommen. Plötzlich hasste er das Mädchen, in das er gerade noch verliebt gewesen war, und er hasste auch alle Schüler, die mitbekommen hatten, wie er abserviert worden war. Und er beschloss, sich zu rächen und es allen zu zeigen. Sein Onkel war Jäger und hatte ihm mal das Schießen beigebracht, daran erinnerte er sich in diesem Moment. Auch, dass der Onkel ein paar Schusswaffen zu Hause herumstehen hatte. Und so reifte der Plan in ihm, seiner Schule so einen richtigen Denkzettel zu verpassen. Wenn er dabei draufging, umso besser. Er fand das Leben ohnehin beschissen. Von der Welt um ihn herum nahm er nur noch einen kleinen Ausschnitt wahr, und zwar den, in dem ihm Schlechtes widerfuhr. Die schönen Dinge, die netten Gesten und freundlichen Worte sah er nicht mehr.

Tobias hielt dem Druck und dem Gefühl der Demütigung nicht mehr stand. Die einzige Chance, diese Situation auszuhalten, sah er in Gewaltphantasien, die immer konkreter wurden, bis er sie beinahe in die Tat umgesetzt hätte.

Tobias' Geschichte zeigt, dass für den Weg vom unbescholtenen Schüler zum School Shooter viele Faktoren eine Rolle spielen. Unter anderem ist sicher auch eine gewisse Disposition nötig, Dinge auf sich zu beziehen. Aber auch langes Alleinsein mit Problemen, die niemand ernst nimmt, ein schlechtes soziales Klima in der Schule, unsensible Pädagogen und Eltern und immer wieder die Erwartung, gute Leistungen in der Schule zu bringen, können einen hohen Druck aufbauen.

Durch die Verkürzung der Schuljahre bis zum Abitur von 13 auf 12 Jahre, kurz G8, ist der Druck auf die Schüler, zumindest auf die Gymnasiasten, noch gestiegen. Denn nun muss in zwölf Jahren das Gleiche gelernt werden, wofür noch vor Kurzem 13 Jahre Zeit war. Die Zahl der Schulstunden für Gymnasiasten ist also deutlich gestiegen. Oberstufenschüler können schon mal 36 Unterrichtsstunden in der Woche auf dem Stundenplan haben. Und die Hausaufgaben sind dann noch nicht gemacht. Ein Schultag mit neun bis zwölf Stunden zum Thema Schule ist mehr die Regel als die Ausnahme. Und natürlich muss auch am Wochenende gelernt werden. Wer es zum Abitur schaffen will, muss sich seine Zeit gut einteilen. Ich kenne viele Schüler, die ihre Hobbys aufgegeben haben, um das zu schaffen. Für Unternehmungen mit den Freunden, Liebeskummer oder einfach eine Sinnkrise, wie sie in der Pubertät schon mal vorkommen kann, ist da eigentlich keine Zeit. So ein Arbeitspensum leisten viele Erwachsene nicht einmal. Aber von den Schülern wird es verlangt.

Dass sich unter diesen Bedingungen eine Menge Frust,

Verzweiflung und Wut anstauen kann, ist kein Wunder. Wahrgenommen wird das oft erst, wenn der Schüler zusammenbricht oder ausrastet.

Immer mehr Eltern wünschen sich inzwischen, dass ihre Kinder die Schullaufbahn mit dem Abitur abschließen. Um die Erwartungen an sie nicht zu enttäuschen, streben mittlerweile selbst Schüler, die schon wissen, dass sie gar nicht studieren möchten, diesen Abschluss an. Die Fixierung auf die Hochschulreife nimmt zuweilen schon beinahe groteske Züge an. Wenn die Noten in der vierten Grundschulklasse für den Übergang ins Gymnasium nicht reichen, wird schon mal ein Klassenlehrer als unfähig beschimpft. Immer öfter gehen Eltern mit einem Anwalt gegen Schulnoten vor, die ihrer Ansicht nach nicht gerechtfertigt sind. Die Rechtsfälle gegen Lehrer haben sich allein in Bayern in den letzten zwanzig Jahren vervierfacht.[6] Inzwischen ist die Empfehlung der Grundschule zwar in den meisten Bundesländern nicht mehr bindend, viele Eltern möchten dennoch gerne schwarz auf weiß sehen, dass ihr Nachwuchs auch fürs Gymnasium taugt.

Eine Mutter erzählte mir, die Klassenlehrerin ihrer Tochter habe beim Elternabend in der zweiten Klasse deutlich gemacht, nun beginne das Aussieben. Der Druck ab der dritten Klasse steige an und es werde sich zeigen, wer dem gewachsen sein würde. Meiner Ansicht nach ist das der Fahrplan zur Erzeugung kranker Seelen. Kinder dürfen nicht erst wachsen und gedeihen, sie müssen sich anpassen und immer noch mehr anstrengen. Eine Fremdsprache in der Grundschule ist oftmals nicht genug. Zwei sollten es schon mindestens sein. Es gibt Kindergärten, in denen ab dem Alter von zwei Jahren bilingual gearbeitet wird, dazu kommt die musikalische Früherziehung und Benimmregeln.

Es gibt eine unglaubliche Angst vor dem sozialen Abstieg und diese Angst übertragen die Eltern auf ihre Kinder. Diese fürchten, dass sie nicht gut genug sind, und dass sie mit einem schlechten Notendurchschnitt ihren Traumberuf nicht erlernen können, selbst wenn sie noch gar nicht sicher sind, was eigentlich ihr Traumberuf ist.

Aber nicht nur die Eltern flößen ihnen Ängste ein, auch die Medien machen mit. Jugendliche wissen sehr genau, was sie besitzen müssen, wie sie aussehen müssen, um cool zu sein und keine Looser abzugeben. Auch hier muss ich wieder beispielhaft die Castingshows erwähnen. Denn dort wird sehr klar und oft verletzend darauf hingewiesen, welche Kleidung von welcher Marke cool sei, welcher Hintern zu dick und welche Musik angesagt. Wer sich so etwas regelmäßig ansieht, kann sich leicht unzulänglich fühlen, wenn er nicht dem dort propagierten Ideal entspricht.

Aus dem UNICEF-Bericht zur Lage der Kinder in Industrieländern 2013 geht hervor, dass Deutschland im Vergleich zu 28 anderen Industrienationen sehr gut abschneidet. Dabei wurden verschiedene Bereiche vergleichend untersucht: materielles Wohlbefinden, Gesundheit und Sicherheit, Bildung, Verhalten und Risiken sowie Wohnen und Umwelt. Beim Themenbereich Bildung ist Deutschland sogar auf dem dritten Platz. Das ist schon erstaunlich, wenn man die Diskussionen um mangelnde Bildung in den letzten Jahren verfolgt hat. In den jüngeren PISA-Studien hat Deutschland sich offenbar deutlich verbessert. Doch in der gleichen Studie gaben die Kinder, denen es materiell offenbar an wenig fehlt, an, dass sie subjektiv sehr unzufrieden mit ihrer Lebenssituation seien. Jeder siebte Jugendliche findet seine Lebenssituation nicht befriedigend. Im Vergleich zu den anderen Ländern, die an der Studie beteiligt waren, lag Deutschland in diesem Punkt auf Platz 22.[7] Mich überrascht das nicht. Wir treiben unsere Kinder an, damit sie fleißig, gesund und sicher leben, und denken: Glücklich werden sie dann von ganz allein, aber das stimmt nicht. Sie werden dabei zu funktionierenden Wesen.

### Ausschluss »gefährlicher« Schüler

Oft sind School Shooter junge Menschen, die die Schulzeit bereits mehr oder weniger erfolgreich hinter sich haben. Sie haben ihre ehemalige Schule als Tatort auserkoren, weil sie glauben, dass dort der Grundstein für ihr empfundenes Unglück gelegt wurde. In einigen Fällen war auch ein Schulverweis der Tat vorangegangen. Deshalb ist es wichtig, darüber nachzudenken, wann eine solche Maßnahme sinnvoll ist oder nicht.

Ein Schüler, der gewalttätig ist oder sich einfach nicht an Regeln hält, löst immer Stress und manchmal auch Besorgnis bei den Lehrern aus. Einige denken dann, das Problem sei gelöst, wenn der Schüler weg ist. Aber das ist ein Fehlschluss, eine (unfreiwillig) abgebrochene Schulkarriere kann einen Menschen ein Leben lang verfolgen und das trägt nicht dazu bei, dass ein stabiles Selbstwertgefühl aufgebaut wird. Der Ausschluss von der Schule bleibt eine offene Wunde. Gedanken wie: »Das ist alles nur die Schuld der Schule!«, können leicht aufkommen.

Ich habe schon heftige Diskussionen zwischen Pädagogen mitbekommen, wenn es darum ging, einen Schüler, der sich nicht an die Regeln gehalten hatte, rauszuschmeißen oder bis zum Abschluss zu begleiten. In den meisten Fällen plädiere ich dafür, dass der Schüler noch eine Chance bekommen soll, allerdings mit verstärkter Betreuung, zum Beispiel durch einen Schulsozialarbeiter oder einen Schulpsychologen.

Auch Schüler, die als potenzielle School Shooter betrachtet werden, dürfen nicht schlichtweg verbannt werden. Sie benötigen dringend Aufmerksamkeit und Begleitung durch Fachkräfte. Einmal habe ich erlebt, wie ein Abiturient kurz vor den Prüfungen ein School Shooting geplant hatte, das aber in letzter Sekunde noch verhindert werden konnte. Die meisten Lehrer wollten, dass der Schüler die Schule nicht mehr betreten durfte. Aber der Schulleiter setzte sich nach zahlreichen Gesprächen mit diesen Lehrern schließlich über ihre Bedenken hinweg und ließ den Jungen seine Abi-Prüfung schreiben – bei sich im Büro. Damit hat er dem Jungen die Chance geboten, seinen Abschluss zu Ende zu machen und einzusehen, dass die Tat, die er vorgehabt hatte, keine Lösung seines Problems gewesen wäre. Dieser Schulleiter hat an die Zukunft der Schule und an die des Jungen gedacht. Für den Schüler war dies vielleicht die Rettung. Niemand weiß, was geschehen wäre, wenn er ohne Perspektive entlassen worden wäre.

## Was passiert im Ernstfall?

Nach dem ersten opferreichen Fall von School Shooting in Erfurt, wurden in Deutschland alle weiterführenden Schulen auf einen solchen Fall vorbereitet. Die Bundesländer entwickelten in Zusammenarbeit mit der Polizei einen Katalog mit Handlungsanweisungen, der allen Schulen vorliegt. Wenn also jemand mit Waffen eine Schule betritt, greifen bestimmte Maßnahmen. Um die Lehrer und Mitarbeiter der Schule zu informieren, wird zunächst eine Durchsage gemacht. Der genaue Inhalt der Durchsage variiert dabei von Schule zu Schule. In der Regel wird davon abgesehen zu sagen: »Achtung! Ein Schüler läuft bewaffnet durch die Schule und schießt um sich!«, denn dann würde ziemlich sicher eine Massenpanik ausbrechen. Um das zu vermeiden, haben die meisten Schulen sich auf einen Code geeinigt. Der Schulleiter sagt dann zum Beispiel »Frau Koma kommt«. Koma wäre rückwärtsgelesen Amok. An einer anderen Schule würde durchgesagt: »Achtung! Fräulein Bella kommt.« Dann ist allen klar, dass etwas nicht stimmt, denn Bella ist der Name der Hündin der Schulpsychologin. Andere Schulen möchten in diesem Fall schlicht auf einen »Notfall« oder »Ernstfall« hinweisen.

Wenn eine entsprechende Durchsage kommt, sind die Lehrer angewiesen, die Türen der Klassenräume zu verschließen. Sie müssen die Schüler auffordern, sich nicht in der Nähe der Tür aufzuhalten und sich hinter Schränken und unter Tischen zu verstecken. Dort haben sie dann immerhin einen gewissen Schutz. Schüler und Lehrer sollen so lange still dort verharren bis Entwarnung kommt.

An vielen Schulen gibt es inzwischen extra Notrufsysteme nur für den Fall eines School Shootings. Einige haben extra Notrufhandys für jeden Lehrkörper, andere haben Knöpfe, die im Notfall gedrückt werden können. Wieder andere Schulen haben ein Alarmsystem, das per Handy ausgelöst werden kann. Durch eine spezielle Telefonnummer verbunden mit einem Code wird ein Alarm ausgelöst, der automatisch die Polizei und die Feuerwehr darüber informiert, dass ein School Shooting im Gange ist. Die Polizei spricht in diesen Fällen von »Großschadenslage« und fordert entsprechend Einsatz- und Rettungskräfte an.

Es ist viel geschehen, seit in Erfurt das erste Mal in Deutschland ein Schulmassaker angerichtet wurde. Doch die Unsicherheit der Lehrer, Eltern und auch einiger Schüler ist groß. Sogar an Grundschulen werden derzeit schon Sicherheitsmaßnahmen diskutiert.

## Was können wir tun, um School Shootings vorzubeugen?

Wenn eine Schule mich kontaktiert, weil sie für den Fall eines School Shootings gewappnet sein will, rate ich zu allererst, die Themen soziales Miteinander und Mobbing verstärkt in den Blick zu nehmen. Ein schlechtes soziales Klima und Mobbing, ob auf dem Schulhof oder im Netz, ist meines Erachtens ein wesentlicher Faktor beim Thema School Shooting.

Wenn Schüler gemobbt werden, muss konsequent und nachhaltig an ihrer Integration gearbeitet werden. Außerdem ist es notwendig, die sozialen und emotionalen Kompetenzen des Schülers gezielt zu fördern, gegebenenfalls durch eine Therapie.

Ein weiterer Schritt, den ich unternehme, wenn eine Schule mich anfragt, einem School Shooting vorzubeugen, ist, mir die Struktur der Schule anzusehen, um herauszubekommen, was dort überhaupt machbar ist. Es hat sich bewährt, Schulsozialarbeiter und Lehrer erst einmal im Bereich Kommunikation und Beziehungsaufbau zu schulen, und dann den Umgang mit Aggression und Gewalt in den Blick zu nehmen. So können sie zu kompetenten Ansprechpartnern für Schüler werden, von denen befürchtet wird, dass sie eine negative Rolle in der Gemeinschaft einnehmen. Die Pädagogen werden darauf vorbereitet, sich intensiv mit einem Schüler zu befassen, wenn er Äußerungen von sich gegeben hat, die als Leaking gewertet werden können. Dabei wird die Entwicklung jedes Schülers beobachtet, um nichts zu übersehen und das Kind oder den Jugendlichen möglichst gut kennenzulernen, und zwar über die Leistung und Benotung hinaus. Ein Schüler, der sich auffällig destruktiv zeigt und durchblicken lässt, dass er Gewaltphantasien oder gar Pläne hat, wird dann über mindestens drei Monate intensiv von einem speziell geschulten Lehrer und externen Fachkräften betreut. In regelmäßigen Abständen finden Gespräche statt und natürlich müssen die Eltern dabei miteinbezogen werden.

So wird eine Art Drehbuch erstellt, das den Lehrern Sicherheit gibt, wenn sie wegen eines Schülers besorgt sind.

Seit einigen Jahren setzen viele Schulen auf schulinterne Krisenteams. Auch hier werden Lehrkräfte speziell ausgebildet, um sowohl präventiv als auch in Krisenereignissen sensibel und effizient eingreifen zu können.

Dabei gibt es natürlich noch andere Maßnahmen und Methoden, die Lehrer anwenden können: Eines ist das fairplayer.manual, ein Programm, mit dem soziale und moralische Kompetenzen bei Schülern gefördert und gestärkt werden. So soll Mobbing und Schulgewalt entgegengewirkt werden. Das Programm kann unterrichtsbegleitend eingesetzt werden und baut auch auf die Einbeziehung der Eltern.

Das Projekt Networks against School Shooting, kurz NETWASS, befasst sich vor allem mit dem Phänomen Leaking. Dabei wird besonders darauf geachtet, ob ein Schüler eine besorgniserregende Entwicklung durchmacht, um gegebenenfalls früh darauf zu reagieren. Spezielle Kriseninterventionsteams werden dabei ausgebildet, um sensibel zu reagieren, auch damit ein Schüler nicht zu Unrecht stigmatisiert wird.

Außerdem gibt es die Möglichkeit, den schulpsychologischen Dienst mit einzubeziehen. Das ist eine Einrichtung der Schulbehörde, die unter anderem in Anspruch genommen werden kann, wenn ein Lehrer das Gefühl hat, sich nicht ausreichend um die Belange eines bestimmten Schülers kümmern zu können. Andersherum gibt es aber auch für Eltern und Schüler die Möglichkeit, sich an diese Stelle zu wenden, wenn sie Beratungsbedarf haben. Lehrern stehen außerdem die mobilen Dienste zur Verfügung. Diese Stellen sind für Schüler mit sonderpädagogischem Förderbedarf zuständig. Sie unterstützen allgemeine Schulen, wenn sie Hilfe im Umgang mit solchen Schülern benötigen. Hilfe kann dort aber auch beantragt werden, wenn ein Lehrer das Gefühl hat, ein Schüler, der bisher keinen Förderstatus hat, habe massiven Förderbedarf zum Beispiel im Bereich emotionale und soziale Entwicklung.

Der Politik möchte ich ans Herz legen, an den Ursachen für School Shootings zu arbeiten. Die angeheizten Diskussionen über Ego-Shooter-Spiele und die Waffengesetzgebung, lenken davon ab, dass an den potenziellen Tatorten, nämlich den Schulen, oft das Personal fehlt, um sich professionell um die Schüler zu kümmern. Mehr Lehrer, aber auch Schulsozialarbeiter und Schulpsychologen sind hier dringend notwendig. Beziehungsarbeit und Früherkennung von Mobbing sollte fester Bestandteil des Lehrerstudiums sein.

Eltern sollten aufmerksam werden, wenn das Kind sich abschottet und in eine Art Parallelwelt abzudriften scheint. Sie sollten hellhörig werden, wenn das Kind über Demütigungen klagt und zugleich wortkarg und fremd erscheint. Für Schüler ist es wichtig zu wissen, dass sie in ihren Eltern zuverlässige, empathische Gesprächspartner haben, die ihre Gefühle ernst nehmen und sich auch außerhalb von akuten Notlagen, wie Krankheit und massivem Fehlverhalten, Zeit für sie nehmen. Kinder und Jugendliche brauchen Zeit, um mit sich und ihren Gefühlen ins Reine zu kommen. Auch wenn die schulischen Leistungen darunter leiden, sollten sie diese Zeit bekommen. Ein ausgeglichenes Gefühlsleben ist die Grundlage für eine selbstsichere, zufriedene Persönlichkeit.

Druck erzeugt Gegendruck und den bekommen wir bei einem School Shooting zu spüren.

# Gewalt als Ventil –
# mit der Faust gegen den Frust

*Wenn der Typ mich so schwul anglotzt,*
*kriegt er 'ne Ladung in die Fresse, das geht schon o.k.*
Oliver, 17 Jahre

Nur bei sehr wenigen Jugendlichen entlädt sich der Druck, unter dem sie stehen, so geplant und kontrolliert wie beim School Shooting. Häufiger sind Gewaltexzesse, bei denen Jugendliche andere ohne ersichtlichen Grund verprügeln bis Blut fließt und Knochen brechen. Die Spannbreite reicht hier von leichter Körperverletzung, die möglicherweise im Affekt geschehen ist, zu schweren Gewalttaten, die mit Vorsatz begangen werden. Erfahrungsgemäß, sind die Taten besonders schwer, wenn die Täter bereits selbst Opfer von Gewalt waren. Auch hier lässt sich der Vulkaneffekt finden, wenn ein Jugendlicher seinen Frust und seine Wut über einen langen Zeitraum immer wieder heruntergeschluckt, um dann irgendwann aus nichtigem Anlass derart auszurasten, dass es zu ernsten Verletzungen kommt. Die gewalttätige Handlung gibt außenstehenden Beobachtern oft Rätsel auf, weil nicht zu erkennen ist, warum der Jugendliche so drastisch reagiert hat. Gerade die affektiven Taten scheinen manches Mal ohne jede Vorankündigung aus den jungen Menschen herauszubrechen.

Ein gutes Beispiel dafür, wie so etwas passieren kann, ist die Geschichte von Henry. Seine Mutter rief mich an, weil sie ratlos war. Henry hatte auf der Klassenfahrt einen Mitschüler wegen einer Lappalie derart verprügelt, dass der Junge eine Weile ins Krankenhaus musste. Henry war 15 Jahre alt und besuchte die neunte Klasse. Seine Noten waren nicht berauschend, aber auch nicht besorgniserregend. In Englisch stand er zwischen Vier und Fünf, deshalb bekam er Nachhilfe. Seine Eltern glaubten, er könnte sogar richtig gut sein, wenn er nur wollte.

Dann trennten sich Henrys Eltern. Henrys Vater hatte sich in eine andere Frau verliebt und zog von heute auf morgen aus. Seine Mutter war verletzt und wütend und machte den Vater danach bei jeder Gelegenheit schlecht. Sie musste jetzt mehr arbeiten, damit sie sich die Wohnung weiterhin leisten konnten. Die kleine Schwester jammerte die ganze Zeit und ging Henry damit auf die Nerven. Henry selbst wollte am liebsten, dass ihn alle in Ruhe ließen, er war viel in seinem Zimmer, hörte laut Musik und betrank sich am Wochenende mit Freunden. Seine Hausaufgaben machte er immer seltener und irgendwann gar nicht mehr. Nach vier Wochen nahm ihn die Mutter zur Seite und sagte: »Pass auf Henry, ich versteh ja, dass es zur Zeit schwierig ist, aber wenn du dich jetzt gehen lässt, verpasst du den Anschluss. Tu mir den Gefallen und mach deine Hausaufgaben wieder. Ein Versager in der Familie reicht ja.« Damit war der Vater gemeint.

Henry nickte nur und gab sich Mühe.

In Englisch wollte es aber noch immer nicht so recht klappen. Da rief ihn schließlich der Vater an, der sich sonst selten gemeldet hatte, und sagte zu ihm: »Hör mal, Henry. Was ist denn da los? Englisch ist doch wichtig, das brauchst du in jedem Job heutzutage. In Mathe hattest du jetzt auch 'ne Fünf. Wenn du nicht aufpasst, dann bleibst du noch sitzen. Komm, streng dich jetzt mal an. Ich bezahl doch nicht umsonst viel Geld für Nachhilfe.«

Henry wollte natürlich nicht sitzen bleiben, also strengte er sich an. Vom Vater hörte er danach wieder länger nichts.

Dann machte Henrys Freundin Schluss mit ihm. Sie sagte, dass sie sich auseinandergelebt hätten. Henry sei ganz komisch geworden, so mürrisch, gar nicht mehr so lustig wie früher. Für Henry war das ein herber Schlag, weil er sie richtig gerne gehabt hatte. Sie war für ihn die erste große Liebe. Seine Freunde sagten: »Mann, lass dich mal nicht so hängen.« Seine Mutter meinte: »Da siehst du, wie das ist. Verlasse dich am besten nur auf dich. Aber jetzt bloß nicht die Schule vernachlässigen.«

Henry zog sich zurück. Er wurde ruhiger und dünnhäutiger. Die Schule interessierte ihn immer weniger. Seine Mutter war chronisch unzufrieden mit ihm, weil seine Leistung nachließ.

Kurze Zeit später merkte Henry, dass zwei seiner Kumpels plötzlich so komisch waren. Im Unterricht hatte er immer mit den beiden nebeneinander in der letzten Reihe gesessen. Sie hielten sich gegenseitig dort die Plätze frei, aber mit einem Mal waren die Stühle neben den beiden ständig besetzt.

»Mann, du bist voll komisch in letzter Zeit. Komm erst mal klar«, sagten sie, als er wissen wollte, was los sei. Auf der Klassenfahrt waren die beiden dann plötzlich mit anderen in einem Zimmer, für Henry war kein Platz mehr. Wütend beschwerte er sich beim Klassenlehrer. Der verdrehte nur die Augen: »Mein Gott Henry, dann gehst du eben auf ein anderes Zimmer. Mach doch nicht so ein Drama draus. Ihr seid ja nun wirklich alt genug, um das selbst zu klären.«

Henry mochte die Jungen nicht, mit denen er jetzt das Zimmer teilen sollte. Er fand die ganze Klassenfahrt zum Kotzen, den Lehrer auch und überhaupt die ganze Schule.

Aber er hatte keine Wahl und ging auf das Zimmer, das ihm zugewiesen wurde.

Am nächsten Tag war dann sein Handy weg. Henry vermutete, dass es ihm geklaut worden war, aber beweisen konnte er es nicht. Wieder ging er zum Klassenlehrer. Der sagte nur: »Was soll ich da denn jetzt machen? Ich habe das vorher für alle gesagt: Lasst die Handys zu Hause, wenn wir auf Klassenfahrt sind. Wenn du meinst, dass du dein Telefon mitnehmen musst, dann musst du dich auch darum kümmern.«

Henry kochte vor Wut. Er brauchte sein Handy, weil dort alle wichtigen Nummern drin waren und hier auf dieser blöden Klassenfahrt, auf der ihn alle nervten, brauchte er es erst recht, weil er damit auch Musik hören konnte und Spiele spielen. Und wenn das hier so weiterging, könnte er damit notfalls seine Mutter anrufen, sagen, dass er sich schlecht fühlte, und fragen, ob sie ihn abholen könnte. Aber das Gerät blieb verschwunden. Henry hätte am liebsten alles kurz und klein gehauen. Aber wieder schluckte er seinen Ärger runter. Henrys Stimmung war am Tiefpunkt, ihn kotzte das alles nur noch an.

Beim Abendessen saßen dann alle zusammen und Henry riss sich zusammen. Da stieß einer seiner Mitschüler gegen Henrys Arm, als er gerade zum Trinken angesetzt hatte. Der Tee lief ihm über das Kinn, den Pullover und die Hose. Er spürte die heiße Flüssigkeit auf seinen Beinen, hörte wie jemand kichernd Entschuldigung sagte, und dann sah er rot. Seine Hand schloss sich als Faust um den Griff der Teetasse, er holte aus und traf den Mitschüler im Gesicht und gleich noch mal und noch mal. Er weiß nicht mehr wie oft. Irgendwann hielt ihn jemand fest.

Als Henry wieder einigermaßen denken konnte, saß er auf dem Boden, an seiner Hand klebte Blut und er wusste nicht, ob es seines oder das seines Mitschülers war. Ein

Rettungswagen kam und der Verletzte wurde ins Krankenhaus gebracht. Nasenbruch und leichte Gehirnerschütterung. Das Handy fand sich bei der Abreise in Henrys Zimmer.

Im Laufe meiner Arbeit mit Henry stellte sich heraus, dass er lange niemanden gehabt hatte, der ihn ernst nahm und sich für seine Gefühle interessierte. Die Trennung seiner Eltern, die Trennung von seiner Freundin, den Bruch mit den Freunden, das alles sollte er mit sich selbst ausmachen. Solange die schulischen Leistungen in Ordnung waren, sah niemand eine Veranlassung, sich mit ihm zu befassen. Alle, denen er sich anvertraute, verlangten von ihm, zu funktionieren und seine Gefühle in den Griff zu bekommen. Wenn er sich mal wütend zeigte, wurde ihm klargemacht, dass Wut etwas Störendes, Schädliches sei. Aggressionen sollten nicht sein und bedeuteten für Henry immer Ärger und Sanktionen. Deshalb versuchte er dieses »schlechte« Gefühl zu unterdrücken. Doch es staute sich in ihm an und entlud sich schließlich unkontrolliert.

## Gewalt ohne Grenzen

Sieht man sich die Daten der Polizeilichen Kriminalstatistik (PKS) an, dann erhält man den Eindruck, die Zahl der gewalttätigen Jugendlichen ginge seit Jahren kontinuierlich zurück. Tatsächlich sinkt die Anzahl der registrierten Tatverdächtigen im Bereich Gewaltkriminalität bei Jugendlichen seit 2007 kontinuierlich. 2012 sind insgesamt 27 095 verzeichnet. Das sind 14,6 Prozent weniger als im Jahr davor. Doch während die Zahl der jugendlichen Gewalttäter zurückgeht, sind die Fälle von vorsätzlicher leichter Körperverletzung, worunter ein Nasenbruch durchaus fallen kann, dramatisch gestiegen. Zwischen

1998 und 2012 haben sich die Fallzahlen um 61,7 Prozent erhöht, nämlich von 146 435 registrierten Fällen im Jahr 1998 auf 380 000 in 2012.[1] Damit ist ein vorläufiger Höchststand erreicht. In der PKS 2011 wird ausdrücklich darauf hingewiesen, dass schwere Körperverletzung an Schulen zwar insgesamt selten, leichte Körperverletzung ebenso wie Mobbing, Nötigung und Beleidigung dagegen häufig sind und unbedingt im Auge behalten werden müssen.[2] Interessanterweise wird bei der vorsätzlichen leichten Körperverletzung nicht zwischen Jugendlichen und erwachsenen Tätern unterschieden, wenn es um »gefährliche und schwere Körperverletzung« geht, allerdings schon. Hier sind die Zahlen der jugendlichen Täter rückläufig. Laut PKS gab es 2012 etwa 21 066 Tatverdächtige, das sind 16,5 Prozent weniger als im Jahr davor. Dass diese Zahlen sinken, überrascht mich, denn ich nehme eine ganz andere Entwicklung wahr.

Schon wenn man aufmerksam die Zeitung liest, bekommt man den Eindruck, dass auch schwere Gewalttaten ihren Platz im Alltag der Kinder haben. Fast jeden Tag wird dort berichtet, wie Jugendliche einander abziehen, bedrohen und verletzen. Und die Täter werden immer jünger. Im Dezember 2012 sticht ein 15-jähriger Junge einen 17-Jährigen auf einem Spielplatz nieder. Das Opfer stirbt kurz danach im Krankenhaus. Im Oktober 2013 wird ein 12-Jähriger bei einer Messerstecherei unter Gleichaltrigen lebensgefährlich verletzt. Tatort war ein Schulhof. Kaum zwei Wochen später lieferten sich ein 14-Jähriger und ein 15-Jähriger auf einem Berliner Schulhof ein erbittertes Gefecht. Der Ältere sticht ebenfalls mit einem Messer zu. Beide müssen mit schweren Verletzungen im Krankenhaus behandelt werden.

Wenn man Henrys Tat noch als leichte Körperverletzung ansehen kann (vielleicht wird sie nicht einmal darunter registriert, weil sie im Affekt geschah), ist das bei diesen Fällen nicht mehr möglich. Hier würde man von schwerer oder gar gefährlicher Köperverletzung sprechen, weil die Verletzungen so gravierend sind, dass Schäden zurückbleiben, die ein Opfer womöglich täglich an die Tat erinnern. In einem Fall überlebte das Opfer die Tat sogar nicht. Mein Eindruck ist, dass jugendliche Täter immer weniger Hemmungen haben, andere zu verletzen. Sie schlagen und treten bis das Opfer wehrlos am Boden liegt, und auch dann hören sie nicht auf. Häufig kommen Waffen zum Einsatz. Das Opfer wird nicht mehr nur körperlich geschädigt, sondern darüber hinaus auch noch gedemütigt. Es ist, als wäre diesen jungen Menschen jegliches Mitgefühl abhandengekommen.

Bekannt werden dabei nur die besonders spektakulären Fälle, die an öffentlichen Plätzen geschehen. Tatort sind oft Haltestellen des Nahverkehrs. Einer der aufsehenerregendsten Fälle geschah 2009 in München an einer S-Bahnstation, als der damals 50-jährige Dominik Brunner von zwei Jungen im Alter von 17 und 18 Jahren so brutal zusammengeschlagen wurde, dass er wenig später im Krankenhaus starb. Dominik Brunner hatte sich mit den Jugendlichen angelegt, weil er ein paar jüngere Schüler schützen wollte.

Aber es muss nicht einmal zu einem Streit gekommen sein, wenn jugendliche Gewalttäter zuschlagen. Manchmal reicht es leider aus, wenn das Opfer zur falschen Zeit am falschen Ort ist. Gewaltbereite Täter finden ihre Opfer. So wie Jonny K. gefunden wurde, der im Oktober 2012 am Berliner Alexanderplatz von einer Gruppe Jugendlicher zu Tode geprügelt wurde. Ein Blick in die regionalen Zeitungen zeigt, dass diese Taten zu jeder Zeit, an jedem Ort stattfinden, nicht nur in den Metropolen. Im November 2013 berichtete beispielsweise die *Aachener Zeitung*, dass zwei Jugendliche einen jungen Mann zusammengeschlagen haben. Als dieser schwer verletzt in ein Krankenhaus fliehen konnte, versuchten die Jugendlichen, ihm dort noch hinterrücks die Kehle durchzuschneiden. Der Versuch misslang zum Glück. Die Täter waren frustriert, gelangweilt und aggressiv. Sie suchten Streit – so wie Oliver.

Oliver war 18 Jahre alt. Als ich ihn kennenlernte, habe ich noch regelmäßig mit straffällig gewordenen Jugendlichen gearbeitet. Oliver wurde gefährliche Körperverletzung vorgeworfen. Das Anti-Gewalttraining bei mir gehörte zu seinen Bewährungsauflagen. Es war nicht seine erste Gewalttat, aber die, wegen der er zu mir in den Kurs kam, war Folgende: Etwa ein Jahr vor unserem ersten Treffen wartete er mit seinem Freund Kai an einer Haltestelle auf die S-Bahn. Es war 23 Uhr. Die beiden kamen von einer Party und hatten schon einiges getrunken. Jeder hatte noch eine Dose Bier bei sich. Außer ihnen stand dort noch Florian Gruber an der Haltestelle. Sonst niemand. Herr Gruber war Angestellter bei einer Versicherung und 35 Jahre alt. Er wollte nach Hause, nachdem er mit einem Kollegen noch etwas trinken war. Alle drei warteten auf die Bahn, aber sie kam nicht.

Oliver und Kai liefen also am Bahnsteig auf und ab, weil ihnen kalt war und langweilig, sagte mir Oliver. Schließlich fragten sie Herrn Gruber nach Zigaretten, aber der war Nichtraucher. Wieder gingen Oliver und Kai den Bahnsteig auf und ab, aber jetzt hatten sie den Eindruck, dass Herr Gruber ihnen mit den Blicken folgte und das störte sie. Oliver sagte mir später, dass er sich dadurch provoziert gefühlt habe.

»Was guckste denn so schwul?«, fragte Kai.

Herr Gruber wandte den Kopf ab. Doch schon als die Jungen ein paar Schritte weitergegangen waren, ging sein Blick wieder in ihre Richtung.

»Hör auf zu glotzen, hab ich gesagt, sonst kriegst du aufs Maul, klar?«, brüllte Oliver ihn an.

Große, kräftige, aggressive und offensichtlich betrunkene Jungen wie Oliver und Kai fallen auf. Jeder würde die beiden in so einer Situation im Auge behalten wollen. Natürlich sah Herr Gruber die beiden weiter aus den Augenwinkeln an, er konnte gar nichts dagegen tun.

Oliver und Kai stellten ihre Bierdosen ab und gingen direkt auf ihn zu.

»Hör auf damit, hab ich gesagt!« Während er das sagte, stieß Oliver mit der Handfläche heftig gegen Herrn Grubers Schulter. Herr Gruber musste einen Schritt nach hinten machen, um nicht zu stürzen. Abwehrend hielt er seine Hände vor den Körper und berührte Oliver dabei. Für Oliver und seinen Kumpel war das wie eine Kampfansage. Oliver schlug ihm mit der Faust in den Bauch. Kai erwischte Herrn Gruber am Kopf. Als der zu Boden ging, traten Oliver und Kai zu, in den Rücken, gegen die Beine und immer wieder gegen den Kopf. Herr Gruber versuchte ihn mit seinen Armen zu schützen. Als Oliver mit seinem Stiefel den Ellbogen des Mannes erwischte, knackte es. Irgendwann merkten sie, dass Herr Gruber sich nicht mehr rührte, da holte Kai die Bierdosen. Sie tranken und blickten auf die vor ihnen liegende Gestalt. »Prost«, sagte Kai und trank einen Schluck. Oliver sagte nichts. Er fummelte am Reißverschluss seiner Hose und begann auf den Mann, der da zusammengekrümmt vor ihnen lag, zu urinieren.

Dann endlich kam die Bahn.

Oliver und Kai stiegen ein und fuhren nach Hause. Ein anderer Fahrgast sah Herrn Gruber auf dem Bahnsteig liegen und rief einen Rettungswagen. Der 35-Jährige hatte Glück, dass er so schnell gefunden wurde. Wäre er erst später medizinisch versorgt worden, hätte er den Angriff wahrscheinlich nicht überlebt. Mehrere Rippen und sein rechter Arm waren gebrochen, außerdem hatte er eine Schädelfraktur. Erst nach Wochen wurde er wieder aus dem Krankenhaus entlassen, den Arm würde er nicht mehr so bewegen können wie zuvor. Herr Grubers Leben hatte sich durch den Angriff verändert. Weit schlimmer als der körperliche Schmerz war seine Angst. Er wollte das Haus nur noch in Begleitung verlassen, am schlimmsten war es im Dunkeln. Er brauchte psychologische Hilfe, weil dieses Ereignis sein Leben massiv eingeschränkt hatte.

Oliver war schon mehrfach wegen Körperverletzung verurteilt worden, wegen dieser Tat musste er ein Jahr und sechs Monate in die Jugendstrafanstalt, bevor er auf Bewährung wieder rauskam.

Dass jemand auf sein Opfer uriniert, wenn es schon wehrlos auf dem Boden liegt, hatte ich vor der Begegnung mit Oliver noch nicht gehört. Er hat Herrn Gruber damit über den körperlichen Schaden hinaus noch gedemütigt. Das ist eine derart grausame Handlung, dass mir die Worte fehlen.

Im Laufe meiner Arbeit mit Oliver stellte sich heraus, dass er selbst Gewalterfahrungen in seiner Kindheit gemacht hatte. Sein Vater hatte ihn und seine Mutter regelmäßig misshandelt. Oft wurde er nachts auf die Terrasse gesperrt, wo er dann frierend und hungrig bis zum nächsten Morgen ausharren musste. Der neue Partner der Mutter behandelte sie kaum besser. Oliver hatte zusehen müssen, wie seine Mutter mit einer Pferdepeitsche regelrecht gezüchtigt wurde. Seine Wut mündete regelmäßig in Gewaltausbrüchen, genau so hatte er es in seiner Kindheit erfahren.

Das Wissen um die Gewalterfahrung in Olivers Kindheit hilft mir zu begreifen, warum Oliver so drastisch ausrastet und gewalttätig wird. Aber so schrecklich solch ein

Schicksal auch sein mag, ich nehme das nie als Entschuldigung für gewalttätiges Verhalten. Oliver ist nicht der erste Täter, der glaubt, mit schrecklichen Erlebnissen in seiner Kindheit ein Verbrechen rechtfertigen zu können. Aber das ist ein Trugschluss! Es entbindet einen Menschen nicht von der Verantwortung für eine Tat. Jugendliche wie Oliver brauchen dringend professionelle Unterstützung, die ihnen hilft, das Erlebte zu verarbeiten und andere Möglichkeiten zeigt, mit ihrer Wut umzugehen. Schließlich haben sie lediglich eine Form des Umgangs mit ihrer Wut erfahren. Dabei gibt es viele Möglichkeiten, sich gegen Gewalt zu entscheiden, sonst wäre die Menschheit seit Jahrtausenden in einer Gewaltspirale gefangen. Es dauerte ein halbes Jahr bis Oliver das verstanden hatte. In Rollenspielen stellten wir immer wieder Situationen nach, in denen er sich provoziert fühlen konnte. Vor allem der Blickkontakt war immer wieder Thema, denn das ist ein sehr kraftvolles Element der Kommunikation. Nicht umsonst hat Oliver seinem Opfer vorgeworfen, »schwul geguckt« zu haben. Wir arbeiteten an der Frage, auf welche Arten ein Blick vom Empfänger empfunden werden kann und wie auf der anderen Seite ein Blick vom Sender gemeint sein kann. Dabei spielten wir Situationen in der Fußgängerzone, im Fahrstuhl oder in der Disco nach. Durch die praktischen Übungen wird begreifbar, welche Rolle die individuelle Wahrnehmung spielt, wenn man sich provoziert fühlt. Oft höre ich dann von Tätern den Satz: »Hätte mir das mal vorher jemand gesagt.«

Oliver lernte zögernd alternative Verhaltensweisen in Stresssituationen zu nutzen. Er übte zum Beispiel durch gezieltes Atmen oder einen kleinen Schritt zur Seite, Ruhe zu bewahren und ohne Gewalt aus der Situation zu kommen. Immer wieder sprach er vom Blackout, wenn ihm das nicht gelang. Der Knast hatte ihm in der Hinsicht gar nichts gebracht. Im Gegenteil, die Jugendhaftanstalt hatte seine Hemmschwelle gesenkt. Dort hatte er gelernt, dass man nur als »echter« Mann durchs Leben kam, der sich selbst mit allen Mitteln zu seinem Recht verhalf. Die Angst vor Sanktionen führte nicht dazu, dass er sein Verhalten dauerhaft änderte. Er musste erst ein reales und stabiles Selbstbewusstsein entwickeln und sich mit seinem Bild eines »echten« Mannes auseinandersetzen.

Immer wieder begegnen mir Gewalttäter wie Oliver. Sie sind voller Frust und es bedarf nur eines geringen Anlasses, um sie zum Ausrasten zu bringen. Viele suchen förmlich nach Streit, um ihrer Aggressivität freien Lauf zu lassen. Der Kampf ist für sie eine Möglichkeit, sich selbst zu spüren, wenn sie ansonsten keine Gefühle mehr zulassen. Sie ziehen zu zweit oder in größeren Gruppen durch die Gegend auf der Suche nach jemandem, dem sie die »Fresse polieren« können. Sie warten nur auf kleine Provokationen, um ihre Taten zu rechtfertigen. Blicke und Handlungen potenzieller Opfer werden bewusst fehlinterpretiert. Jugendliche wie Oliver wollen als unberechenbar wahrgenommen werden. Wenn sie sich sonst als Versager fühlen, dann sind sie in ihrer Rolle als Schläger, zumal in der Gruppe, stark und überlegen. Der Kriminologe Jens Weidner spricht davon, dass die Täter ihr Opfer benutzen, »um ihr Selbstbewusstsein aufzutanken«[3]. Gewaltausbrüche sind bei ihnen dann weniger Kontrollverlust, als antrainiertes Verhalten, mit dem sie zeigen möchten, wie gefährlich sie sind.

Schon mit seiner Körperhaltung zeigte Oliver, wie er gesehen werden wollte: gefährlich und aggressiv. Wenn er durch den Raum ging, schob er seine Brust nach vorne, gleichzeitig spannte er die Schultern, um noch massiger zu wirken, als er ohnehin schon war. Sein Kinn schob er nach vorne, sodass es aussah, als würde er auf alle herabblicken. »Quatsch mich nicht von der Seite an«, sagte er mit seiner Haltung. Er signalisierte so, dass er jederzeit bereit war, einen potenziellen Gegner anzugreifen. Die meisten Jugendlichen, die in meine Kurse kommen, gebärden sich so. Oft ist ihnen gar nicht bewusst, dass sie sich die ganze Zeit wie Krieger aufführen. Deshalb lasse ich sie verschiedene Haltungen einnehmen, um ihnen ihre Körpersprache bewusst zu machen und damit sie spüren, wie viel Energie es sie kostet, immer als potenzieller Angreifer aufzutreten.

Durch meine Arbeit habe ich schon viel erlebt, aber in jedem meiner Kurse mit Straftätern erfahre ich eine neue Dimension von Gewalt und Gefühlskälte. Jedes Mal denke ich dann, etwas Grausameres als das kann es nicht geben, um beim nächsten Kurs eines Besseren belehrt zu werden. Auch Olivers Tat war so etwas, das ich vorher nicht für möglich gehalten hatte. Diese Form der Demütigung war neu für mich. Umso glücklicher bin ich, dass Oliver heute ein straffreies Leben anstrebt. Jungen wie er machen es einem nicht leicht. Es war harte Arbeit, sein Mitgefühl für das Opfer hervorzuholen, damit er seine Tat bereut. Damit meine Arbeit gelingt, muss ich die liebenswerten Anteile in einem Menschen entdecken und ihm zeigen, dass ich mich für ihn interessiere, dass es Charakterzüge an ihm gibt, die ich sympathisch finde, auch wenn ich etwas, was er getan hat, verurteile. Oliver musste ich erst klarmachen, dass es Teile in ihm gibt, die gut sind, und dass er durchaus Eigenschaften wie Fürsorglichkeit und Mitgefühl (zum Beispiel seiner Mutter gegenüber) in sich trägt, die er eine Weile völlig ausgeblendet hat. Und ich ermunterte ihn, diesen Eigenschaften mehr Raum zu geben. Oliver ist inzwischen auf einem guten Weg, aber immer öfter gerate ich inzwischen an junge Menschen, bei denen die positiven Eigenschaften so gut versteckt sind, dass man meinen könnte, es gäbe sie gar nicht. Ich begegne jugendlichen Tätern, die völlig gleichgültig wirken und nicht zu begreifen scheinen, dass ihr Verhalten ein Problem darstellt, geschweige denn, dass sie etwas falsch gemacht haben. Auch noch nach der Inhaftierung sehen sie sich als die eigentlichen Opfer. Bei diesen Menschen hilft dann auch ein Anti-Aggressions-Training nichts mehr. In der Arbeit mit Straftätern fiel mir manchmal nichts anderes mehr ein, als zu empfehlen, den Betreffenden wieder in Haft zu nehmen. So war es zum Beispiel bei Mark. Der 18-Jährige war ebenfalls auf Bewährung, er hatte mit ein paar Kumpels einen Gleichaltrigen nach einer Party krankenhausreif geschlagen. Den schwer Verletzten hatten sie einfach liegen gelassen. Mark war danach nach Hause gefahren und hatte sich schlafen gelegt. Meinen Kurs nahm er von Anfang an nicht ernst, obwohl der Teil seiner Bewährungsauflagen war. Er provozierte mich und die anderen Teilnehmer und erzählte von seiner Tat, als hätte er etwas Heldenhaftes getan. Als er das zweite Mal zu spät kam, warf ich ihn aus dem Kurs. Bevor er schließlich ging, schrie er mich noch an: »Du wirst mich wiedersehen!« Und ich gebe zu, dass ich danach noch eine Weile ein mulmiges Gefühl hatte, wenn ich nachts alleine unterwegs war.

Es dauerte nicht lange, bis Mark wieder inhaftiert wurde. Das erfuhr ich später von seiner Bewährungshelferin. Sie erzählte mir auch, dass Mark seit seinem vierten Lebensjahr zwischen seiner Mutter und verschiedenen Kinderheimen gependelt war. Seine Mutter war alkoholkrank, hatte ständig wechselnde Partner, sein Vater saß lange ein und war danach spurlos verschwunden. Ich erfuhr auch, es gebe Hinweise darauf, dass Mark massiv misshandelt worden sei. Offenbar war er selbst auch ein ehemaliges Opfer. Gut möglich, dass er in seinem Leben einige sehr schlechte Erfahrungen gemacht hat, was schlimm und schmerzhaft gewesen sein muss. Aber auch hier verwehre ich mich dagegen, das als Entschuldigung für seine Taten gelten zu lassen. Ich frage mich dann immer, wer für die Angehörigen des Opfers spricht. Wen interessiert ihr Leid? Wer fragt danach, was sie in ihrer Kindheit durchgemacht haben?

## Gewalt kommt in jeder gesellschaftlichen Schicht vor

Oliver und Mark hatten es schon als Kind nicht leicht. Beide kommen aus Familien, denen es wirtschaftlich nicht gut geht, der Bildungsstand ist niedrig. Sie wurden als Kinder vernachlässigt und misshandelt. Doch wer glaubt, alle jugendlichen Gewalttäter kommen aus derartigen Verhältnissen, liegt falsch. Henry zum Beispiel kommt aus einer ganz normalen Mittelschichtsfamilie, genauso wie viele andere. Der prominenteste unter ihnen ist vielleicht Torben P., der im April 2011 einem 29-Jährigen auf einem Berliner U-Bahnhof lebensgefährliche Verletzungen zufügte. Das Opfer hatte nichts getan, als den Täter und seinen Freund auf das Rauchverbot im U-Bahnhof hinzuweisen. Der 19-jährige Gymnasiast kam aus einem gutbürgerlichen intakten Elternhaus. Er wurde nicht geschlagen, nicht misshandelt oder gar missbraucht. Allerdings gibt es Hinweise darauf, dass die Eltern krankheitsbedingt nicht immer für Torben da sein konnten.

Gewalttätige Gymnasiasten mit gutbürgerlichem Background sind längst nichts Ungewöhnliches mehr. Kinder können aus diversen Gründen vernachlässigt werden. Ob die Eltern nun krank sind, viel arbeiten (müssen) oder schlicht überfordert sind, spielt dabei keine Rolle. Das

Resultat ist ähnlich. Das Kind hat zu Hause keinen zuverlässigen Ansprechpartner, muss viel mit sich selbst ausmachen und entwickelt seine eigenen Methoden, seine Gefühle und gegebenenfalls seinen Frust zu verarbeiten.

Der 17-jährige Alex zum Beispiel hatte zu Hause eine Spielkonsole in seinem Zimmer, eine teure Musikanlage und einen Fernseher. Die Eltern waren beide Zahnärzte, sie hatten gemeinsam eine gut laufende Praxis und arbeiteten viel. Zu Hause war Alex oft allein. Am Wochenende traf er sich mit seiner Clique. Früher hatten sie Alkohol getrunken und herumgesessen, einige hatten mit Drogen experimentiert, aber das wurde schnell langweilig. Irgendwann begannen sie in einer Gruppe von vier bis sieben Jugendlichen durch die Stadt zu ziehen und nach Ärger zu suchen. Auch sie hielten Ausschau nach jemandem, der sie zu lange ansah, sie darauf hinwies, dass sie sehr laut wären, oder ihnen schlicht im Weg war. Alex schätzte, dass er neunzig Leuten die Nase gebrochen hat. Genau wusste er das nicht mehr. Schließlich war er oft betrunken gewesen und viele Opfer hatten die Tat nicht angezeigt.

Er fühlte sich mit den anderen zusammen gut, so als könnte ihm keiner was. Die Angst in den Augen seiner Opfer versetzte ihm einen Kick. Er fühlte sich mächtig, wie sonst nie.

In meinem Kurs war Alex immer einer der Höflichsten. Er begrüßte mich lächelnd, stellte die Stühle auf oder kochte Kaffee für alle. Wenn man ihn so erlebte, konnte man sich kaum vorstellen, dass dieser Junge Weltmeister im Nasenbrechen war. Aber sobald ich mich etwas entfernte, musste er sich vor den anderen Kursteilnehmern in Stellung bringen. Dann musste er allen klarmachen, dass er ein krasser, gefährlicher Typ war. Er wurde schnell laut, versuchte die schwächsten Kursteilnehmer zu drangsalieren, zu erniedrigen und zu piesacken, nur um klarzumachen, dass er ein toller Typ war. In diesen Momenten war nichts mehr übrig von dem höflichen jungen Mann, dann litt er an hoffnungsloser Selbstüberschätzung. Doch wenn man genau hinsah, war nicht viel dahinter.

Aber nicht immer kann man die Gewalttätigkeit von Jugendlichen darauf schieben, dass die Eltern an dem Verhalten ihrer Kinder desinteressiert sind. Manchmal geraten Jugendliche einfach in die falschen Kreise und finden Freunde, die vor Gewalttaten nicht zurückschrecken. Wie gesagt, Gewalttäter geben sich gerne das Image eines Kriegers. Sie zeigen sich unberechenbar und stark, das kann auf Gleichaltrige, die sich weniger stark fühlen, anziehend wirken. Wie toll ist es, dann einen derartigen Freund an seiner Seite zu wissen. Und warum sollte man nicht mitmachen? Nicht nur bei Jungen finden wir dieses Phänomen.

Vor etwa zwei Jahren kam ein Elternpaar zu mir, weil es mit seiner 15-jährigen Tochter nicht mehr zurechtkam. Das Mädchen, nennen wir es mal Hannah, log sie an, schwänzte die Schule und verschwand manchmal für zwei Tage, ohne dass die Eltern wussten, wo sie die Nacht verbracht hatte. Den Anruf der Polizei erhielten sie, als Hannah mal wieder unterwegs war. Ihnen wurde mitgeteilt, ihre Tochter habe in einer Diskothek ein anderes Mädchen derart verprügelt, dass sie mit Prellungen und einer schweren Gehirnerschütterung im Krankenhaus behandelt werden musste. Daraufhin waren die Eltern erst einmal sprachlos, denn sie hatten zwar geahnt, dass ihre Tochter Dinge tat, die sich am Rande der Legalität bewegten, aber an Gewalt hatten sie dabei nicht gedacht. Hannah bekam eine Anzeige wegen Körperverletzung. Ihre Eltern baten mich, mit ihnen an der eingefahrenen Erziehungssituation zu arbeiten. Sie wollten verhindern, dass ihre

Tochter ihnen völlig entglitt. Im Laufe meiner Arbeit mit ihnen erfuhr ich Folgendes: Hannah war lange ein schüchternes, ruhiges Mädchen gewesen, aber mit 14 hatte sie angefangen, sich zu verändern. Erst war es die Sprache gewesen. Plötzlich hatte sie den Eltern Dinge wie: »Ach, fickt euch doch!«, entgegengeschleudert, wenn ihr etwas nicht passte. Und sie hatte sich anders gekleidet, irgendwie aufreizender. Plötzlich trug sie Lippenstift und enge Oberteile. Ihre alten Freundinnen aus der Schule riefen nur noch selten an, immer wieder hörten die Eltern jetzt den Namen Jenny: »Die Jenny hat gesagt ...« oder »Die Jenny hat aber ...« Jenny war schon 16. Sie war zweimal sitzen geblieben, sie hatte bereits sexuelle Erfahrungen, rauchte, nahm ab und an Drogen und sie ließ sich nichts gefallen. Einmal hatte sie einem Jungen, der ihr zu aufdringlich war, mit voller Wucht ins Gesicht geschlagen, sodass der eine aufgeplatzte Lippe hatte. Ein anderes Mal hatte sie in einer Disco einer Gleichaltrigen, die sich an ihren Freund rangemacht hatte, den Kopf gegen die Wand geknallt. Hannah war vollkommen fasziniert von Jenny. Sie hätte alles getan, um ihr zu gefallen. Hannahs Eltern waren natürlich mäßig begeistert von Hannahs Schwärmerei. Sie mochten die derbe Sprache von Jenny nicht, es gefiel ihnen auch ganz und gar nicht, dass Hannah diese imitierte und sie mochten auch die Leute nicht, mit denen sich Jenny sonst so umgab. Es waren darunter Jungen, die mindestens wie 18 aussahen und den Eindruck machten, als ließen sie sich nichts verbieten. Und auch Hannah ließ sich nichts mehr verbieten. Sie tat nur noch, was sie wollte, immer öfter kam es zum Streit, bis sie die Eltern schließlich völlig ignorierte.

Irgendwann bekam Hannahs Mutter mit, dass Hannah einen Freund hatte. Er machte keinen vertrauenerweckenden Eindruck auf die Eltern. Eine Nachbarin sagte ihnen, dass der Junge schon mal im Gefängnis gesessen habe. Hannahs Eltern waren ratlos. Sie hatten keine Ahnung, wie sie ihre Tochter noch erreichen konnten.

Das Mädchen in der Disco hatte Hannah aus Eifersucht attackiert. Sie hatte gesehen, wie sie ihren Freund angeflirtet hatte. Als sie Jenny davon erzählte, sagte diese: »Komm, die schnappen wir uns.« Sie hatten dem Mädchen bei den Toiletten aufgelauert. Jenny hatte sie festgehalten, während Hannah auf sie eingeschlagen hatte. Als die Polizei kam, war Jenny weg.

Ich habe Hannah kennengelernt und bin sicher, dass sie nie auf die Idee gekommen wäre, einen anderen Menschen zu verprügeln, wenn sie sich nicht so bedingungslos an Jenny orientiert hätte. Ihre Tat macht das um keinen Deut besser. Hannah musste vorübergehend in eine Einrichtung für straffällig gewordene Jugendliche, jetzt lebt sie wieder zu Hause. Ihre Eltern arbeiten hart daran, wieder eine gute Kommunikationsbasis mit ihr zu bekommen. Und auch Hannah gibt sich jetzt ab und zu Mühe, die Eltern zu verstehen. An ihrer Freundschaft zu Jenny hält sie aber nach wie vor fest.

## Sinnvolle Sanktionen für jugendliche Straftäter

Wer anderen Menschen wiederholt schadet, ganz gleich aus welchen Gründen, dem muss unmissverständlich klargemacht werden, dass dieses Verhalten nicht geduldet wird. Der Täter muss mit seinen Taten konfrontiert und gegebenenfalls bestraft werden. Am besten ohne allzu große Verzögerung, damit der Täter die Strafe auch unmittelbar damit in Verbindung bringt. Oft vergehen zwischen der Tat und dem Gerichtsverfahren viele Monate und solange können die Täter ihr Leben nahezu unbehelligt weiterführen. Sie müssen den Eindruck bekommen, dass die Tat ja nicht so gravierend gewesen sein könne, wenn sich danach nichts an ihrem Leben ändert, zumindest zunächst. 2009 wies die Berliner Jugendrichterin Kirsten Heisig auf diesen Missstand hin und initiierte gemeinsam mit einem Kollegen das »Neuköllner Modell«.[4] Danach sollte durch die enge Zusammenarbeit zwischen Polizei, Staatsanwaltschaft und Gericht das Jugendstrafverfahren vereinfacht und verkürzt werden. Junge Täter, die kleinere Delikte begangen hatten, sollten sich so drei spätestens fünf Wochen nach der Tat vor Gericht verantworten müssen. Auf diese Weise sollten die Täter schneller die Folgen ihrer Tat zu spüren bekommen, was den erzieherischen Effekt verbessern und neue Taten verhindern kann. Meiner Ansicht nach ist das ein wichtiger Schritt, um Jugendgewalt entgegenzuwirken. Das Neuköllner Modell wird allerdings noch nicht bundesweit eingesetzt, Berlin und Bayern arbeiten aber schon damit.

Oliver, Mark und Alex bekamen für ihre Taten eine Jugendstrafe und mussten in eine Jugendstrafanstalt. Im Gegensatz zu den Einrichtungen für Erwachsene wird hier der Schwerpunkt nicht auf Strafe, sondern auf Erziehung gelegt. Schule und Berufsausbildung sind dort möglich, Pädagogen und Erzieher kümmern sich um die Jugendlichen und sorgen dafür, dass sie sich mit ihrer Tat auseinandersetzen. So sieht es in der Theorie aus. In der Praxis ist das soziale Klima in einer Jugendstrafanstalt oft nicht geeignet, um einen jugendlichen Straftäter auf die richtige Spur zu bringen. Viele Insassen machen im geschlossenen Vollzug schwere Gewalterfahrungen. Eine Studie des Kriminologischen Forschungsinstituts Niedersachsen von 2012 hat gezeigt, dass die Gewalt unter den Insassen einer Haftanstalt drastisch ist. Aus dem Forschungsbericht *Viktimisierungserfahrungen im Strafvollzug* der Autoren Christian Pfeifer und Steffen Bieneck geht hervor, dass es im Jugendvollzug sogar noch schlimmer zugeht, als in den Anstalten für Erwachsene. Auf die Frage, ob sie innerhalb der letzten vier Wochen Opfer physischer Gewalt geworden seien, antworteten 49 Prozent aller befragten jugendlichen Insassen mit Ja. Sieben Prozent gaben an, in diesem Zeitraum vergewaltigt worden zu sein. Die allermeisten Taten werden jedoch nicht angezeigt. Es ist davon auszugehen, dass »Verrätern« das Leben erst recht zur Hölle gemacht wird. Hilfe können die Opfer entsprechend eher von anderen Insassen erfahren, die Bediensteten der Anstalt werden oft gar nicht erst angesprochen.[5]

Diese Zahlen vermitteln ein Bild davon, wie der Umgang in Jugendhaftanstalten sein kann. Wenn ein Jugendlicher eine Weile in einem solchen Umfeld zubringen muss, trägt das natürlich nicht dazu bei, ihm klarzumachen, dass Gewalt keine Lösung ist. Im Gegenteil, selbst wer fest entschlossen war, die Zeit im Knast sinnvoll zu nutzen, um nachher ein straffreies Leben zu führen, wird in einem solchen Milieu leicht von diesen Vorsätzen abgebracht. Wenn diese Jugendlichen regulär entlassen werden, werden laut Rückfallstatistik des Bundesministeriums der Justiz gut 70 Prozent wieder straffällig. Wer früher auf Bewährung rauskommt, hat etwas bessere Chancen. Hier sagt die Statistik, dass etwa 50 Prozent der Jugendlichen mit Bewährungsstrafen rückfällig werden.[6]

Inhaftierung ist eine Möglichkeit, mit jugendlichen Straftätern umzugehen. Eine gute ist es nicht. Denn es verschiebt das Problem, anstatt es zu beheben. Eine Weile hat man seine Ruhe vor dem Delinquenten, aber sobald er wieder auf freien Fuß kommt, wird er mit hoher Wahrscheinlichkeit die nächste Tat begehen.

Die Politik, die um die Zustände in den Jugendstrafanstalten weiß, tut nichts dagegen. Gewaltbereite junge Menschen werden nach wie vor auf engem Raum zusammengesperrt, wenn auch meist in winzigen Zellen einzeln untergebracht. Der ehemalige Justizminister des Landes Niedersachsen, Bernd Busemann, reagierte auf die Studie des Kriminologischen Forschungsinstituts Niedersachsen mit den Worten: »Ein Knast ist eben keine Mädchenpension.« So jedenfalls zitiert ihn der *Tagesspiegel* am 16. August 2012.[7]

Es gibt andere, mildere Möglichkeiten, auf gewalttätige Jugendliche zu reagieren, sogenannte Zuchtmittel. Ein entsprechendes Urteil kann eine Verwarnung beinhalten, was eine Art förmliche Zurechtweisung ist, es kann aber auch den Täter dazu verpflichten, bestimmte Auflagen zu erfüllen, also Arbeitsleistungen zu erbringen, einen festgelegten Geldbetrag an eine gemeinnützige Stelle zu geben oder den erbrachten Schaden, auf irgendeine andere Weise wiedergutzumachen. Als härtestes Zuchtmittel gilt der Jugendarrest. Diese Strafe dient häufig als »Warnschuss«, wenn eine Haftstrafe zu hart erscheint, andere Maßnahmen jedoch nicht mehr greifen. Jugendarrest kann zwischen zwei Tagen und vier Wochen angesetzt sein. Meist wird die Zeit so bestimmt, dass der Jugendliche noch zur Schule, Ausbildung oder Arbeit gehen kann. Die Arrestzeit findet also entweder am Wochenende statt oder in den Ferien. Es gibt auch die Möglichkeit, den Jugendlichen während der Schul-, Ausbildungs- oder Arbeitszeit in Arrest zu nehmen. In einigen Fällen darf der Täter dann tagsüber den Arrest verlassen, muss aber zu bestimmten Zeiten wieder zurück sein. In anderen Fällen muss der Täter die ganze Zeit über im Arrest bleiben.

Aber auch in einer Jugendarrestanstalt kann ein jugendlicher Straftäter Erfahrungen machen, die aggressives Verhalten noch verstärken. Auch hier treffen jugendliche Straftäter geballt aufeinander, es gibt eine Hierarchie unter den Insassen sowie körperliche und psychische Gewalt. Durch die kürzere Zeit, die die Insassen im Jugendarrest verbringen, kann man jedoch annehmen, dass die Verhältnisse dort nicht ganz so drastisch sind, wie in der Jugendstrafanstalt. Denn dort sind die Insassen mindestens sechs Monate festgesetzt (möglich sind fünf, in Ausnahmefällen sogar zehn Jahre bei Jugendlichen) und in solch einem Zeitraum können Machtkämpfe sehr viel intensiver ausgetragen werden, als in ein paar Tagen oder Wochen.

Die Angaben zur Rückfallquote Jugendlicher, die im Jugendarrest waren, sind sehr widersprüchlich. Legt man die bundesweite Statistik des Bundesjustizministeriums zur Legalbewährung zugrunde, liegt sie bei etwa 58 Prozent.[8]

Problematisch am Jugendarrest ist auch, dass viele den Unterschied zwischen Jugendstrafvollzug und Jugendarrest gar nicht kennen. Selbst den Verurteilten ist oft vor Antritt des Arrests nicht klar, dass sie nicht in den »Knast« gehen.

Es gibt natürlich auch noch alternative Projekte, in denen zum Beispiel mit jugendlichen Gewalttätern und ein paar Erlebnispädagogen eine Reise in die sibirische Tundra veranstaltet wird, wo die Täter dann in ungewohnter, karger Umgebung hart arbeiten müssen. Das ist sicher gut gemeint, aber in meinen Augen werden bei diesen Maßnahmen große Summen ausgegeben, ohne die Nachhaltigkeit zu gewährleisten. Wie soll ein vierwöchiger Aufenthalt in der Tundra einem Gewalttäter helfen, sein Verhalten nachhaltig zu ändern, wenn die intensive Betreuung danach einfach aufhört? Außerdem senden diese

Maßnahmen ein merkwürdiges Signal an Menschen, die sich nie etwas zuschulden kommen lassen. »Warum bekommt der Junge, der 90 Nasen gebrochen hat, eine Reise in die Tundra finanziert, und ich bin noch nie straffällig geworden und kriege noch nicht mal die Abschlussfahrt der Berufsschule in den Harz bezahlt«, könnte sich so mancher da fragen, zu Recht wie ich finde.

Aus meiner Erfahrung ist es nicht möglich, Verhaltensweisen, die sich über Jahre herausgebildet haben, in einem Crashkurs von vier bis acht Wochen zu verändern. Meist endet die Betreuung mit der Rückkehr, eine entsprechende Begleitung der Jugendlichen nach dem Projekt ist nicht vorgesehen. So gehen Erfolge, die sich möglicherweise bereits eingestellt oder abgezeichnet haben, wieder verloren.

Die schwächste Form des Jugendstrafrechts, auf Straftäter zu reagieren, sind die sogenannten Erziehungsmaßregeln. Diese sollen lediglich einen erzieherischen Charakter haben und nicht der Strafe dienen. So kann der Straftäter angewiesen werden, in einem Heim zu wohnen, Sozialstunden abzuleisten, den Kontakt mit bestimmten Personen zu unterlassen und bestimmte Orte nicht mehr aufzusuchen oder einen sozialen Trainingskurs zu besuchen, wie zum Beispiel das Anti-Aggressions-Training. Aber wie gesagt, nicht alle jugendlichen Straftäter lassen sich damit erreichen.

Ich bin nicht generell gegen Freiheitsentzug, aber ich halte es für das allerletzte Mittel, das nur eingesetzt werden sollte, wenn alle anderen Maßnahmen, wie Sozialstunden und der vorgeschriebene Abstand von gewissen Personen und Orten nichts bringen. Es gibt Täter wie Mark, bei denen weiß auch ich mir nicht anders zu helfen. Doch mir ist klar, dass eine Inhaftierung bei ihm wahrscheinlich nichts ändern wird. Bei manchen ist einfach schon zu viel falsch gelaufen. Es hätte sich dann schon viel früher jemand um sie kümmern müssen.

Inhaftierung kann nur etwas bringen, wenn begleitend an einer Verhaltensänderung gearbeitet wird, beispielsweise durch eine Langzeittherapie oder soziale Trainingskurse, wie das Anti-Aggressions-Training.

Um eine Verhaltensänderung bei einem straffälligen Jugendlichen zu bewirken, muss er verstehen, was er falsch gemacht hat. Er muss nachempfinden können, was sein Opfer empfunden hat, welche Schmerzen und Ängste es gequält haben und noch quälen. Wenn der Täter bereit ist, sich in sein Opfer hineinzuversetzen und nachzufühlen, wie es empfunden hat, beginnt er das Ausmaß seiner Tat zu begreifen. Dann kann ein Umdenken einsetzen. Die Täter dürfen nicht die Chance bekommen, ihre Tat zu bagatellisieren und die Augen davor zu verschließen, was sie getan haben.

Wichtig ist bei Haftstrafen auch, dass den Tätern dort Perspektiven aufgezeigt werden. Sie müssen eine Idee haben, wie es nach der Haft weitergehen kann. Sie brauchen ein Ziel, und zwar ein positives, das für sie erreichbar ist. Wenn das fehlt, werden sie keinen Sinn darin sehen, nicht mehr straffällig zu werden.

Die Bedingungen in Haftanstalten für Jugendliche müssen selbstverständlich verbessert werden. Die Insassen dürfen nicht das Gefühl haben, auf sich allein gestellt zu sein und sich nach ihren eigenen Gesetzen verhalten zu können. Viele Haftanstalten sind derzeit personell unterbesetzt. Doch Personalmangel und Überbelastung darf es gerade dort nicht geben. Denn die jugendlichen Straftäter brauchen wache, klare, empathische Gegenüber, die ihnen vorleben, wie ein soziales Miteinander, das auf gegenseitiger Achtung beruht, funktionieren kann.

Alternativen zu den klassischen Justizvollzugsanstalten, wie das Projekt Chance e. V., können je nach Charakter des Straftäters zielführender sein, wenn es darum geht, einem Gewalttäter zu einem straffreien Leben zu verhelfen. Die Jugendlichen haben dort einen strengen, fordernden Tagesablauf. Beginnend mit Frühsport um 5.45 Uhr, geht es weiter mit Schule, Ausbildung, Hausarbeit, Täter-Opfer-Ausgleich bis abends um 22 Uhr. Die Jugendlichen werden in familienähnlichen Gruppen untergebracht und bekommen Aufgaben innerhalb dieser Gemeinschaft zugewiesen. Besonderer Wert wird dabei auf das soziale Miteinander und den fairen, respektvollen Umgang gelegt. Die Täter lernen dabei mit und von Gleichaltrigen und werden intensiv begleitet und gefordert. Bei diesen Punkten versagen leider die allermeisten Haftanstalten.

Wenn die Tat nicht zu gravierend ist und der Täter dafür geeignet scheint, wird die Strafe von Jugendlichen auch in vielen Fällen zur Bewährung ausgesetzt. In dieser Zeit, die je nach Art der Strafe bis zu drei Jahren dauern kann, wird der Jugendliche von einem Bewährungshelfer unterstützt, der ihm hilft seine Auflagen und Weisungen zu erfüllen. Dabei wäre es sinnvoll, wenn die Auflagen in irgendeiner Weise mit der Tat in Zusammenhang stehen würden. Jemand, der einem anderen die Nase gebrochen hat, sollte vielleicht nicht gerade Arbeitsstunden in einem Jugendzentrum leisten müssen, wo im Zweifel seine alten Kumpels rumhängen. Sinnvoller wäre in diesem Fall vielleicht eine Arbeit mit Kranken und Hilfsbedürftigen, wobei auch das begleitet werden müsste. Es müsste sichergestellt werden, dass der Täter seine Arbeit reflektiert. Ein Bewährungshelfer kann das bei der Masse an Probanden, die er in der Regel betreut, nicht unbedingt leisten. Meiner Ansicht nach sollte es hier Stellen geben, die speziell für Betreuung der Arbeits- und Sozialstunden da sind.

Ein Bewährungshelfer unterstützt den jugendlichen Straftäter dann im Idealfall auch bei lebenspraktischen Dingen, wenn es darum geht, zurück in ein straffreies Leben zu finden, wie zum Beispiel bei der Wohnungs- und Arbeitssuche. Wenn sich die Probanden kooperativ zeigen und in ihrem Bewährungshelfer einen kompetenten Ansprechpartner finden, dem sie vertrauen, kann Bewährung wesentlich zielführender sein als eine Haftstrafe.

Für einige Täter kommt auch ein Täter-Opfer-Ausgleich infrage, bei dem Täter und Opfer im Gespräch miteinander versuchen, sich zu einigen. Das kann beiden Parteien helfen, die Tat zu verarbeiten. Wenn das Opfer dazu bereit ist und der Täter in der Lage ist, über seine Tat zu reflektieren, kann das für beide Seiten gewinnbringend sein. Jedoch kann ich auch jeden Menschen, der Opfer geworden ist, gut verstehen, wenn er dem Täter nicht mehr in die Augen blicken möchte.

### Was Eltern tun können

Bei den meisten Gewalttätern fehlt es an einem lebendigen, liebevollen familiären Umfeld. Das ist sowohl bei Tätern aus bildungsfernen, finanziell schlecht gestellten Familien so, als auch bei Tätern aus gut situierten Verhältnissen. Eine Familiensituation, in der die Tochter oder der Sohn Mittag für Mittag mit einer aufgewärmten Tiefkühlpizza im eigenen Zimmer verschwindet und den ganzen Tag drinbleibt, schafft nicht gerade Nähe. Deshalb ist zum Beispiel eine gemeinsame Mahlzeit am Tag sehr wertvoll. Sie sollte selbstverständlicher Bestandteil des Alltags sein. Auch wenn pubertierende Jugendliche das offenkundig »ätzend« finden, sollte man darauf beharren. Denn am Tisch findet Kommunikation zwischen den Familienmitgliedern statt. Natürlich geht es da nicht immer harmonisch zu, aber Auseinandersetzungen gehören zum Zusammenleben dazu und beleben (meistens) das Zusammensein. Versuchen Sie darüber hinaus, regelmäßig mit Ihrem Kind Gespräche zu führen. Das kann zum Beispiel während einer Autofahrt sein, denn hier ist kein Blickkontakt möglich, was den eventuell empfundenen Stressfaktor etwas reduzieren kann. Auch abends am Bett kann eine Gesprächssituation geschaffen werden. Hier ist es natürlich von Vorteil, wenn es bereits ein gewisses Abendritual gibt. Möglich ist auch die Einladung, sich für eine Tasse Kaffee, Tee oder Kakao zusammenzusetzen, einfach so.

Es ist nicht einfach, einem pubertierenden Kind, das einen ab und zu richtiggehend ablehnt, immer wieder Gesprächsangebote zu machen. Aber lassen Sie sich nicht so leicht ins Boxhorn jagen. Reagieren Sie auf die Wortkargheit Ihres Kindes nicht, indem Sie selbst stur und wortkarg werden. Signalisieren Sie Ihrem Kind weiter Ihre Gesprächsbereitschaft und nutzen Sie die möglicherweise seltenen Momente, in denen es sich öffnet. Nur so behalten Sie auch in der schwierigen Zeit der Pubertät den Kontakt zu Ihrem Kind und erfahren, was es beschäftigt und möglicherweise bedrückt.

Wenn es Ihnen nicht gelingt, diesen Kontakt zu halten, wenn Sie verzweifeln, weil Ihr Kind Sie nicht an sich heranlässt, dann scheuen Sie nicht davor zurück, sich Hilfe zu holen. Fragen Sie andere Eltern, Freunde, Verwandte, bei besonderen Auffälligkeiten auch Therapeuten und Ärzte, was Sie tun können, um eine gute Gesprächskultur zu schaffen. Manchmal gibt es auch eine Tante oder einen älteren Freund, zu dem Ihr Kind ein gutes Verhältnis hat, dem es sich anvertrauen kann. Dann wissen Sie immerhin, dass es jemanden gibt, mit dem Ihr Kind sich austauscht, auch wenn das momentan nicht Sie sein können. Diese

»Elternallergie« wird auch wieder verschwinden. Nur Mut, bleiben Sie offen und denken Sie an die vielen Hormone, die ungefragt ein Chaos in Ihrem Kind anrichten.

Wenn Sie feststellen sollten, dass Ihr Kind zu aggressivem, gewalttätigem Verhalten neigt, sollten Sie zunächst einmal herausfinden, was ihr Kind dazu antreibt. Versuchen Sie herauszufinden, mit welchem Blickwinkel Ihr Kind durch die Welt geht. Machen Sie ihm klar, wie sich Opfer von Gewalt fühlen. Erklären Sie ihm auch, dass Gewalttaten gegen andere strafbar sind. Gehen Sie mit ihm einen Fall von aggressivem Verhalten Schritt für Schritt durch, vom Schlag über die Reaktion des Opfers, zur Anzeige, bis hin zur zu erwartenden Strafe. Was würde es bedeuten, zum Beispiel zwei Jahre lang 80 Euro Schmerzensgeld im Monat zahlen zu müssen? Woher käme das Geld? Was könnte man alternativ damit machen? Den Führerschein? Urlaub mit den Freunden? Zeigen Sie Ihrem Kind, wohin die Reise gehen kann. Natürlich ist es eine Möglichkeit, jemandem aus Rache die Nase zu brechen. Aber ist es eine kluge Reaktion? Geben Sie dem Kind klare Regeln an die Hand, wie man miteinander umgeht, und suchen Sie gemeinsam nach Antworten auf die Frage: Was könnte ich noch tun, um meiner Wut Platz zu machen, ohne jemanden zu verletzen?

Auch Kinder unter 14 Jahren werden Maßnahmen zu spüren bekommen, wenn sie wiederholt gegen Gesetze verstoßen. Hier ist die Kinder- und Jugendhilfe zuständig. Bei Sach- oder Personenschäden sind jedoch im Zweifel die Eltern haftbar.

Nehmen Sie es auch bei jüngeren Kindern nicht hin, wenn Sie merken, dass es sich gegen andere durchsetzt, indem es Gewalt anwendet. Zeigen Sie ihm deutlich, dass Sie das nicht tolerieren. Überlegen Sie zusammen mit Ihrem Kind, wie es seine eigenen Grenzen deutlich macht, das wird ihm helfen, die Grenzen der anderen besser wahrzunehmen. Bei wiederkehrenden Konflikten sollten Sie in einer entspannten Phase eine Absprache darüber treffen, wie sie künftig damit umgehen wollen. Vielleicht hilft hier ein Zeichen, das das Kind daran erinnert, was Sie besprochen haben, zum Beispiel eine symbolische Geste mit der Hand, die »Stopp« signalisiert oder ein kleiner Spielzeugelefant, der dem Kind ins Gedächtnis ruft, dass es so bedächtig und schlau wie ein Elefant sein kann, und dass nun genau diese Schläue gefragt ist, um negative Konsequenzen abzuwenden. Ein großer Schritt ist geschafft, wenn Ihr Kind es schafft, bei einem Anfall von Wut in den Garten oder in sein Zimmer zu gehen, statt herumzuschreien und Dinge durch die Gegend zu werfen.

Die Familie ist der Ort, an dem ein Kind einen großen Teil seines Sozialverhaltens lernt. Hier sollte ein fairer, respektvoller Umgang miteinander herrschen. Deshalb ist es wichtig, dass Sie Ihr Kind ohne Gewalt erziehen. Zeigen Sie ihm, wie man Konflikte lösen kann, ohne jemanden zu bedrohen, einzuschüchtern oder gar zu schlagen. Wenn Sie selbst überreagiert haben, und das kommt leider vor, dann zeigen Sie Größe, indem Sie sich entschuldigen. Halten Sie Kontakt zu den Lehrern und Erziehern Ihres Kindes und sehen Sie in ihnen Kooperationspartner.

Nehmen Sie Ihr Kind ernst, wenn es von Gewalttaten berichtet. Teilen Sie seine Sorgen und Ängste mit ihm und geben Sie ihm das Gefühl, dass es nicht allein damit ist.

Wenn Ihr Kind weiß, dass Sie es lieben, auch wenn Sie mal ein bestimmtes Verhalten kritisieren, wird es in Ihnen einen wertvollen Ansprechpartner sehen können, wodurch ein Grundstein für einen starken, selbstsicheren Charakter gelegt ist. Und ein Kind, das innerlich sicher ist, hat keinen Grund, sich durch gewalttätiges Verhalten in den Vordergrund zu spielen.

# Weder dissen noch chillen – wie wir unsere Kinder stark machen

*Um ein Kind aufzuziehen, braucht es ein ganzes Dorf.*
Afrikanisches Sprichwort

In den vorangegangenen Kapiteln habe ich beschrieben, wie Kinder und Jugendliche mit allen Mitteln um Aufmerksamkeit buhlen. Die Beispiele von respektlosem Verhalten, Mobbing und schierer Gewalt zeigen, dass eine Art Verrohung in ihrem Verhalten zu erkennen ist. In den meisten Fällen fehlt ihnen meiner Ansicht nach Empathievermögen und Selbstbewusstsein. Sie sind unsicher und um das zu überspielen, sind sie laut, respektlos und setzen ihre Interessen ohne Gewissensbisse mit Gewalt durch.
Der Neurobiologe Gerald Hüther nennt diese Generation »funktionalisierte Menschen«[1]: Sie werden durch das Prinzip Belohnung und Strafe regelrecht abgerichtet. Ich sehe das auch so. Die Erziehenden nehmen sich nicht ausreichend Zeit, sich mit den Kindern und Jugendlichen auseinanderzusetzen. Diese sollen funktionieren, genauso wie auch die Erwachsenen immerzu funktionieren sollen. Statt sich miteinander zu befassen, hetzen sie Erfolg und Wohlstand hinterher, ohne zu merken, dass das Wertvollste, was sie haben, schon bei ihnen ist: nämlich die Familie und die Kinder.

Die Angst vor dem sozialen Abstieg ist heute unglaublich groß. Das Abitur gilt inzwischen als Mindestanforderung für ein glückliches Leben. Aber Jugendliche wissen gar nicht, was sie in der Zukunft eigentlich erwartet. Ständig sollen sie gute Leistung bringen mit dem Hinweis darauf, dass dann in der Zukunft alles viel besser wird. Was gerade im Moment anliegt, gerät dadurch leicht aus dem Blick. Die Ängste und Sorgen des Kindes müssen warten.

Die beiden wichtigsten Instanzen für die Entwicklung eines Kindes sind die Familie und die Schule. Hier möchte ich Möglichkeiten zeigen, wie diese Institutionen Kinder dabei unterstützen können, starke, selbstbewusste, achtsame und tolerante Menschen zu werden, die bereit sind, Verantwortung für ihr Handeln zu übernehmen.

## Was Schulen tun können

Neulich hatte ich an einer Förderschule zu tun. Früher hießen diese Schulen Sonderschulen. Dorthin gehen Schüler, die in ihren Lern- und Entwicklungsmöglichkeiten eingeschränkt sind, etwa weil sie blind oder taub sind oder geistig, motorisch oder körperlich anders funktionieren als andere. Die Idee einer Förderschule ist, dass dort im Gegensatz zu einer Regelschule individuell auf den Entwicklungsstand des Kindes eingegangen werden kann.

Die Förderschule, an der ich zu tun hatte, hat den Schwerpunkt emotionale und soziale Entwicklung und betreut Schüler von der ersten bis zur zehnten Klasse. Ich erzähle davon, weil es meiner Meinung nach eine besonders gute Schule ist und weil mich der Besuch dort zum Nachdenken angeregt hat.

Schon der Schulhof war so freundlich und ansprechend gestaltet, dass man gleich Lust bekam, sich dort eine Weile aufzuhalten. Es gab einen Bereich mit Sand zum Buddeln, zwei Nestschaukeln und kleine Hütten aus Holz, in die sich die größeren Schüler zurückziehen konnten, wenn sie das Bedürfnis hatten, ein bisschen für sich zu sein. Bei der Gestaltung war offensichtlich der unterschiedliche Entwicklungsstand der Kinder berücksichtigt worden, kein Vergleich zu den tristen, geteerten Flächen, auf denen die Schüler der meisten weiterführenden Schulen ihre Pausen verbringen müssen. Auch innerhalb des Gebäudes war es hell, freundlich und warm. Die Klassen haben zwischen acht und zehn Schülern. Während des Unterrichts werden die Kinder von einem Lehrer und einem Erzieher betreut, manchmal kommt noch eine zusätzliche pädagogische Hilfskraft dazu. So kann auf jeden Schüler eingegangen werden. Die Erwachsenen achten darauf, dass alle mitkommen. Wenn es nötig ist, kann auch mal ein Schüler individuell betreut werden, ohne dass der Unterricht für die anderen dadurch ins Stocken gerät. In der Frühstückspause nimmt die Klasse gemeinsam an einem gedeckten Tisch ihr Frühstück ein, was etwas Familiäres hat. Die Schüler haben ein sehr vertrautes Verhältnis zu den Pädagogen und Erziehern. Sie scheinen genau zu wissen, dass sie sich jederzeit an sie wenden können. Das soziale Miteinander steht im Fokus. Schüler, die sich nicht an die Regeln halten, werden nicht einfach bestraft, sondern auch verstärkt betreut. Wenn ein Kind dem Unterricht nicht folgen kann, wird das bemerkt und entsprechend unterstützt.

Die Kinder, die hier zur Schule gehen, hatten massive Probleme mit dem Lernen und damit, sich sozial verträglich zu verhalten. Die meisten waren eine Weile auf (mindestens) einer Regelschule gewesen, bevor sie hier gelandet sind. Sie sind wegen schlechter Leistung hier, weil sie Schwierigkeiten hatten, sich an Regeln zu halten, und öfter mal den Unterricht lahmgelegt haben, oder weil einige ihrer ehemaligen Mitschüler richtig Angst vor ihnen hatten. Der 12-jährige Dino zum Beispiel hatte oft heftige Wutausbrüche, einmal hatte er während des Unterrichts einen Stuhl durch die Gegend geschmissen und dabei eine Schülerin am Kopf verletzt, die 14-jährige Kora hatte einige jüngere Kinder an ihrer alten Schule mit dem Messer bedroht und erpresst.

Als ich sah, wie individuell die Kinder hier begleitet werden, fragte ich mich: Warum müssen Kinder erst jemanden verletzen, bedrohen oder erpressen, um in den Genuss solcher Lernbedingungen zu kommen? Warum also bekommen Störenfriede derart optimale Lernbedingungen und Fördermöglichkeiten, angepasste, sogenannte brave Schüler aber nicht? Warum können nicht auch Schüler, die niemanden verletzen, in kleineren Klassenverbänden lernen? Es müssten ja nicht einmal acht bis zehn Schüler sein, Lerngruppen mit zwischen 15 und 20 Schülern wären schon in Ordnung. In einer Klasse mit 30 Schülern, was leider an den meisten Regelschulen normal ist, geht der einzelne Schüler mit seinen Anliegen, Stärken, Schwächen und Nöten definitiv unter. Wenn einer dem Unterrichtsstoff nicht folgen kann, muss er sich selbst darum kümmern, dass er irgendwie mitkommt. Es gibt natürlich Schüler, die das auch gewissenhaft tun, wenn auch oft auf den Druck der Eltern hin. Wie gesagt: Die Angst, den Anschluss zu verlieren, ist allgegenwärtig.

Auch bei persönlichen, sozialen oder familiären Problemen hat ein Schüler an einer Regelschule meist keinen zuverlässigen Ansprechpartner. Schulsozialarbeiter oder gar Schulpsychologen gibt es gar nicht oder nur einen einzigen für eine Schule mit 900 Schülern. Ich habe schon öfter erlebt, dass zwei Schulen sich einen Sozialarbeiter teilen müssen. Aber die Auslastung dieses Jobs ist offenbar noch steigerungsfähig: Neulich sprach ich mit einem Schulsozialarbeiter, der für fünf Schulen zuständig ist. Das Ergebnis ist, dass viele Schüler nicht einmal wissen, wie der Sozialarbeiter aussieht. Der Bedarf an Schulsozialarbeitern wird beispielsweise in Nordrhein-Westfalen danach bemessen, wie viele Kinder in der Schule vertreten sind, deren Eltern Hartz IV beziehen. Offenbar wird davon ausgegangen, dass Kinder, deren Eltern einer Erwerbsarbeit nachgehen, ohne Zuschüsse vom Staat zu beziehen, keinen Ansprechpartner benötigen.

Aber mit der Anwesenheit eines Sozialarbeiters ist es noch lange nicht getan. Oft fehlt ein Raum, der geeignet ist, persönliche Gespräche mit Schülern zu führen. Ein Forum, in dem Schüler zwanglos mit einem Lehrer oder dem Schulsozialarbeiter ins Gespräch kommen können, wie zum Beispiel ein gemeinsames Frühstück, gibt es in den allermeisten Fällen nicht.

*Jedes* Kind möchte gesehen werden! Und *jedem* Kind stehen meiner Meinung nach gute Lernbedingungen und eine individuelle Betreuung zu. Dazu muss es nicht erst Lernschwierigkeiten haben oder sozial auffällig werden. Es ist doch verrückt, immer erst zu warten, bis das Verhalten eines Jugendlichen oder Kindes untragbar wird! Würde man früher ansetzen und die Lernbedingungen und das soziale Miteinander besser betreuen, würden vielen Schülern negative Erfahrungen erspart bleiben, die sie unter Umständen das ganze Leben lang begleiten. Außerdem würde eine wichtige Botschaft an die Schüler gegeben, nämlich: Wir lassen keinen fallen! Jeder ist uns wichtig und wertvoll! Vielleicht hätte Dino unter diesen Umständen keinen Stuhl durch die Klasse geschmissen und Kora hätte niemanden mit dem Messer bedroht.

Der Mensch ist ein Individuum und genauso sollte er auch behandelt werden. Eine Förderschule lässt den Kindern ihre Eigenheiten, sie begleitet und formt, ohne zu dressieren. Ich finde diese Form des Lernens und der Erziehung sollten jedem Kind ermöglicht werden.

So utopisch, wie sich das im ersten Moment anhört, ist es gar nicht. Seit 2009 wird daran gearbeitet, alle Schüler, auch die mit eingeschränkten Möglichkeiten und Behinderungen, gemeinsam zu unterrichten. Inklusion lautet das Zauberwort. Wenn alle Kinder mit Förderbedarf auf einer allgemeinen Schule untergebracht werden würden, würden die Förderschulen natürlich überflüssig. Von der Sache her ist das eine sehr gute Idee, aber in der Praxis ist die Umsetzung oft noch nicht durchdacht. Ich erlebe völlig überforderte (Regelschul-)Lehrer, die mit einem Mal zusätzlich ein Kind mit Behinderung in ihrer 30-Schüler-Klasse unterrichten sollen. Eine pädagogische Unterstützung ist zwar geplant, aber aktuell nicht verfügbar. Ich kenne eine Hauptschullehrerin, die seit fünf Monaten einen autistischen Schüler in ihrer Klasse hat. Auch hier steht ein Inklusionshelfer bedauerlicher Weise bisher nicht zur Verfügung. Die Lehrerin hat aber nie gelernt, einen autistischen Schüler zu unterrichten und auch die Klasse wurde nicht darauf vorbereitet. Von den nun 31 Kindern in ihrer Klasse sind vier hyperaktiv, drei nehmen Medikamente, ein Kind lebt im Kinderheim und zwei derzeit bei Pflegeeltern. Knapp 50 Prozent der Schüler haben einen anderen kulturellen Hintergrund. All diese Kinder benötigen dringend mehr Zeit und Beziehungsarbeit. Wer hat das Recht, dieser Lehrerin einen Vorwurf zu machen, wenn sie nicht bemerkt, dass es einem Kind nicht so gut geht? Diese Frau ist hoch engagiert, aber am Ende ihrer Kräfte. Die Zustände in der Klasse sind für alle Beteiligten traurig und dramatisch. Die Inklusionskinder werden so als Belastung und als Störenfriede wahrgenommen, die den Unterricht zusätzlich verlangsamen. Neulich habe ich miterlebt, dass in einer Klasse mit einem Inklusionskind fünf Schüler von ihren Eltern abgemeldet wurden, denn sie befürchteten, dass ihr Nachwuchs Schaden nehmen könnte. Sie waren gar nicht generell gegen die Inklusion, aber da die Lehrerin ohne jedwede Unterstützung mit diesem Inklusionskind verständlicher Weise völlig überfordert war, kam es zu massiven Problemen. Aber wie werden die Kinder, die deshalb die Schule wechseln von nun an »andersartige Kinder« wahrnehmen? Wie werden sie in Zukunft Menschen begegnen, die auf ihre Art an das Inklusionskind in der Klasse erinnern?

An Regelschulen findet sich nur ein sehr kleiner Anteil an Förderschullehrern. Es gibt Schulen, die nur einen einzigen Förderschullehrer beschäftigen, der für alle Kinder mit Förderbedarf zuständig ist. Seine Aufgabe ist, zu diagnostizieren, ob und in welchen Bereichen ein Kind gefördert werden muss. Je nach Förderbedarf muss er sich dann mit einer festgelegten Anzahl an Stunden pro Woche um das Kind kümmern. Außerdem ist es seine Aufgabe, Eltern zu beraten, deren Kinder auffällig sind. Eine Schule, die das Thema Inklusion ernst nimmt, muss daher deutlich mehr Förderschullehrer einstellen. Denn diese haben besondere Kompetenzen darin, Benachteiligte zu integrieren, auf Auffälligkeiten zu reagieren und individuell auf Schüler einzugehen. Sie beschäftigen sich bereits im Studium damit, wie man damit umgeht, dass jedes Kind anders ist. Bei Regelschullehrern steht nach wie vor die Wissensvermittlung im Vordergrund. Das Thema »Schüler, die den Unterricht mit ihrem Verhalten torpedieren« kommt in ihrer Ausbildung allenfalls am Rand vor.

Förderschullehrer erlebe ich als gelassener und feinfühliger gegenüber den Schülern. Wenn die Kinder unkonzentriert sind und die Gefahr besteht, dass die Stimmung den Unterricht unmöglich macht, reagieren sie rasch und flexibel darauf, zum Beispiel in dem sie eine als Spiel verpackte Konzentrationsübung machen, bevor sie wieder zur Wissensvermittlung übergehen. Während viele Regelschullehrer versuchen, trotz störender Schüler den Stoff zu vermitteln, den der Unterrichtsplan vorsieht, arbeiten Förderschullehrer daran, die Lernbedingungen zu verbessern. Regelschullehrer haben in den allermeisten Fällen gar nicht die Zeit, sich um eine Stimmung in der Klasse zu kümmern, oder gar um die Befindlichkeiten Einzelner. Sie haben einen strengen Lehrplan, der nach der sogenannten G8-Reform noch dichter geworden ist. Sie haben die Aufgabe, den Schülern innerhalb einer bestimmten Zeit vorgeschriebene Inhalte zu vermitteln, und sie müssen sich anstrengen, das auch redlich zu erfüllen, denn sie werden heutzutage von den Eltern strenger kontrolliert denn je. Neben der Wissensvermittlung müssen sie dafür sorgen, dass der Unterricht störungsfrei möglich ist, das heißt, es muss einigermaßen ruhig in der Klasse sein, damit auch alle den Stoff mitbekommen. Sie müssen darauf achten, dass die Schüler verstehen, was sie ihnen vermitteln wollen, am besten alle, aber zumindest die meisten. Gleichzeitig sollen sie alle Schüler im Blick behalten, um gerecht zu benoten und damit keiner still leiden muss. In den großen Pausen reicht die Zeit gerade dafür, ins Lehrerzimmer zu hetzen, einen Kaffee runterzuschütten und vielleicht noch ein paar Arbeitsblätter zu kopieren, dann geht es gleich weiter, oder sie haben Pausenaufsicht und verbringen die 15 Minuten auf dem Pausenhof, wo sie oft als Einzige den Überblick über Hunderte Schüler behalten müssen. Dass bei diesem Betreuungsschlüssel einem Lehrer nicht auffällt, wenn ein Schüler drangsaliert wird, ist völlig klar. Die Lehrer einer allgemeinen Schule leisten schon mehr als eigentlich machbar ist. Deshalb plädiere ich dafür, dass im Rahmen der Inklusion möglichst viele

Förderschullehrer die Regelschullehrer unterstützen. Im Unterricht und auch darüber hinaus. In der Praxis klappt das leider häufig noch nicht so gut wie es könnte, weil sich das Verständnis von Unterricht in beiden Lehrformen offenbar noch zu stark unterscheidet. Dies zeigt die folgende kleine Anekdote, die zugleich aber auch deutlich macht, wie wichtig die Zusammenarbeit von Regelschullehrern und Förderschullehrern ist: Bastian ist ein Schüler, der Schwierigkeiten hat, ruhig zu sitzen, ständig ist er in Bewegung, er zappelt, fummelt, spielt und steht auch schon mal mitten im Unterricht auf, weil er immer wieder vergisst, dass er das nicht soll (typische Symptome von ADHS würden wahrscheinlich die meisten Ärzte sagen). Früher ging Bastian auf eine Förderschule, seit dem fünften Schuljahr ist er als Inklusionskind in einer allgemeinen Schule untergebracht. Der Unterricht wird von der Klassenlehrerin oder einem entsprechenden Fachlehrer bestritten, ein Förderschullehrer unterstützt dabei. Dieser Förderschullehrer hat mit Bastian ein Ritual eingeführt: Immer wenn der Schüler wieder Schwierigkeiten hat, auf seinem Stuhl sitzen zu bleiben, stellt er einen kleinen Elefanten aus Hartgummi vor Bastian auf den Tisch. Der soll Bastian daran erinnern, dass jetzt nicht Lautstärke und Bewegung gefragt sind, sondern Ruhe und Gelassenheit und große Ohren, um gut zuhören zu können. Er signalisiert Bastian mit dem Tier: Bleib jetzt ruhig sitzen. Atme tief durch und versuche zur Ruhe zu kommen.

Bastians Klassenlehrerin ist aber gegen den Elefanten. Sie möchte im Unterricht kein Spielzeug auf den Tischen sehen. Wenn Bastian jetzt ab und zu einen Elefanten bekommt, dann dauert es nicht lange, bis die anderen auch etwas zum Spielen mitbringen wollen, argumentiert sie. Der Förderschullehrer bittet sich eine Testphase aus, er möchte zeigen, dass diese Methode bei Bastian funktioniert. Die Klassenlehrerin lässt sich nur widerwillig darauf ein. Nach einer Woche kommt der Förderpädagoge zu spät zu Bastians Unterricht. Die Klassenlehrerin eilt ihm schon auf dem Flur entgegen und ruft: »Wo ist dieser Scheiß-Elefant!«

Diese Geschichte zeigt, wie wichtig es ist, das System Förderschule mit dem der Regelschule zu verbinden, wenn Inklusion gelingen soll. Aber es gibt bereits Schulen, die integrieren und den Kindern ohne Druck, Wissen aber auch Toleranz, Verantwortungsbewusstsein und selbstständiges Denken nahebringen: Letztes Jahr war ich beispielsweise zu Besuch an einer Montessorischule. In der vierten Klasse, in der ich zu tun hatte, waren 16 Schüler, einer davon saß im Rollstuhl, einer war in seiner geistigen Entwicklung anders als die anderen Kinder. Neben dem Klassenlehrer war während des Unterrichts ein Förderpädagoge anwesend. Der Lehrer war vor allem für die Wissensvermittlung zuständig, der Förderschullehrer unterstützte die beiden Inklusionskinder und griff ein, wenn ein Kind den Unterricht störte. Dann setzte er sich neben den Unruhestifter, ging manchmal auch mit ihm in einen Nebenraum, von dem aus man durch eine große Glasscheibe das Geschehen in der Klasse beobachten konnte. Die anderen Kinder konnten so weiter dem Unterricht folgen. Es kam auch vor, dass der Förderpädagoge sich zwischen zwei Kinder setzte, damit sie besser zur Ruhe kamen. Am Anfang der Mathestunde betrat ein weiterer Lehrer den Klassenraum und ging kurze Zeit später mit Luisa wieder hinaus. Das Ganze geschah so unauffällig und selbstverständlich, dass ich es nur durch Zufall mitbekam. Luisa hatte Schwierigkeiten in Mathe und kam im normalen Unterricht für die vierte Klasse nicht mit, deshalb bekam sie besonderen Mathematikunterricht in einem anderen Raum. In den anderen Fächern stand sie den anderen Mitschülern aber in nichts nach und deshalb gab man ihr die Chance, ihr Defizit in Mathematik nachzuholen, um die vierte Klasse mit den anderen zu beenden. So werden die Schwächen der Schüler erkannt und entsprechend gefördert, gleichzeitig werden gute Leistungen hervorgehoben und gelobt. Die Stimmung in dieser Klasse war sehr angenehm. Die Schüler erlebte ich als außergewöhnlich selbstbewusst und selbstständig. Richtig beeindruckend fand ich ihre Art miteinander umzugehen. Im Deutschunterricht sollten sich die Schüler in kleinen Gruppen zusammenfinden, um gemeinsam die Präsentation ihrer Projektarbeit vorzubereiten. Die beiden Inklusionskinder wurden ohne Eingreifen der Lehrerin in je eine Gruppen aufgenommen, wie alle anderen auch, anscheinend hatte keines der Kinder Berührungsängste. Gemeinsam überlegten sie, welche Aufgaben die Inklusionskinder übernehmen könnten und was ihren Fähigkeiten entsprach. Dabei vergaßen sie nicht, die Kinder selbst zu fragen, was sie sich zutrauten und tun wollten, sie wurden nicht bevormundet. Diese Szene zu beobachten, das Selbstverständnis mit dem die Kinder miteinander umgingen, berührte mich sehr. Wenn Wissensvermittlung in einem solchen Umfeld stattfindet, dann profitieren alle davon.

Es ist kaum zu ermessen, was es bedeuten würde, wenn diese Art des Unterrichts die Norm wäre. Wenn alle Kinder solch einen Schulalltag hätten, was für tolerante, verantwortungsbewusste, selbstständig denkende, selbstbewusste Jugendliche und Erwachsene könnten aus ihnen werden? Welcher Zugewinn für die Gesellschaft wäre das?

Wäre das wirklich so teuer, wenn man überlegt, welche Folgekosten man sparen könnte? Lehrer würden weniger an Burn-out leiden, Mobbing wäre nicht mehr ein solch bedeutsames Thema wie derzeit, es gäbe weniger Schulverweigerer und weniger Jugendliche, die an der Schule scheitern. Schüler hätten eine bessere Chance, dem Unterricht zu folgen, sie würden nicht so leicht abgehängt und aussortiert. Auf schwache Leistungen und das Gefühl, überfordert zu sein, würde früher reagiert werden können und es würde nicht am Selbstbewusstsein dieser Kinder nagen. Sie könnten mit ihren Problemen, Nöten und Ängsten in der Schule aufgefangen werden. Tendenzen zur Gewalt könnten frühzeitig erkannt, aufgegriffen und bearbeitet werden. Aber auch die leistungsstarken Schüler würden von der individuellen Betreuung und Förderung profitieren. Sie würden nicht mehr durch störende Mitschüler vom Unterricht abgehalten und es wäre möglich, ihre Leistungen entsprechend zu würdigen und zu fördern.

Und sollte es uns nicht in jedem Fall wert sein, alles zu geben, um Kindern Toleranz und Verantwortungsbewusstsein nahezubringen? Aufwand und Geld sollten dabei keine Rolle spielen. Die guten, nachhaltigen Dinge sind selten billig und ohne Aufwand zu haben.

Veränderungen sind unumgänglich, wenn es um eine freundliche, an einem positiven Menschenbild orientierte Schule geht und um Inklusion. Als ich neulich einen Bericht in der Zeitung darüber las, wie unerwartet hoch die anfallenden Kosten von Umbaumaßnahmen in Schulen seien, habe ich mich wirklich gefragt, was die denn gedacht haben. Ich habe noch keine schwebenden Rollstühle gesehen, Sie etwa? Natürlich wird die Inklusion unglaubliche Summen verschlingen, aber das tut der Berliner Flughafen ja auch und da geht es nicht um die Zukunft unserer Gesellschaft – bei der Inklusion hingegen sehr wohl.

Doch so sinnvoll ich Inklusion finde, ich sehe auch, dass es hier Grenzen gibt. Es gibt Menschen, die haben so starke

Beeinträchtigungen, dass sie nicht in einer gewöhnlichen, wenn auch reformierten Schulklasse unterrichtet werden können. Aber die Mehrheit, im Idealfall vielleicht zwei Drittel, können im Rahmen der Inklusion in eine Regelschule aufgenommen werden. Davon bin ich fest überzeugt.

Wichtig ist, dass Schulen, wie die vorbildliche Montessorischule, von der ich erzählt habe, keine glücklichen Einzelfälle bleiben. Momentan sehe ich, dass es zwar eine große Vielfalt an unterschiedlichen Schulkonzepten gibt, aber kein einheitliches. Ganz im Gegenteil, die verschiedensten Schulkonzepte schießen derzeit wie Pilze aus dem Boden. Dabei ist es schwer, den Überblick zu behalten. Es gibt keinen Konsens, nichts, worauf sich möglichst viele Menschen einigen können. Wer genug Geld hat und die staatlichen Schulen nicht mag, schickt seine Kinder auf eine der viele Privatschulen. Hier kann er zwischen strengen Konzepten wählen, bei denen die Schüler klare Grenzen gesetzt bekommen und wenig Freiheiten haben, und sehr freien Konzepten, bei denen das Kind selbst bestimmen kann, was es lernen möchte. Dazwischen gibt es alle denkbaren Zwischenstufen. Aber was nützt mir ein tolles Konzept, wenn ich in NRW wohne und in Thüringen die einzige Schule ist, die am besten zu meinem Kind zu passen scheint?

Für manche Eltern ist die staatliche Schule längst zur Schule der Armen geworden. Wenn aus dem Junior etwas werden soll und er nicht so ganz in der Spur läuft, so erhält er individuelle Förderung auf einem Internat. 35 000 Euro pro Jahr lassen sich das manche Eltern schon kosten. In familiären Verhältnissen mit acht Schülern pro Klasse schafft es so manch einer, der am derzeitigen System längst gescheitert wäre oder bereits gescheitert ist. Aber was ist mit Kindern, deren Eltern 35 000 Euro pro Jahr nicht aufbringen können?

Wäre es nicht erstrebenswert, wenn es nicht nur einzelne reformpädagogische Einrichtungen gäbe, die neben dem Lernen die Charakterbildung der Kinder wichtig nähmen? Damit das möglich wird, brauchen staatliche Schulen dringend mehr Personal, das die Lehrer unterstützt, im Unterricht und in der Betreuung der Schüler.

Selbstverständlich trägt die Schule nicht die alleinige Verantwortung für die Erziehung der Kinder und Jugendlichen. Der Grundstein für die Erziehung der Persönlichkeit wird nach wie vor in der Familie gelegt, auch dann, wenn das Kind bereits mit wenigen Monaten fremdbetreut wird.

## Der Grundstein wird in der Familie gelegt

Eltern werden heutzutage mit vielen Ratschlägen bombardiert. Überall bekommen sie gesagt, was die optimale Erziehung für ihr Kind wäre. Dabei werden völlig unterschiedliche Ansätze propagiert. Die einen sagen, die Kinder müssten ständig gefördert werden, weil Menschen so schön aufnahmefähig sind, wenn sie jung sind. Außerdem müsste man den Kindern Dinge vorgeben, damit sie sich in die »richtige« Richtung entwickeln. Ich kenne Kinder, die haben keine einzige Minute Freizeit, weil der Tag in einem strengen Zeitplan abläuft: nach der Schule geht's gleich weiter zur Kinderuni, dann wird noch eine Stunde Klavier geübt und danach kommen die Hausaufgaben dran. Inzwischen gibt es ganztägige Kindergärten, die beinahe wie Schulen organisiert sind. Es gibt drei Lerninhalte am Tag, selbstverständlich zweisprachig, Kostenpunkt für die Eltern ca. 1100 Euro im Monat. Hier sind Eltern Kunden und die Einrichtung versteht sich als Bildungseinrichtung. Eltern sehen dies als die Vorbereitung auf die globalisierte

Welt. Das Kind gilt als Erfolgsobjekt: Es muss Erfolg haben, denn die Eltern definieren sich über die Förderung und den Erfolg des Kindes.

Während also die einen auf ein umfassendes Regelwerk und die totale Ausschöpfung des Bildungspotenzials eines Kindes schwören, fordern andere, den Kindern vollkommene Freiheit zu geben, um sich entwickeln zu können. Regeln sollen das Kind am besten dabei gar nicht stören. Das Kind soll selbst entscheiden, was gerade »dran« ist, was es lernen möchte, was es essen möchte oder welches Spiel ihm gerade gefällt.

Die Kunst der Eltern heutzutage ist, irgendwo zwischen diesen beiden Extremen das richtige Maß zu finden. Aber Eltern vertrauen sich häufig selbst nicht mehr. Sie haben Angst, die falsche Entscheidung zu treffen und die Unsicherheit wächst.

Natürlich braucht ein Kind Regeln, nach denen es sich richten kann, aber es braucht auch Freiheit, um sich entwickeln zu können. Freie Zeit zum Spielen ist genauso wichtig wie das Einhalten von Verabredungen.

Innerhalb der Familie lernt das Kind ganz elementar, was es heißt, Teil einer Gemeinschaft zu sein. Das bedeutet auch, dass es etwas dazu beiträgt, zum Beispiel indem es kleine Aufgaben im Haushalt übernimmt. Mit drei Jahren kann ein Kind schon die Toilettenpapierrollen im Bad einräumen ohne größeres Unheil anzurichten, es kann Teller und Besteck auf den Tisch legen und (vielleicht mit etwas Unterstützung) später wieder vom Tisch in die Küche räumen. Mit fünf Jahren kann es schon die Spülmaschine einräumen, mit sieben könnte es vielleicht schon staubsaugen oder eine andere anspruchsvollere Aufgabe erledigen. Zu Beginn ist das vielleicht nicht unbedingt eine Hilfe, wenn das Kind seinen Teil zur Hausarbeit beisteuert, weil die Tätigkeiten überwacht werden müssen und weil sie viel länger dauern, als wenn Sie es selbst schnell machen. Aber es wird sich lohnen. Eine Mutter mit einer pubertierenden Tochter erzählte mir, dass das Mädchen sie ausgelacht hätte, als sie die 13-Jährige fragte, ob sie mal staubsaugen könnte. »Warum?«, fragte sie. »Das ist doch dein Job!« Die Mutter hatte das Kind nie dazu angehalten bei der Hausarbeit mitzuhelfen. Sie hatte keine Geduld gehabt, zuzusehen, wie sich das Kind mit etwas abmüht, was sie selbst in kurzer Zeit erledigt hatte. Nun war für das Mädchen klar, dass es die Aufgabe der Mutter war, die Wohnung in Ordnung zu halten.

Ein anderes Mal bekam ich mit, dass es in einer Kindertagesstätte zum Eklat kam, weil die Erzieherinnen die Kinder anhielten, den Tisch fürs Mittagessen zu decken. Die Mutter eines 6-Jährigen beschwerte sich daraufhin und argumentierte, dass sie die Beiträge nicht bezahle, damit ihr Kind im Kindergarten arbeiten müsse.

Selbstverständlich soll das Kind nicht den Haushalt alleine schmeißen, aber kleine Aufgaben, die es gut bewältigen kann, können durchaus auch sein Selbstbewusstsein stärken. Es sieht, dass es ein vollwertiges Mitglied der Familiengemeinschaft ist und dass es als solches ernst genommen wird. Es wird für seine Mithilfe gelobt, was wiederum die Motivation steigert. Die 7-jährige Lina, die viele Aufgaben im Haus übernimmt, sagte neulich stolz zu ihrer Mutter: »Stimmt's Mama, meine Spiegeleier sind die besten der Welt?!«

Auf die Frage, wie viel Regeln ein Kind braucht, gibt es keine abschließende Antwort, weil letztendlich jedes Kind verschieden ist. Es gibt Kinder, die durch große Freiheiten eigenverantwortliches Handeln lernen, und es gibt Kinder, denen schnell der Halt fehlt, wenn sie keine oder wenig Vorgaben bekommen. Regeln sollten auf jeden Fall aufgestellt werden, wenn es um das soziale Miteinander geht. Es sollte klar sein, dass schlagen, kneifen, treten, beißen, beschimpfen und erniedrigen in der Familie (und auch woanders) nicht geduldet werden.

Das Wichtigste ist, dass dem Kind in der Familie ein liebevolles Zuhause geboten wird, in dem respektvoller Umgang miteinander selbstverständlich ist. Dazu gehört vor allem Zeit. Im Schnellverfahren ist das nicht zu bekommen. Gemeinsame Mahlzeiten, Spiele und Rituale sind wichtig und geben dem Kind Sicherheit. Für das Kind muss es die Möglichkeit geben, mit seinen Eltern zwanglos ins Gespräch zu kommen. Es braucht das Gefühl, einen zuverlässigen, liebevollen Ansprechpartner zu haben. Dabei muss auch das Scheitern erlaubt sein, denn es gehört zum Leben dazu. Durch die Erfahrung, dass etwas auch mal nicht klappen kann, erlernen wir Frustrationstoleranz. Diese ist unerlässlich, damit ein Mensch die kleinen Stolpersteine im Leben überstehen kann, ohne dabei aus dem seelischen Gleichgewicht zu geraten. Kinder mit einer niedrigen Frustrationstoleranz neigen häufig zu unverhältnismäßigen Reaktionen.

Konflikte gibt es in jeder Familie. Hier haben Sie die Chance, Ihrem Kind zu zeigen, wie man konstruktiv damit umgeht, wenn man sehr wütend auf jemanden ist. Vermitteln Sie ihm, dass ein Konflikt nichts Schlechtes ist. Streit kann zum Beispiel eine Situation klären und zu einer Einigung führen. Zeigen Sie Ihrem Kind, wie man seine Wut äußern kann, ohne jemanden zu verletzen, zum Beispiel, indem man in ein Kissen haut, mit dem Fuß aufstampft, laute Musik hört, in einen Eimer brüllt oder kaltes Wasser trinkt. Wenn ich mich erst einmal abreagiert habe, wird es einfacher, miteinander zu sprechen. Manchmal hilft es, das Kind in das eigene Zimmer oder in den Garten zu schicken, nicht als Strafe, sondern als kleine

Auszeit, um die Wut abkühlen zu lassen. Nach einem heftigen Streit, sollte schnell wieder zu einem normalen Umgang gefunden werden. Verweigern Sie Ihrem Kind nicht den Gutenachtkuss, nur weil es schon wieder sein Zimmer nicht aufgeräumt hat. Wenn Sie nach einem Streit stunden- oder gar tagelang nicht mit Ihrem Kind sprechen, entziehen Sie ihm damit Ihre Liebe. Das Kind wird unsicher, weil es das Gefühl bekommt, so wie es ist, nicht richtig und liebenswert zu sein.

Erziehung ist kein Recht, sondern eine Pflicht, aber sie muss dem Menschen angemessen sein und auf der Basis der Liebe beruhen, nicht der Angst. Angst lähmt und macht blind. Ich möchte Eltern ermutigen, an ihr Kind und an sich selbst zu glauben. Ihr Kind wird seinen Weg gehen, wenn es sich sicher sein kann, zuverlässige und standhafte Eltern im Rücken zu haben. Zeigen Sie ihm, dass es wertvoll ist, nicht schlechter und nicht besser als andere und für sich etwas ganz Besonderes.

Erziehung braucht Kraft und viel Engagement. Einen lebensfähigen, seelisch gesunden Menschen in ein eigenständiges Leben zu begleiten, gehört sicherlich zu den anspruchsvollsten Aufgaben in unserer Gesellschaft. Dabei lohnt sich jeder Aufwand!

Wie gesagt: Letztendlich ist jeder gefragt, wenn es darum geht, Kinder zu verantwortungsbewussten, selbstsicheren, respektvollen und toleranten Menschen zu erziehen. Neben Eltern, Erziehern und Pädagogen, also auch Tanten und Onkel, Omas und Opas, und Menschen, die einfach nur mitbekommen, wenn etwas mit dem Verhalten eines Kindes nicht stimmt. Sie alle sind aufgerufen, sich einzumischen, Einhalt zu gebieten, zu unterstützen und zu bestärken. Sie alle können dabei helfen, Kindern die nötige Orientierung und Aufmerksamkeit zu geben. Fangen Sie doch gleich damit an.

# Anhang

## Dank

Danke sage ich ...

... dir Marion, du warst der Anstoß für diese Seiten – danke für deine geschenkte Motivation und deine Mut machende Art.

... Maren, du hast mir das Gefühl gegeben, mich zu verstehen, ohne allzu viele Worte. Für deine kompetente und einfühlsame Art, mit mir und dem Text umzugehen, danke ich dir vielmals.

... Henriette, du schönes nordisches Wesen, deine Besonnenheit war das Yin zu meinem Yang.

... Nina, Petra, Beate, Annette, Alice und Dagmar. Vielen Dank für euer offenes Ohr, eure ehrliche Meinung und euer großes Herz. Welch Glück habe ich doch, mit solch wunderbaren und gleichzeitig noch klugen Frauen befreundet zu sein!

... Paulina (der Großen), meinem größten Lernfeld, meine größte Freude und meinem größten Fan – so viel Dank wie es Sandkörner gibt!

... Mama, du glaubst immer an mich und wenn mal nicht, dann lässt du es dir nicht anmerken. Deine Devise: Kind, du machst das schon!

... allen seelenverwandten, kleinen Weltenrettern, danke für eure Inspiration und Hoffnung.

Außerdem danke ich Hartwig für ein offenes Ohr und eine Fahrt zum Bahnhof, Gabi für eine Einschätzung und der Kita Postkrümel für zuverlässige und liebevolle Kinderbetreuung, Birgit, Wilfried und Marion für polizeiliches Fachwissen, Anne-Christine für ihren Mut, Iris für ein Bett und pädagogisches Know-how, Holger für Statistiken und Computerwissen und Mario für seine kulinarischen Köstlichkeiten, die meine Synapsen wieder in Schwung gebracht haben.

# Anmerkungen

### Die spielen doch bloß – Gewalt, die von Kindern ausgeht
1. Largo, Remo: *Kinderjahre. Die Individualität des Kindes als erzieherische Herausforderung*, 2013, S. 344
2. Largo, Remo; Czernin, Monika: *Jugendjahre. Kinder durch die Pubertät begleiten*, 2013, S. 103
3. http://www.akjstat.tu-dortmund.de/fileadmin/Analysen/Kita/Betreuungsatlas_2011.pdf. Zugriff am 14.11.2013
4. Statistische Ämter des Bundes und der Länder: Kindertagesbetreuung regional 2013 https://www.destatis.de/DE/Publikationen/Thematisch/Soziales/KinderJugendhilfe/Kindertagesbetreuung Regional5225405137004.pdf?__blob=publicationFile. Zugriff am 14.11.2013
5. Radiosendung zum Thema Schulleitermangel in NRW auf WDR2 vom 08.01.2014: http://www.wdr2.de/aktuell/schulleiter102.html. Zugriff am 12.01.2014. Zeitungsartikel zum Thema Schulleitermangel in NRW in der *Frankfurter Allgemeinen Zeitung* vom 03.01.2014: http://www.faz.net/nordrhein-westfalen-jeder-achten-schule-fehlt-ein-rektor-12735733.html. Zugriff am 12.01.2014

### Quälen mit Methode – Mobbing
1. Schäfer, M.; Korn, S.: »Bullying – eine Definition.« *Psychologie in Erziehung und Unterricht*, 2001, 48(3), 236–237
2. Largo, Remo; Czernin, Monika: *Jugendjahre*, 2013, S. 95
3. Medienpädagogischer Forschungsverbund Südwest: KIM – Studie 2012. Kinder + Medien, Computer + Internet. Basisuntersuchung zum Medienumgang 6- bis 13-jähriger in Deutschland. http://www.mpfs.de/fileadmin/KIM-pdf12/KIM_2012.pdf. Zugriff am 29.11.2013
4. Medienpädagogischer Forschungsverbund Südwest: JIM – Studie 2012, Jugend, Information, (Multi-) Media. Basisstudie zum Medien-

umgang 12- bis 19-jähriger in Deutschland. http://www.mpfs.de/fileadmin/JIM-pdf12/JIM2012_Endversion.pdf. Zugriff am 29.11.2013
5 DAK-Initiative »Gemeinsam Schule entwickeln«: Mobbing und Gewalt an der Schule – Hintergrundinformationen zur Schülerbefragung der Leuphana Universität Lüneburg 2009. http://www.leuphana.de/fileadmin/user_upload/bilderpool/College/090616_Mobbing_Studie_Hintergrund_I-1-1.pdf. Zugriff am 16.11.2013
6 Quelle: http://www.rtl.de/cms/sendungen/superstar/dsds-news/dsds-2013-dieter-bohlens-beste-sprueche-2aae4-918a-12−1 383 564.html
7 Artikel im Wissensmagazin *scinexx* vom 30.03.2011: »Gehirn registriert Seelenpein wie echten Schmerz« http://www.scinexx.de/wissen-aktuell-13 204−2011-03-30.html
8 Copeland, William E.; Wolke, Dieter; Angold, Adrian; Costello, E. Jane: (2013). »Adult psychiatric outcomes of bullying and being bullied by peers in childhood and adolescence.« JAMA *Psychiatry* 2013, 70(4), 419−426. [doi]
9 http://www.schulberatung.bayern.de/schulberatung/bayern/fragen_paed_psy/mobbing/
10 http://www.schulische-gewaltpraevention.de/gewaltpraevention%20grundschule/index.php?section=4_12

### Vom Schulhof ins Netz – Cybermobbing
1 Bündnis gegen Cybermobbing: *Cyberlife – Spannungsfeld zwischen Faszination und Gefahr*, Mai 2013 http://www.buendnis-gegen-cybermobbing.de/Studie/cybermobbingstudie.pdf. Zugriff am 05.10.2013
2 Zwischen 51 % bei »Beschimpfungen/Beleidigungen« und 60 % bei »unter Druck setzen/erpressen/bedrohen«
3 http://www.sueddeutsche.de/digital/mobbing-im-internet-der-angekuendigte-tod-der-amanda-todd-1.1 502 486
4 http://www.bmfsfj.de/RedaktionBMFSFJ/Internetredaktion/Pdf-Anlagen/cyber-mobbing-informationen,property=pdf,bereich=bmfsfj,sprache=de,rwb=true.pdf

### Amok als letzter Ausweg – School Shootings
1 Vgl. Scheithauer, Herbert; Bondü, Rebecca: *Amoklauf und School Shooting*, 2011, S. 24

2 Larkin, Ralph W.: *Comprehending Columbine*, 2007, S. 87
3 Statistisches Bundesamt: Unfallbilanz 2012. https://www.destatis.de/DE/ZahlenFakten/Wirtschaftsbereiche/TransportVerkehr/Verkehrsunfaelle/VerkehrsunfaelleAktuell.html. Zugriff am 18.11.2013
4 Artikel im *Spiegel* 48/2014, 25.11.13: »Die Jünger von Littleton« http://www.spiegel.de/spiegel/print/d-122579483.html
5 http://www.zeit.de/gesellschaft/zeitgeschehen/2013–03/target-forscherverband-gewalttaten
6 http://www.sueddeutsche.de/bildung/schul-streitigkeiten-wenn-eltern-mit-dem-anwalt-kommen-1.1800034
7 http://www.unicef.de/blob/18782/7417138f1edd5058dce29dde29d01c8b/unicef-bericht-2013-zusammenfassung-data.pdf. Zugriff am 28.10.2013

**Gewalt als Ventil – mit der Faust gegen den Frust**

1 Polizeiliche Kriminalstatistik 2012. http://www.bmi.bund.de/SharedDocs/Downloads/DE/Broschueren/2013/PKS2012.pdf?__blob=publicationFile. Zugriff am 20.11.2013
2 Polizeiliche Kriminalstatistik 2011. http://www.bmi.bund.de/SharedDocs/Downloads/DE/Broschueren/2012/PKS2011.pdf?__blob=publicationFile. Zugriff am 20.11.2013
3 Weidner, Jens; Kilb, Rainer; Jehn, Otto (Hrsg.): *Gewalt im Griff.* Bd. 3: »Weiterentwicklung des Anti-Aggressivitäts- und Coolness-Trainings«, Weinheim, 2003, S. 44
4 Heisig, Kirsten: *Das Ende der Geduld. Konsequent gegen Jugendgewalt*, Freiburg 2010
5 Bieneck, Steffen; Pfeifer, Christian: *Viktimisierungserfahrungen im Justizvollzug*, Kriminologisches Forschungsinstitut Niedersachsen 2012. http://opus.kobv.de/zlb/volltexte/2013/20212/pdf/fob119.pdf
6 Bundesministerium des Justiz (Hrsg.): *Legalbewährung nach strafrechtlichen Sanktionen*, S. 29
7 Artikel zum Thema Gewalt im Gefängnis im *Tagesspiegel* vom 16.8.2012: http://www.tagesspiegel.de/weltspiegel/mobbing-vergewaltigung-pruegel-niedersachsens-justizminister-ein-knast-ist-keine-maedchenpension/7009056.html. Zugriff am 21.11.2013
8 Bundesministerium der Justiz: *Legalbewährung nach Strafrechtlichen Sanktionen. Eine bundesweite Rückfalluntersuchung 2004 bis 2007.* http://www.bmj.de/SharedDocs/Downloads/DE/pdfs/Legal-

bewaehrung_nach_strafrechtlichen_sanktionen_2010.pdf?_blob=publicationFile. Zugriff am 21.11.2013

### Weder dissen noch chillen – wie wir unsere Kinder stark machen
1 Vgl.: Gerald Hüther, Schulen der Zukunft: http://www.YouTube.com/watch?v=4afwsQK75Jg

## Empfehlenswerte Bücher

Bannenberg, Britta: *Amok. Ursachen erkennen – Warnsignale Verstehen – Katastrophen verhindern.* München 2010.

Böhner, Thorsten: *Spiele, die Beziehung knüpfen. Für kreative Spiel- und Theatergruppen.* München 2000.

Füller, Christian: *Die gute Schule: Wo unsere Kinder gerne lernen.* Weinheim 2010.

Füller, Christian: *Ausweg Privatschule? Was wir besser können, woran wir scheitern.* Hamburg 2010.

Gordon, Thomas: *Lehrer-Schüler-Konferenz. Wie man Konflikte in der Schule löst.* München 2012.

Hermanns, Arndt: *Der Mobbingsumpf. Überlebensstrategien einer kranken Gesellschaft.* Remscheid 2012.

Herrmann, Ulrich (Hrsg.): *Neurodidaktik. Grundlagen und Vorschläge für gehringerechtes Lehren und Lernen.* Weinheim 2009.

Hoppe, Siegrid; Hoppe, Hartmut: *Klotzen Mädchen. Spiele und Übungen für Selbstbewusstsein und Selbstbehauptung.* Mühlheim an der Ruhr 1998.

Largo, Remo; Beglinger, Martin: *Schülerjahre.* München 2009.

Krabel, Jens: *Müssen Jungen aggressiv sein? Eine Praxismappe für die Arbeit mit Jungen.* Arbeitsmappe für Lehrer. Mühlheim an der Ruhr 1998.

Kühn, Lotte: *Schulversagen. Schlechte Schüler, hilflose Lehrer – was in unseren Klassenzimmern falsch läuft.* München 2007.

Robertz, Frank J.; Wickenhäuser, Ruben: *Der Riss in der Tafel. Amoklauf und schwere Gewalt in der Schule.* Berlin 2010.

Rooyackers, Paul: *Spiele zur Förderung von Kommunikation und Ausdruck.* München 1999.

Schäfer, Mechthild; Herpell, Gabriela: *Du Opfer. Wenn Kinder Kinder fertig machen.* Hamburg 2010.

Smith, Charles A.: *Hauen ist doof. 160 Spiele gegen Aggression in Kindergruppen.* Mühlheim an der Ruhr 2005.

Spitzer, Manfred: *Digitale Demenz. Wie wir uns und unsere Kinder um den Verstand bringen.* München 2012.

Stewart, Jan: *Wut-Workout. Produktiver Umgang mit Wut.* (Unterrichtsmaterialien für Lehrer an weiterführenden Schulen.) Mühlheim an der Ruhr 2002.

**Kinderbücher**

Boehme, Julia: *Tschüss kleines Muffelmonster.* Würzburg 2011.

Cave, Kathryn; Riddell, Chris: *Irgendwie Anders.* Hamburg 1994.

Cousins, Lucy: *Ich bin der Beste.* Mannheim 2011.

Frey, Jana; Gotzen-Beek, Betina: *Jetzt ist Schluss, ich will kein Kuss.* Bindlach 2005.

Funke, Cornelia; Hein, Sybille: *Die Glücksfee.* Frankfurt 2010.

Likar, Gudrun: *Keine Angst vor gar nichts.* Berlin 2009.

Oellers, Mona: *Remmi-Demmi. Gefühle in der Besenkammer.* Aachen 2012.

Opel-Götz, Susanne: *Ab heute sind wir cool.* Hamburg 2007.

Pauli, Lorenz; Schärer, Kathrin: *Mutig, mutig.* Zürich 2006.

Randerath, Jeanette: *Der Drache Wut-im-Bauch.* Stuttgart 2008.

Waechter, Philip: *Rosi in der Geisterbahn.* Weinheim 2006.

# Wo Sie Hilfe finden

### Erziehungshilfe

*Jugendamt*
Das zuständige Jugendamt bietet Eltern Erziehungshilfe. Dort wird auch beraten, informiert und weitervermittelt, und zwar kostenlos.

*Schulpsychologischer Dienst*
Der schulpsychologische Dienst ist oft an das Jugendamt oder an das Schulamt angegliedert. Dort erhält man Beratung und Unterstützung bei Schulabstinentismus (Schulmüdigkeit), Mobbing, Stalking und anderen beeinträchtigenden Handlungen in der Schule gegen Schüler, natürlich auch für Lehrende. Diagnostiziert und hilft auch bei Lernschwierigkeiten.

*Beratungsstellen der Kirchen*
Auch hier werden kostenlose Informationen, Gespräche und konkrete Hilfe zum Thema Erziehung angeboten. Man trifft auf ausgebildete Fachleute, die unter Einhaltung ihrer Schweigepflicht und unabhängig von der Konfession beraten.

*Deutscher Kinderschutzbund (DKSB)*
Der DKSB setzt sich für den Schutz von Kindern vor Gewalt, gegen Kinderarmut und die Umsetzung der Kinder-

rechte in Deutschland ein. Es gibt bundesweit Beratungsstellen, an die Eltern, aber auch Kinder, sich wenden können. Mehr unter:
www.dksb.de

*Die Nummer gegen Kummer für Eltern*
Hier finden Eltern anonym und kostenlos Hilfe bei Problemen rund um ihr Kind:
0800-111 05 50.

**Hilfe bei Mobbing und Cybermobbing**

*Gewaltprävention in der Grundschule*
Die Internetseite zum Thema Gewaltprävention in der Grundschule widmet sich auch dem Thema Mobbing. Hier erhalten Lehrer und Eltern Informationen und konkrete Tipps im Umgang mit Mobbing:
http://www.schulische-gewaltpraevention.de/gewalt praevention%20grundschule/index.php?section=4_12

*Staatliche Schulberatung Bayern*
Auf der Internetseite der staatlichen Schulberatung Bayern erhalten Lehrer, Eltern und Schüler ein umfassendes Hilfsangebot zum Thema Mobbing:
http://www.schulberatung.bayern.de/schulberatung/bayern/fragen_paed_psy/mobbing/

*Jappy Tricks*
Dort erhält man eine Anleitung dazu, wie man ein Fake-Profil erkennt, zum Beispiel auf Facebook:
http://jappytricks.de.tl/Fake-oder-NichtFake-f-.htm

*Seitenstark*
Auf dieser Seite können Kinder sicher mit dem Internet vertraut werden. Es gibt Spiele, Chats und die Möglichkeit, zwischen kindgerechten Seiten hin und her zu surfen. Kinder finden hier kompetente Ansprechpartner, an die sie sich bei persönlichen Sorgen wenden können, sie werden über die Gefahren, die im Netz lauern informiert und erfahren auch, wo sie Hilfe finden, wenn jemand sie bedroht oder belästigt.
www.seitenstark.de
Auch Erwachsene können sich hier informieren:
http://seitenstark.de/erwachsene

*Klicksafe*
Hinter dieser Seite steckt die EU. Die Medienkompetenz von Eltern, Lehrern und Kindern soll gefördert werden, damit sie schädigende, illegale und unerwünschte Inhalte im Internet erkennen und umgehen können. Der Text dieser Seite ist nicht nur auf Deutsch, sondern auch auf Englisch, Türkisch, Russisch und Arabisch verfasst.
www.klicksafe.de

*Das Bundesministerium für Familie, Senioren, Frauen und Jugend*
Das Ministerium gibt folgende Infos zum Thema Cybermobbing raus, angesprochen sind Eltern, Kinder und pädagogische Fachkräfte:
http://www.bmfsfj.de/RedaktionBMFSFJ/Internetredaktion/Pdf-Anlagen/cyber-mobbing-informationen,property=pdf,-bereich=bmfsfj,sprache=de,rwb=true.pdf

*Juuport*
Auf dieser Seite helfen Jugendliche sich gegenseitig, wenn sie Schwierigkeiten haben. Themen wie Medien, Abzocke,

Cybermobbing und so weiter können hier anonym angesprochen werden. Hilfe erhalten die Nutzer auch von sogenannten Scouts. Das sind Jugendliche, die eine spezielle Schulung (die von Erwachsenen durchgeführt wird) durchlaufen haben, und ihren Altersgenossen so als kompetente Gesprächspartner auf Augenhöhe Tipps geben können: www.juuuport.de

*Die Nummer gegen Kummer für Kinder und Jugendliche*
Ansprechpartner in Krisen, bei kleinen und großen Problemen finden Kinder und Jugendliche unter: 0800-111 03 33 oder 11 61 11.

Das Angebot ist kostenlos. Die Sprechzeiten sind montags bis samstags von 14:00 bis 20:00 Uhr. Die Anrufer haben die Möglichkeit anonym zu bleiben.

Neu ist die Beratung im Internet: www.nummergegenkummer.de

*Dein-guter-ruf.de*
Ein kommerzielles Unternehmen, das anbietet, schädigende Inhalte aus dem Netz professionell zu entfernen oder jedenfalls weitgehend verschwinden zu lassen: www.Dein-guter-ruf.de

**Gewalt in der Schule**

*Fairplayer.manual*
Das Fairplayer.manual ist ein Programm, mit dem soziale und moralische Kompetenzen bei Schülern gefördert und gestärkt werden. So soll Mobbing und Schulgewalt entgegengewirkt werden. Das Programm kann unterrichtsbegleitend eingesetzt werden und baut auch auf die Einbeziehung der Eltern.
http://www.fairplayer.de/massnahmen/fairplayer_manual/

*Networks against School Shooting, kurz NETWASS,*
NETWASS befasst sich vor allem mit dem Phänomen Leaking. Dabei wird besonders darauf geachtet, ob ein Schüler eine besorgniserregende Entwicklung durchmacht, um gegebenenfalls früh darauf zu reagieren. Spezielle Kriseninterventionsteams werden dabei ausgebildet, um sensibel zu reagieren, auch damit ein Schüler nicht zu unrecht stigmatisiert wird.
http://www.ewi-psy.fu-berlin.de/v/netwass/

*Polizei*
Wenn bedroht, erpresst und verletzt wird, lohnt es sich immer, die Polizei zu Hilfe zu holen. Es muss aber nicht abgewartet werden, bis etwas geschieht. Der Bereich »Prävention« oder »Vorbeugung« berät und hilft auch schon, bevor jemand zu Schaden gekommen ist. Den Notruf aber bitte nur im Notfall wählen. Die für Sie zuständige Dienststelle finden Sie zum Beispiel über http://www.polizei.de/Polizei/DE/Home/homepage__node.html?__nnn=true
   In vielen Ländern gibt es inzwischen auch Onlinewachen, zum Beispiel in Niedersachsen:
https://www.onlinewache.polizei.niedersachsen.de/